MENOS ESTRESSE, MAIS CONQUISTAS

MENOS ESTRESSE, MAIS CONQUISTAS

MEDITAÇÃO PARA
UM DESEMPENHO
EXTRAORDINÁRIO

EMILY FLETCHER
FUNDADORA DA ZIVA MEDITATION

ALTA LIFE
EDITORA
Rio de Janeiro, 2019

Menos Estresse, Mais Conquistas – Meditação para um Desempenho Extraordinário
Copyright © 2019 da Starlin Alta Editora e Consultoria Eireli. ISBN: 978-85-508-1099-7

Translated from original Stress Less, Accomplish More. Copyright © 2019 by Emily Fletcher. All rights reserved. ISBN 978-0-06-274750-1. This translation is published and sold by permission of Willian Morrow an imprint of HarperCollins Publishers, the owner of all rights to publish and sell the same. PORTUGUESE language edition published by Starlin Alta Editora e Consultoria Eireli, Copyright © 2019 by Starlin Alta Editora e Consultoria Eireli.

Todos os direitos estão reservados e protegidos por Lei. Nenhuma parte deste livro, sem autorização prévia por escrito da editora, poderá ser reproduzida ou transmitida. A violação dos Direitos Autorais é crime estabelecido na Lei nº 9.610/98 e com punição de acordo com o artigo 184 do Código Penal.

A editora não se responsabiliza pelo conteúdo da obra, formulada exclusivamente pelo(s) autor(es).

Marcas Registradas: Todos os termos mencionados e reconhecidos como Marca Registrada e/ou Comercial são de responsabilidade de seus proprietários. A editora informa não estar associada a nenhum produto e/ou fornecedor apresentado no livro.

Impresso no Brasil — 2019 — Edição revisada conforme o Acordo Ortográfico da Língua Portuguesa de 2009.

Publique seu livro com a Alta Books. Para mais informações envie um e-mail para autoria@altabooks.com.br

Obra disponível para venda corporativa e/ou personalizada. Para mais informações, fale com projetos@altabooks.com.br

Produção Editorial	Produtor Editorial	Marketing Editorial	Vendas Atacado e Varejo	Ouvidoria
Editora Alta Books	Juliana de Oliveira	marketing@altabooks.com.br	Daniele Fonseca	ouvidoria@altabooks.com.br
Gerência Editorial	Thiê Alves		Viviane Paiva	
Anderson Vieira		**Editor de Aquisição**	comercial@altabooks.com.br	
	Assistente Editorial	José Rugeri		
	Adriano Barros	j.rugeri@altabooks.com.br		

Equipe Editorial	Bianca Teodoro	Keyciane Botelho	Livia Carvalho	Thales Silva
	Carolinne Oliveira	Larissa Lima	Maria de Lourdes Borges	Thauan Gomes
	Ian Verçosa	Laryssa Gomes	Paulo Gomes	
	Illysabelle Trajano	Leandro Lacerda	Raquel Porto	

Tradução	Copidesque	Revisão Gramatical	Diagramação	Capa
Carlos Bacci	Flávio Barbosa	Rochelle Lassarot	Lucia Quaresma	Bianca Teodoro
		Thaís Pol		

Erratas e arquivos de apoio: No site da editora relatamos, com a devida correção, qualquer erro encontrado em nossos livros, bem como disponibilizamos arquivos de apoio se aplicáveis à obra em questão.

Acesse o site www.altabooks.com.br e procure pelo título do livro desejado para ter acesso às erratas, aos arquivos de apoio e/ou a outros conteúdos aplicáveis à obra.

Suporte Técnico: A obra é comercializada na forma em que está, sem direito a suporte técnico ou orientação pessoal/exclusiva ao leitor.

A editora não se responsabiliza pela manutenção, atualização e idioma dos sites referidos pelos autores nesta obra.

Dados Internacionais de Catalogação na Publicação (CIP) de acordo com ISBD

F612i	Fletcher, Emily
	Menos estresse, mais conquistas: meditação para um desempenho extraordinário / Emily Fletcher ; traduzido por Carlos Bacci. - Rio de Janeiro : Alta Books, 2019.
	272p. ; 17cm x 24cm.
	Tradução de: Stress Less, Accomplish More
	Inclui índice.
	ISBN: 978-85-508-1099-7
	1. Meditação. 2. Meditação Ziva. 3. Mindfulness. I. Bacci, Carlos. II. Título.
2019-1719	
	CDD 158.128
	CDU 159.942.5

Elaborado por Odilio Hilário Moreira Junior - CRB-8/9949

Rua Viúva Cláudio, 291 — Bairro Industrial do Jacaré
CEP: 20970-031 — Rio de Janeiro - RJ
Tels.: (21) 3278-8069 / 3278-8419
www.altabooks.com.br — altabooks@altabooks.com.br
www.facebook.com/altabooks

ASSOCIADO

Este livro é dedicado a todos que "tentaram meditar"
e se sentiram frustrados.

Você não falhou, apenas ainda não o ensinaram
direito a meditar.

Este livro fará isso por você.

Sumário

Agradecimentos — ix

Sobre Emily Fletcher — xiii

Prólogo — xv

Prefácio — xix

Introdução — xxiii

1. Por Que Meditar? — 1

2. Sondando a Fonte — 25

3. O Estrese Faz de Você um Estúpido — 41

4. Sem Dormir em Seattle — E em Qualquer Outro Lugar — 61

5. Cansado de Ficar Doente — 75

6. A (Legítima) Fonte da Juventude — 97

7.	A Síndrome do "Eu Serei Feliz Quando..."	109
8.	A Técnica Z	125
9.	O Melhor Karma para Estacionar	153
10.	Sua Versão Mais Incrível	167
11.	Do Mantra ao Clímax!	189
12.	Cuidado com o Vão	203
13.	Faça Seu Desempenho Subir de Nível	221

Inspirado para Aprender Mais?	231
Notas	233
Índice	237

Agradecimentos

É uma alegria dispor de algumas páginas para agradecer publicamente à incrível comunidade de seres humanos (e também ao meu cachorro, Mugsy), cuja colaboração, criatividade e sacrifício tornaram este livro possível. Sou grata por lerem estas palavras e poder, de algum modo, expressar meus sentimentos de amor.

Obrigada, em primeiro lugar, a todos que confiaram em mim o suficiente para eu lhes apresentar essas ferramentas poderosas. Agradeço por serem meus melhores professores, por rirem das piadas que fiz que eram realmente engraçadas, e pelo olhar vago e o silêncio ao ouvirem aquelas que não eram, e com isso eu ficava sabendo o que incluir ou não neste livro. Uma mensagem especial para as pessoas corajosas que não se furtaram a compartilhar suas histórias, desafios e sucessos neste livro. Ler as transformações profundas em vocês decorrentes de seu compromisso com as ações práticas foi a parte mais inspiradora desta jornada.

A meu marido absurdamente inteligente e engraçado, Jason: eu poderia escrever um livro inteiro sobre o quanto aprendi com você. Obrigada por sua curiosidade e integridade, por liderar pelo exemplo e por esperar pacientemente pelo jantar enquanto eu passava "só mais uma hora" no manuscrito. O mais importante, obrigada por me enxergar, por me ajudar a priorizar e por me desafiar a explorar todo meu potencial. Eu te amo.

Sou grata a Cassie Hanjian por me trazer, tantos anos atrás, a ideia original para este livro. Obrigada por fazer meu primeiro curso Ziva no chão daquela academia improvisada no porão, por ler o artigo do *New York Times* e pela profunda convicção de que o mundo está pronto para um livro que fale de meditação para obter um desempenho fora do comum. Você foi realmente a parteira deste projeto. Obrigada por discutir minhas ideias e me trazer de volta à mensagem essencial de novo e de novo. Obrigada por segurar minha mão e me ensinar como ser uma escritora. Sem você este livro não teria sido nem sombra do que é.

A Tiffany Yecke Brooks. Você é uma espécie de estrela do rock de um escritor e editor. Agradeço muito por me ajudar a fabricar e modelar ideias de modo a transpô-las para o papel. Obrigada por seu entusiasmo sem fim ao se sentar tantas vezes para participar do curso de Ziva e compartilhar seus dons exclusivos comigo e com todos que leem estas palavras. Eu lhe sou eternamente grata.

À "australiana sentada ao meu lado no camarim", Deonne Zanotto. Se você não fosse tão boa em seu trabalho e se saísse tão bem sob pressão, eu nunca teria superado minhas noções preconcebidas sobre meditação. Obrigada por seu brilho tão intenso que me obrigou a colocar esse hábito em primeiro plano.

Agradeço a Michael Miller por plantar a primeira semente de meditação em meu mais que estressado cérebro. Quem diria que essa semente germinaria a ponto de se multiplicar e continuar se multiplicando?

John Hastings, agradeço por ajudar a criar a organização e estrutura que se tornaria *Menos Estresse, Mais Conquistas*.

Ter junto de si pessoas que o inspiram talvez seja simplesmente a maior lição de vida que darei a meu filho. É uma honra chamar de *amigos* as pessoas que cito a seguir, e não digo isso levianamente. Sou grata a cada um de vocês por seu compromisso em tornar este mundo mais saudável, mais feliz e um lugar mais hospitaleiro para viver. Obrigada por seu apoio determinado e por compartilhar o Ziva com seu público, e obrigada por apostar alto e me inspirar a fazer o mesmo. JJ Virgin, Dr. Mark Hyman, Dave Asprey, Andrew Huberman e Vishen Lakhiani — tudo começou na Grécia, e estou animada para ver até onde as coisas podem ir.

Cassie Jones, sinto-me privilegiada por publicar este livro com você. Desde nosso primeiro encontro, eu sabia que você toparia. Sou muito agradecida por você apostar em uma escritora de primeira viagem e por acreditar no escopo e magnitude do que essa prática pode fazer pelo país e pelo mundo.

Para o sempre inspirador zivaTEAM, Laura Sills, Sherri Kronfeld, Elizabeth Joyce Korfmacher, Veronica Avanic, Liza Fernandez, Whitney Diamond, Zara Louy e Thomas Kavanagh: não existem palavras capazes de expressar com exatidão minha gratidão por tudo que fizeram para que a Ziva funcione de modo tão elegante. É a inteligência, o trabalho duro e a compaixão de vocês que realmente tornam a empresa especial e permitem que nossos alunos progridam.

Para Ashley Chappell, Abra Williams, Sarah Yargrouh e Sandy Kenyon, obrigada por seu trabalho incessante e desejo de espalhar a mensagem deste livro entre as massas. Sem vocês este livro não teria nem de longe o impacto que sei que ele é capaz de ter.

Ao meu cachorro, Mugsy. Você não fez absolutamente nada para ajudar a tornar este livro uma realidade. Sua fofura fora de série nada fez além de me distrair e atrasar. No entanto, você expandiu minha capacidade de amar — algo que espero que cada um dos leitores sinta nas páginas deste livro.

E finalmente, ao meu filho, que em breve nascerá: você tem sido um verdadeiro lutador aí no útero. Fez desta gravidez uma delícia, e tem sacrificado uma quantidade razoável de sono enquanto sua mãe continua a ensinar e escrever. Obrigada por não sugar *toda* a minha energia e por me permitir ter alguma criatividade para colocar estas palavras na página. Afinal de contas, minha verdadeira intenção é que você cresça em um mundo onde as pessoas assumem a responsabilidade de arejar suas próprias emoções na intimidade de casa, em vez de descontar nos outros; um mundo onde seja mais comum fazer uma pausa para meditação do que uma "pausa para um café", e onde as pessoas cuidem melhor umas das outras porque têm uma ferramenta para ajudá-las a sentir, em um nível visceral, que, na realidade, há uma só coisa… e nós somos tudo isso.

Sobre Emily Fletcher

Emily Fletcher é fundadora da Ziva e criadora da Técnica Ziva. Ela é considerada a especialista líder em meditação para alto desempenho.

O *New York Times*, o programa de televisão *Today*, a *Vogue* e a ABC News destacaram o trabalho de Emily. Ela foi considerada pela MindBodyGreen uma das 100 melhores mulheres em bem-estar para se assistir, já ensinou a mais de 10 mil estudantes em todo o mundo; e falou sobre meditação por desempenho na Google, Harvard Business School, Summit Series, Viacom, Wanderlust Festival e Omega Center. Os graduados da Ziva incluem vencedores do Oscar, Grammy, Emmy e Tony, além de jogadores da NBA, CEOs, pais ocupados, empresários e outros mais.

Suas realizações recentes contrastam fortemente com a estressada artista da Broadway que ela era há dez anos. Durante a carreira de Emily na Broadway, que incluiu papéis em *Chicago, The Producers* e *A Chorus Line*, ela começou a envelhecer precocemente, aos 26 anos, sofrendo de insônia, apresentando baixa performance no trabalho e adoecendo de quatro a cinco vezes por ano — e acreditando que isso tudo era algo "normal".

Em 2008, Emily conheceu uma prática poderosa que curou sua insônia e melhorou sua saúde já no primeiro dia. Rejuvenesceu, deixou de ficar doente e começou a ter muito sucesso no trabalho (e a amá-lo). Sua transformação física e profissional foi tão dramática, que ela se sentiu inspirada a compartilhá-la com os outros.

Um ano mais tarde, Emily trocou a Broadway por Rishikesh, na Índia, para dar início a um treinamento como professora que se estenderia por três anos. Ela fundou a Ziva em 2011, com a inauguração do estúdio de Nova York e o primeiro programa de treinamento em meditação online do mundo.

Após anos ensinando milhares de pessoas, Emily se deu conta de que a meditação não bastava para ajudar seus alunos a alcançar a excelência em termos profissionais e pessoais. Em 2017, Emily desenvolveu a Técnica Ziva, uma junção de três ferramentas poderosas: Mindfulness ["atenção plena", uma técnica da psicologia], Meditação e Manifestação, projetada para liberar todo o potencial de uma pessoa. Os benefícios comprovados da Técnica Ziva incluem diminuição do estresse, menos ansiedade, sono mais profundo, melhora da função imunológica, aumento da produtividade e desempenho extraordinário.

O estilo de Emily de ensinar entretém, é acessível e de fácil adoção, atraindo indivíduos do mais elevado gabarito profissional do mundo inteiro.

Acessando o site https://zivameditation.com, você pode se inscrever nos cursos zivaONLINE ou, nos EUA, no zivaLIVE [conteúdo em inglês].

Prólogo

CONHECI EMILY NA GRÉCIA, EM UM EVENTO PARA O QUAL FOMOS CONVIDADOS a palestrar. Na ocasião, enquanto ela me falava sobre sua prática de meditação, lá no fundo da mente eu pensava: *Ah, claro. Estudei o Zen Budismo. Fui a retiros. Medito 12 horas por dia. Também fui professor de ioga e ainda faço ioga o tempo todo. E tenho um monte de métodos para ter uma vida saudável em minha caixa de ferramentas.* Eu me sentia como se tivesse meu estresse sob controle, mas o que ela dizia me deixou intrigado.

Quanto mais eu ouvia Emily, mais percebia que ela falava de outra coisa — algo mais profundo e poderoso, capaz de promover uma mudança de vida. O ponto que realmente mais chamou minha atenção foi o modo como ela permanecia discorrendo sobre como fazer menos enquanto se realiza mais.

A ideia de acrescentar uma nova demanda ao meu tempo — ainda que apenas 15 minutos, 2 vezes por dia — parecia louca. A vida que levo me mantém extremamente ocupado: além de ser médico, autor, pai e dar palestras, colaboro regularmente com meus conhecimentos de medicina em muitos programas de televisão. Espremer mais minha rotina diária parecia impossível.

Mas Emily foi bem convincente. Concordei em tentar meditar com ela enquanto estávamos na Grécia, e fiquei chocado quando percebi quão diferente era aquela forma de meditação em relação à que eu fizera no passado. Decidi fazer o treinamento da Meditação Ziva com ela, e depois comecei a dormir melhor quase de imediato, mas isso foi apenas uma pequena parte dos benefícios. Minha mente parecia mais clara, meu foco foi aguçado, e até comecei a ter mais tempo no dia a dia! Não percebi que estava ansioso ou estressado — até não estar!

Bastante intrigado com os resultados, me comprometi ao menos com outro mês, só para ver no que daria.

Dizer que fiquei chocado com o que o estilo de meditação de Emily fez por mim é um eufemismo. Eu não percebia que estava estressado e ansioso, e nem julgava estar agitado. Não me dava conta do grau elevado de estresse, ansiedade e agitação que já atingira. Mas depois de apenas dois meses, me senti mais feliz, mais calmo e menos ansioso. Tenho muito mais energia. Agora, se não durmo bem, posso praticar a Técnica Ziva e me sentir tão renovado como se tivesse acabado de dar um longo cochilo. Eu costumava ficar cansado ao final do dia, mas agora recebo uma nova onda de energia após minha segunda sessão e me sinto capaz de sair à noite para me divertir. Em troca dos poucos minutos de meditação a cada dia, ganho pelo menos três horas extras de foco e trabalho de qualidade. A meditação permeia tudo o que faço.

Facilidade e acessibilidade talvez sejam o aspecto mais surpreendente da abordagem de Emily. Este é o tipo de meditação que você pode fazer em qualquer hora e lugar. Não é preciso clarear a mente, queimar incensos ou se isolar no meio do mato. Meditei em salas de conferência, em estacionamentos, em aviões — você pode continuar a lista. Quando conto a meus pacientes sobre Ziva, eu digo: "Você não percebe o quão mal pode estar se sentindo até começar a se sentir melhor. Nem pode acreditar no quanto mais é capaz até experimentar ser."

Encorajo todos a conferir o estilo de meditação de Emily, e posso dizer com toda a honestidade que não consigo viver sem isso. Já não tenho tempo para *não* meditar.

Menos Estresse, Mais Conquistas. É para valer, confie em mim.

—Mark Hyman, M.D.

Diretor do Cleveland Clinic Center for Functional Medicine e autor de *Food: What the Heck Should I Eat?* e 11 outros livros best-sellers

Prefácio

NA CONDIÇÃO DE UM NEUROCIENTISTA QUE TAMBÉM TEM INTERESSE EM "WELLNESS" [bem-estar] — o moderno e menos desgastado substituto de "autoajuda" —, estou em posição vantajosa, ainda que um tanto desconfortável. Por um lado, vejo uma nova e excitante era despontando, na qual a ciência tem papel preponderante no desenvolvimento de práticas verdadeiramente úteis para melhorar a vida das pessoas. Mas, por outro lado, também observo a palavra *ciência* ser frequentemente utilizada como ferramenta de marketing para vender de tudo, de suplementos e práticas esotéricas de respiração a dispositivos para interface entre cérebro e máquina. Para ser claro: há por aí, em todos os recantos do campo do bem-estar, algumas ferramentas poderosas e muito interessantes, mas na maioria delas estão ausentes componentes essenciais que eu, pessoalmente, gostaria de ver antes de dedicar meu tempo, energia e dinheiro a elas. Para isso, certos critérios precisam ser atendidos:

1. Rigor descritivo profundo. Preciso saber o que está envolvido na prática.
2. Potência preditiva. Preciso saber o que se pode razoavelmente esperar, durante e depois.
3. Acionabilidade. Preciso de uma descrição clara do que fazer, e de quando e como fazer.

4. Diferenciação significativa. Os resultados precisam representar um diferencial positivo e muito relevante.

Sim, isso tudo pode parecer uma tarefa difícil, mas acredito que seja algo razoável de se pedir para aqueles que se autointitulam professores, coaches, gurus e influenciadores digitais que lidam com tais coisas. Então, quando ouvi que uma certa Emily Fletcher estava dando uma palestra sobre meditação em uma conferência da qual eu estava participando, achei que seria algo que poderia dispensar. Outro norte-americano adepto da ioga — já vi isso antes. Felizmente para mim, a conexão com a internet só era possível dentro do auditório, então fui para lá para ver meus e-mails enquanto Emily falava no palco.

Olhando em retrospectiva, sou muito grato por ter feito essa escolha. Acho que foram as palavras de Emily — "Os neurocientistas estão se dando conta do que os praticantes de meditação sabem há milhares de anos: meditar realmente faz nosso cérebro ficar melhor!" — que chamaram a minha atenção. Afinal, ela, basicamente, estava me socando. Porém, à medida que a ouvia, percebi: *Essa mulher realmente sabe do que está falando.* Para começo de conversa, Emily tem a singular habilidade de fazer algo tão "tranquilo" como a meditação ser muito empolgante, enquanto ao mesmo tempo conecta suas raízes ancestrais à real investigação científica moderna. Ela conhece os jargões clássicos, mas não tem receio de atribuir definições mais amigáveis para os vários termos que envolvem práticas de meditação e mindfulness. Penso que isso é incrivelmente útil. Por exemplo, hoje em dia a palavra *meditação* parece ser usada como um termo "guarda-chuva" para qualquer situação em que se está de olhos fechados além de dormir ou estar em coma, e *mindfulness* é ainda menos bem-definido. Emily tem um jeito diferente, muito mais organizado, de lidar com tudo isso. Em *Menos Estresse, Mais Conquistas*, ela o educa: o mindfulness é aplicado no agora, enquanto a meditação diz respeito a deixar de lado o estresse do passado. Ela até define *manifestação* (uma palavra com a qual francamente nunca me senti confortável) como um conjunto de etapas acionáveis. A unanimidade em torno dessas definições é menos importante do que o fato de que, adotando-as, Emily desfaz a maior barreira para *você* entrar em uma prática diária. *Menos Estresse, Mais Conquistas* estabelece, admiravelmente, um *porquê* para cada passo. Todos os incríveis benefícios de se envolver em uma prática regular de meditação que as pessoas apregoam — dormir melhor, estado mental mais calmo, menos reatividade, sexo melhor, e assim por diante — ainda persistem, mas Emily, em *Menos Estresse, Mais Conquistas*, ensina o que esperar *durante a prática em si*. Essa é uma dádiva única e poderosa, e não, não exige que passemos dez dias sentados em silêncio. Tratam-se de pequenos passos diários, algo acessível, para alcançar grandes e específicos benefícios. E ela ensina o "como".

Então, agora, três anos após ouvir Emily falar e eu ter aprendido a Técnica Ziva, percebi que estava fundamentalmente errado: Emily não é apenas mais um norte-americano que passou algum tempo na Índia, aprendeu algum dialeto, fez alguns alongamentos e voltou para os Estados Unidos para nos contar sobre isso. Emily é uma estudiosa profunda de meditação, e está deixando claro o que a meditação (antiga e moderna) realmente é, como funciona e, mais importante, o que pode fazer por nós. *Menos Estresse, Mais Conquistas* reúne o que de melhor existe em termos de nos educar em meditação (meu critério nº 1, que acabei de mencionar), o que se pode esperar em cada etapa (nº 2), como fazer (nº 3), e alguns dos muitos benefícios incríveis que isso pode proporcionar (nº 4). De alguma forma (talvez seja por sua vivência na Broadway), Emily também faz com que esse processo seja incrivelmente lúdico, agradável e divertido. Isso não estava em minha lista de critérios, mas talvez deva ser o nº 5, porque, como você em breve descobrirá, *Menos Estresse, Mais Conquistas* é tudo menos aborrecido, e pode muito bem mudar sua vida.

—Andrew Huberman, Ph.D.
Professor de Neurobiologia da Escola de Medicina da Universidade de Stanford

Introdução

VOCÊ TALVEZ ESTEJA PENSANDO: MEDITAÇÃO, EU? FOI O QUE ACONTECEU comigo também. Uma jovem da Flórida não é, convenhamos, uma provável candidata a entrar em contato com qualquer tipo de meditação. Fui miss em concursos de beleza, cantei o hino nacional na abertura de um Walmart Supercenter e estive em um monte de festivais de cerveja. Mas, meditação? Isso nunca aconteceu.

Aos 27 anos, eu estava na Broadway, onde atuei em três dos papéis principais da peça *A Chorus Line*. Era um sonho de infância, mas a realidade se tornou um pesadelo. Se meu desempenho fosse insatisfatório, eu ficava arrasada. Minha ansiedade a cada dia aumentava, eu tinha muitos problemas de insônia, e comecei a envelhecer na tenra idade de 26 anos. Vivia constantemente adoentada ou me machucando. Lá estava eu, vivendo meu sonho — fazendo a única coisa que eu queria fazer desde meus 9 anos de idade — e me sentia infeliz. A Broadway deveria ser sol, rosas e martínis com Liza. Em vez disso, minha experiência ali era dividir apartamentos muito caros, comer atum enlatado e reclamar de meus joanetes.

Um dia, no camarim, eu estava ao lado de outra atriz, Deonne. Eu a observava atentamente. Ela tinha cinco participações principais, mas, ao contrário de mim, mostrava-se completamente calma e centrada; vibrante, era um prazer estar perto dela. Cada música que cantava era uma celebração. Quando dançava, transbordava de alegria. Tais qualidades se revelavam até mesmo no ato de comer. Perguntei como ela conseguia, e sua resposta foi: "Eu medito."

Na hora, com desdém, ignorei a resposta, considerando-a impossível. Não havia a neurociência como a conhecemos agora, então foi difícil para mim entender como uma atividade como a meditação poderia influenciar o desempenho de alguém de forma tão dramática. Mas continuei me sentindo cada vez pior — eu não conseguia dormir uma noite inteira fazia mais de um ano e meio, o que estava comprometendo gravemente minha performance no palco. Finalmente, de tão envergonhada com minha capacidade de atuar, eu sabia que tinha de fazer alguma coisa. Deonne mencionou que a professora de meditação dela estava na cidade e me aconselhou a assistir a uma palestra de apresentação. Tudo o que a professora falou fazia sentido para mim, soava verdadeiro, e me inscrevi no curso. Após as duas primeiras horas de treinamento, eu estava "meditando" — o que significa que eu estava em um estado de consciência diferente do que já tinha estado antes —, e realmente gostei daquilo!

Naquela noite, dormi profundamente pela primeira vez em 18 meses. Uma década já se passou, e não tive mais insônia. Parei de ficar doente e de envelhecer — na verdade, o grisalho foi embora e meus cabelos recuperaram sua cor. O melhor de tudo, comecei a gostar do trabalho novamente. E fiquei muito melhor nele. Parei de buscar validação e aprovação da plateia, o que, por mais paradoxal que seja, me fez uma artista muito melhor. Eu estava sempre pronta e, por fim, podia subir ao palco tranquila e confiante. Isso naturalmente me levou a pensar: *Espere um minuto — todos poderiam fazer isso. Por que não?*

Daí veio a inspiração para ensinar meditação. Larguei a Broadway e viajei para a Índia, onde dei início a um curso de formação que ocupou meus três anos seguintes. Não, eu não estive na Índia esse tempo todo. Não sou tão "caxias" assim. Isso acabou sendo a coisa mais criativa e recompensadora que já fiz. Quando conto minha história, as pessoas sempre perguntam como pude me afastar de uma carreira de sucesso e correr o risco de começar a Meditação Ziva. A resposta simples é que meus objetivos de vida se revelaram muito mais claros quando passei a meditar diariamente e entrei em contato com uma energia e insights que nunca havia percebido antes. Este livro foi escrito com o intuito de dar a você, leitor, acesso a essa incrivelmente poderosa ferramenta. Está a seu alcance se deparar com essa mesma conexão interna que meus 10 mil alunos e eu acessamos duas vezes por dia. Você aprenderá a melhorar seu desempenho, removendo o estresse, aumentando a energia e seu senso de direção, e, finalmente, nesse processo, como se tornar mais bem-sucedido na vida.

» Este Não É Seu Típico Livro de Meditação

Antes de prosseguir, é bom deixar claras algumas coisas. Este não é outro livro de meditação propagando os benefícios proporcionados por estados de consciência mais elevados, sem oferecer nenhuma ferramenta real para chegar lá. A finalidade deste livro é obter desempenho extraordinário. E não me refiro apenas a artistas ou pessoas atuando em um palco. Este livro o ajudará a dar um salto de qualidade em seu desempenho pessoal e profissional, seja qual for sua ocupação. Ele o fará ter não somente uma compreensão intelectual de como o estresse pode estar impedindo você de explorar todo seu potencial, mas, o que é mais importante, este livro lhe dará ferramentas práticas de uso diário que lhe permitirão erradicar esse estresse e levar seu cérebro, seu corpo e, por fim, sua vida a um patamar mais elevado.

Nas páginas a seguir, ensinarei uma técnica específica que você poderá aplicar por conta própria. Chamada de Técnica Z, trata-se de uma adaptação do que ensino presencialmente em nosso estúdio em Nova York e a distância durante nosso treinamento virtual de 15 dias, o zivaONLINE, que foi elaborado para ajudá-lo no trabalho e na vida. As etapas descritas aqui são destinadas especificamente a indivíduos mentalmente comprometidos em aprimorar seu desempenho e conquistar a excelência. Quer você gaste seu tempo fechando negócios ou vendendo artigos para bebês, a Técnica Z lhe dará uma vantagem mental que o ajudará a inovar e se adaptar ao ritmo exigido pela tecnologia. Investindo em si mesmo por 15 minutos, 2 vezes por dia, você pode mudar drasticamente seu modo de ver a vida e o que obtém dela. Além de lhe ensinar uma prática diária, muitos dos capítulos têm, em seu final, exercícios aplicáveis para certos desafios da vida e também capazes de ajudá-lo a aferir seu sucesso ao longo do caminho.

Talvez você tenha notado a rapidez como a meditação deixou de ser, nos EUA, uma atividade marginal para se tornar prática corporativa padrão nas salas de reunião, e está curioso para saber o porquê. Talvez você tenha experimentado fazer meditação no passado, mas desistiu por sentir que nunca poderia clarear sua mente ou por haver se debatido sem sucesso para encaixar a prática em seu ritmo acelerado de vida. Ou, quem sabe, falta-lhe absolutamente qualquer interesse na prática da meditação, mas *está* aberto a todo tipo de ferramentas capazes de melhorar sua produtividade e desempenho ao mesmo tempo que lhe diminui o estresse.

Qualquer que seja o caso, este é o lugar certo. *Menos Estresse, Mais Conquistas* é projetado para servir como uma introdução não só à meditação, mas também para as três ferramentas mentais que compõem a Técnica Ziva: Meditação, Mindfulness e Manifestação. Neste livro você encontrará uma explicação sobre o que são esses três Ms e sobre a ciência por trás de como operam no sentido de ocasionar alto desempenho, aprimorar sua função cognitiva e criatividade, enquanto, simultaneamente, o liberam do estresse e melhoram sua saúde mental e física em geral.

Há, na atualidade, mais de 6 mil estudos científicos sobre meditação, revisados por especialistas na área. Nas páginas seguintes compartilharei os mais emocionantes, incluindo alguns da Harvard Medical School, Stanford e Wake Forest University, e mostrar como essas descobertas recentes se aplicam a sua vida ocupada. Tais estudos descobriram benefícios físicos medicamente verificáveis e novas análises que apontam para as vantagens neurológicas da meditação na acuidade mental. Todas as descobertas confirmam o que testemunhei em primeira mão com meus alunos e o que você pode experimentar se ler este livro e pôr em prática as técnicas apresentadas nas próximas páginas: a meditação pode levá-lo a um sono de qualidade, reparador e profundo, e aumentar a energia durante o dia. Ela o faz se sentir mais conectado, menos ansioso e mais equilibrado em situações críticas, ajuda-o a ter relacionamentos melhores e até sexo melhor! Uma de minhas alunas comparou a meditação ao uso de óculos, objeto que ela nunca soube que precisava: de repente, a vida é vista com toda a nitidez.

Entre meus alunos, muitos, no passado, tentaram meditar, mas acabaram desistindo por várias razões. Usando a Técnica Ziva, essas mesmas pessoas conseguiram retomar seus propósitos com a meditação sem se culpar pelas falhas passadas ou pelo confinamento a que eram submetidos em face da rigidez de um sistema ou comunidade. Meu objetivo é livrar o mundo de ex-meditadores. Com isso quero dizer que pretendo dar a essas pessoas que pareciam ter falhado em meditar — por estarem "muito ocupadas" ou serem incapazes de "clarear a mente" — o conhecimento de que carecem para avaliar com precisão seu sucesso e uma prática que realmente fará valer a pena o investimento de tempo. No livro, conforme formos progredindo, vou guiá-lo enquanto você cria uma prática autossuficiente que pode ser facilmente inserida até mesmo na agenda mais exigente. Não há necessidade de aplicativos, fones de ouvido, cristais, incenso ou batas. Já mencionei que a Técnica Z é uma versão mais suave da Técnica Ziva, que ensino presencialmente e online; é uma maneira indolor de condicionar seu corpo e sua mente para um melhor desempenho. No caso de ser sua primeira vez tateando com o dedão do pé as águas da piscina da meditação, ou se tem feito isso há anos, *Menos Estresse, Mais Conquistas* é tanto o ponto de partida perfeito quanto um curso de reciclagem para realizar seu pleno potencial. Se você já foi alérgico à palavra *meditação*, dê a essa prática outro nome — apenas experimente a Técnica Z e veja como se sente. Se exercita a meditação há anos, mas considera seu método um pouco rígido demais ou não está vendo o retorno que gostaria por seu investimento de tempo, tente a Técnica Z e veja se nota a diferença.

Não importam sua profissão, religião, especialidade, experiência ou ambição — meditação é simplesmente uma ferramenta que o ajuda a alcançar seus objetivos; ela nunca é um objetivo em si mesma. Eis o ponto principal: *Nós meditamos para sermos bons na vida, não para sermos bons em meditar.*

Caso queira elevar seu nível de desempenho — eliminar os efeitos deletérios do estresse, incrementar a energia mental, aprimorar a saúde física, expandir a criatividade e aguçar a intuição —, você veio ao lugar certo. Bastam desejar que sua vida suba de patamar e 15 minutos, 2 vezes por dia. E aí, está pronto para investir em si próprio?

» 1 «

POR QUE MEDITAR?

"EU NÃO CONSIGO MEDITAR."

Costumo ouvir muito essa desculpa. Para alguns, "não consigo meditar" significa "quero meditar, mas, sério, você viu minha agenda?" Para outros, "não consigo meditar" é algo mais literal: "Eu tentei, mas não pude impedir minha mente de pensar." Em ambos os tipos de pessoas, vejo, em geral, muita sinceridade em seu desejo de praticar meditação. Ambos creem que a meditação não é uma opção viável para eles. E ambos estão errados.

Tal equívoco provém de um mal-entendido cultural do termo *meditação*. Penso que tem gente por aí dizendo às pessoas que, para meditar, é preciso clarear a mente. Eu queria poder encontrar esses caras e ensiná-los a meditar. Embora *seja* possível fazer isso para acessar diferentes estados de consciência, e o ser humano é a única espécie capaz de tal coisa pelo exercício da vontade, o ponto principal da meditação não é clarear a mente. Eu diria que o "objetivo" da meditação é ficar melhor na vida. Então, se você já tentou meditar e se sentiu frustrado por não poder frear todos aqueles pensamentos malucos, eis algumas boas notícias: a mente pensa involuntariamente, assim como o coração bate involuntariamente. Mais uma vez, visando obter um efeito dramático: *A mente pensa involuntariamente, assim como o coração bate involuntariamente.* Só por diversão, tome dois segundos e tente dar a seu coração uma ordem para parar de bater.

Tentou? Bem, se ainda estiver lendo isso, presumo que não foi bem-sucedido. Tentar impedir o coração de pulsar é algo cuja inutilidade é fácil de perceber. No entanto, continuamos tentando impedir a mente de pensar, então sentimos essa impossibilidade como uma falha de meditação e desistimos. Quem quer permanecer fazendo algo que o faz sentir-se como se estivesse constantemente errando? É comum que pessoas que se deparam com um tipo insatisfatório de meditação, vagaroso ou difícil demais, rejeitem qualquer coisa que passe pelo mesmo nome. A beleza da Técnica Z, contudo, está em que ela é quase completamente à prova de falhas e se constitui em uma ferramenta que o ajudará a melhorar seu desempenho em todas as áreas da vida. Trata-se de um estilo de meditação tão simples, que é necessário realmente se *esforçar muito* para estragar tudo. Combine essa facilidade com o fato de que a ciência tem comprovado que a meditação aprimora quase todas as áreas de sua vida sem comprometer sua vantagem competitiva, e me sinto confiante de que você também se tornará um praticante de meditação (ou um ex-ex-desistente, se quisermos ser algo confuso). Uma vez dispondo de uma técnica projetada para você, e um pouco de treinamento sobre a maneira correta de avaliar seu sucesso, a meditação pode se tornar uma parte agradável de sua rotina diária.

A dificuldade maior é que ocorre com a palavra *meditação* algo semelhante ao que ocorre com a palavra *comida*. Frutas, cachorros-quentes, sushi, batatas fritas, são todos comida, mas todos eles fazem coisas muito diferentes em nosso corpo. Da mesma forma, existem centenas de estilos diferentes de meditação, mas os ocidentais tendem a empilhar todas as técnicas sob um termo guarda-chuva, apesar de essas técnicas variadas fazerem coisas muito diferentes no cérebro e no corpo. Dizer que você não gosta de meditação é como dizer que não gosta de comida. Imagine ir a um restaurante, chamar o garçom e apenas pedir "comida". Dá para imaginar o que o garçom fará?

Na meditação há diversos estilos diferentes: mindfulness, Zen, transcendência autoinduzida, Vipassana, Kundalini, só para citar alguns. Algumas escolas de pensamento identificam apenas 5 formas diferentes, e outras elencam mais de 20 subdivisões. Para os fins deste livro, classificaremos a meditação em três categorias principais, ou o que gosto de chamar de 3 Ms: Mindfulness, Meditação e Manifestação. Assim como comer um hambúrguer ou uma vitamina de abacate com leite faz coisas distintas em seu corpo, distintos estilos de meditação iluminam distintas áreas do cérebro e requerem distintos níveis de esforço e de tempo. Diferentemente do que se propaga, pode também haver diversos graus de variação na eficácia com que melhoram seu desempenho.

» Então Qual Estilo de Meditação Devo Praticar?

Essa é uma questão muito pessoal; em última análise, cabe a você responder. De minha parte, farei tudo a meu alcance para lhe dar a informação necessária para tomar uma decisão fundamentada em dados e em sua própria experiência pessoal. Neste livro me referirei a duas técnicas bem distintas: (1) A Técnica Ziva, que ensino presencialmente e em nosso curso virtual, zivaONLINE; e (2) A Técnica Z, a qual, reiterando, é uma adaptação da Técnica Ziva. A Técnica Z combina o mesmo maravilhoso trio Mindfulness, Meditação e Manifestação, mas com uma abordagem mais leve e universal, pois não sou capaz de fornecer mantras pessoais ou oferecer treinamento e orientação individualizados da maneira como tenho condições de fazer quando estou dando aulas presencialmente com meus alunos.

As próximas páginas são dedicadas a apresentar os 3 Ms, mas antes é preciso deixar bem claras as diferenças entre eles. Começaremos com os dois primeiros: Mindfulness e Meditação. Muitas pessoas pensam que se trata da mesma coisa e até usam as palavras como sinônimos. Isso é problemático, em especial porque ambas as práticas estão ganhando popularidade.

Uma dessas técnicas mentais foi originalmente concebida para monges, e a outra, para pessoas ocupadas tanto na vida quanto mentalmente. Com a meditação ganhando cada vez mais presença, é útil estar bem a par das diferenças entre as duas, inclusive para desenvolver um vocabulário específico que permita não se sentir desnecessariamente confuso ou frustrado.

Mindfulness é uma prática mental de "foco direcionado", o que significa ter algum ponto de concentração durante o exercício. Eu gostaria de defini-lo como a arte de trazer sua consciência para o momento presente, algo muito eficaz em lidar com o estresse no aqui e agora.

MINDFULNESS: A arte de trazer sua consciência para o momento presente. Uma ferramenta eficaz de mudança de seu nível de estresse no aqui e agora.

Em sua maioria, as práticas de mindfulness são elaboradas para ajudá-lo a trazer sua consciência para o corpo e mantê-la no agora, constituindo-se em ótimas ferramentas que o auxiliam a parar de rever incessantemente o passado e ensaiar o futuro. A confusão pode se instalar se as pessoas usarem a palavra *meditação* quando estão, na verdade, se referindo a algum tipo de exercício de mindfulness no qual se está focando a mente em uma direção bem determinada. Contar suas respirações, visualizar, imaginar uma cachoeira, escutar um áudio guiado, isso tudo seriam versões de mindfulness. A maior parte dos tão populares aplicativos de "meditação" ou vídeos guiados do YouTube são tonalidades de mindfulness. Adoráveis, podem ser incrivelmente úteis para mudar seu estado mental no momento, mas eu uso mindfulness como um canal para *alcançar* a meditação. Isso dá a meus alunos de alto desempenho algo para fazer com sua mente ocupada enquanto estão preparando seu corpo para o recolhimento profundo e entrega que é a meditação. Penso no mindfulness como o aperitivo para o prato principal da Técnica Ziva — a meditação. Mindfulness é uma ótima ferramenta para usar se você está estressado no momento e quer se sentir melhor de imediato. É como ter dor de cabeça e tomar uma aspirina: a ação analgésica vem rapidamente. Se você está estressado e ouve um exercício orientado de mindfulness em seu celular, isso o ajuda a se sentir melhor naquele instante.

Meditação, como eu a defino, o ajuda a se livrar do estresse do *passado*. Seu corpo é um contador perfeito: cada noite não dormida, cada pedaço de fast-food ingerido, cada dose de tequila goela abaixo, tudo isso é armazenado em sua memória celular. A meditação dá ao corpo um descanso profundo e restaurador — um repouso, na realidade, mais profundo do que dormir. Quando você dá ao corpo o descanso de que ele precisa, é como curar a si mesmo. Uma das coisas que se cura é o estresse. Quanto menos estresse há no corpo, mais fácil se alcança um desempenho de alto nível.

O estilo específico de meditação que ensino na Ziva tem origem em algo chamado *nishkam karma yoga*, um termo do sânscrito que significa "união alcançada pela ação árdua". É uma prática mencionada nos Vedas, um corpo de conhecimento ancestral hindu que data de 6 mil anos atrás. Os Vedas são o mesmo maravilhoso conjunto de obras do qual se ramificaram o ioga, a medicina aiurvédica, o feng shui e a acupuntura. A palavra Veda significa conhecimento, e esse conhecimento é 1,5 mil anos mais velho que a Grande Pirâmide de Gizé. Em outras palavras, não se trata de nada ligado à nova era ou de uma mania de gente antenada na última moda.

A meditação *nishkam karma* não exige esforço, concentração focalizada e, felizmente, nenhuma luta para "clarear a mente". Gosto de pensar nela como a "meditação do preguiçoso". Em vez de tentar se forçar a entrar no vórtice de um buraco negro rumo ao nada, você permite ao corpo acessar de modo inocente e espontâneo um estado profundamente terapêutico. Há uma ferramenta que ajuda com isso, chama-se mantra.

Importante: a palavra *mantra* também precisa de algum esclarecimento, pois a indústria do bem-estar sequestrou esse termo. Um mantra não é um slogan. Não é uma afirmação do tipo "Sou uma mulher forte e poderosa!" ou "mereço ter de tudo!" Na realidade, *mantra* — sânscrito para "veículo mental" — é uma palavra ou som utilizado para ancorar um processo de relaxamento do sistema nervoso, acessar estados mais sutis de consciência e induzir um repouso profundo e terapêutico.

OS VEDAS: Um antigo corpo de conhecimento originário do norte da Índia cuja finalidade é ajudar os praticantes a encontrar renovação e equilíbrio, integrando corpo, mente e espírito. Eles são uma interpretação humana das leis da natureza, não uma doutrina ou dogma.

MANTRA: Sânscrito, de MAN = "mente" e TRA = "veículo". Um mantra é usado como uma âncora para relaxar o sistema nervoso, acessar estados mais sutis de consciência e induzir um repouso profundo e terapêutico.

Em minhas aulas presenciais, os alunos recebem seus próprios mantras personalizados, que os ajudam a ingressar em um quarto estado verificável de consciência, diferente de acordar, dormir ou sonhar. Nele, proporciona-se ao corpo um descanso de duas a cinco vezes mais profundo que o sono. Há mais sobre a ciência por trás desse conceito no Capítulo 4. Uma das principais coisas que diferenciam nosso treinamento presencial em relação ao zivaONLINE e à Técnica Z são os mantras — quais tipos usamos para qual treinamento e quanto tempo é gasto na parte da meditação. No ziva-LIVE, ministrado presencialmente, há um mantra personalizado, mas sem um som de significado primordial; no zivaONLINE você aprenderá um protocolo para como escolher seu próprio mantra de uma lista selecionada; para a Técnica Z e os propósitos de aprendizagem por meio de um livro, usaremos um mantra mais gentil e universal para acessar esse descanso. Esse relaxamento profundo lhe permite se sentir mais acordado depois. Imagine um cochilo superpoderoso sem a ressaca do sono. E em vez de precisar ficar uma hora e meia de olhos fechados, são necessários apenas 15 minutos — bônus: você pode até fazê-lo em sua cadeira no trabalho, no metrô ou com seus filhos gritando na sala ao lado. A função que ajuda a se livrar das velhas tensões que temos impregnadas em nossa memória genética e celular é um desaceleramento do sistema nervoso. Ao eliminar a exasperação de alguma coisa, cria-se ordem. Quando há ordem em suas células, o estresse pode emergir e se dispersar de modo a permitir ao cérebro usar mais do poder computacional que tem para aplicar na tarefa em mãos, em vez de desperdiçar essa energia gerenciando o estresse antigo. Essa é uma das razões pelas quais os praticantes de meditação tendem a fazer mais em menos tempo.

A técnica específica que adotaremos em *Menos Estresse, Mais Conquistas* interliga as práticas antigas com a neurociência moderna. Há elementos dos 3 Ms destilados especificamente para pessoas mundanas, que estão indo atrás de seus sonhos e cuja vida está longe de aspirar por uma existência insular e monástica. O que você está prestes a aprender é para pessoas com mente e vida muito ocupadas. **Mindfulness o ajuda a lidar com o estresse do presente, Meditação o livra do estresse do passado, e Manifestação o auxilia a esclarecer seus sonhos para o futuro.**

Mindfulness, em sua forma atual, deriva de estilos de meditação típicos de monges. Se você tem tendência a ser um monge, este livro *não* é para você. (Mas estou supondo que é baixa a probabilidade de alguém querer ser um monge.) Tipos monásticos contribuem para a sociedade de uma maneira diferente do restante da população; toda a sua vida é uma meditação. Isso foi novidade para mim quando comecei a aprender. Presumi que os monges meditavam em um nível tão avançado, que chegavam ao ponto de vibrar ou levitar, mas a realidade é que, se você está em um estado de meditação durante o dia todo, pode se dar ao luxo de ter uma vida prática bem pouco exigente. Aqueles entre nós que são conhecidos na Índia como "chefes de família", isto é, pessoas com empregos e crianças, empresas para administrar e contas a pagar, têm menos tempo para meditar. Precisamos de uma técnica projetada para nós, uma que nos permita entrar e acessar aquele repouso profundo e terapêutico independentemente de nossas injunções externas. É aí que o mantra entra em cena. Você aprenderá um mantra universal como parte da Técnica Z. Pense nisso como uma âncora para ajudá-lo a acessar seu estado de consciência menos tenso, a chave para usufruir da fonte de realização ilimitada que está dentro de nós.

A Técnica Z destina-se àqueles que são chefes de família — que lidam com o dia a dia e fazem grandes coisas acontecerem no plano físico. Isso, porém, não quer dizer que não podemos interagir com outro plano; significa apenas que não passamos a maior parte de nosso tempo lá fora. Tal estilo nos permite colher o máximo de benefícios com o mínimo de esforço ou tempo. Ele é projetado para o alto desempenho. Para mim, alguém com alto desempenho é quem deseja ser melhor a cada dia — aquelas pessoas cujo objetivo é usar seus dons para deixar o mundo melhor do que elas encontraram. Sim, alguns de nós trabalham sob alta pressão, em ambientes com "elevado teor de estresse", mas todos nós queremos entrar, sair e seguir a vida conforme ela melhora.

PESSOA DE ALTO DESEMPENHO: Alguém que deseja ser melhor a cada dia e tem a intenção de deixar o mundo melhor do que o encontrou.

Finalmente, vamos ao terceiro dos 3 Ms: Manifestação. Manifestar é simplesmente esclarecer com precisão o que se quer criar na vida, ou, conscienciosamente, organizar uma vida que se ama. É chocante para mim verificar quantas pessoas não se dão um tempo para esclarecer seus objetivos. É comum, quando pergunto a meus alunos qual seria o emprego de seus sonhos, ouvi-los justificar seu emprego *atual*. E quando pergunto às pessoas como definiriam um relacionamento perfeito, muitas vezes ouço platitudes vagas sobre respeito e risos. Mas assim como ao fazer um pedido em um restaurante, temos de ser específicos com relação a nossos sonhos.

Em sua maioria, as pessoas não se dão um tempo para que a natureza saiba exatamente aquilo que gostariam de criar. Ferramentas de manifestação são de grande valia em tornar cristalinos seus desejos para que você comece a agir como se eles estivessem a caminho. Pense nisso como fazer seu pedido à grande garçonete cósmica no grande restaurante cósmico.

MANIFESTAÇÃO: Projetar uma vida que você ama. O ato de ser grato pelo que se tem enquanto simultaneamente imagina seus sonhos como se eles estivessem acontecendo agora. O processo de manifestação é múltiplo: 1. Agradecer pelo que se tem. 2. Deixar claros seus objetivos. 3. Tirar um tempo para imaginar um objetivo como se estivesse acontecendo agora. 4. Desapegar de qualquer resultado.

Esse processo tem o efeito de fechar a lacuna entre seus desejos e aqueles que se tornam realidade.

Quero enfatizar desde já que manifestação *não* é "pensamento mágico". Não se trata de algo que você simplesmente deseja e pronto; ainda é preciso se levantar do sofá e agir com inspiração. Manifestação é o reconhecimento de que os pensamentos se materializam. Tendo aprendido a Técnica Z, você fará uma prática diária de manifestação logo depois do descanso profundo e conexão proporcionados pela meditação, que é um momento poderoso para criar.

O que torna a prática de manifestação tão eficaz quando feita diretamente após meditar é que a meditação ajuda a acessar aquele quarto estado verificável de consciência, distinto da vigília, do sono ou do sonho. Nele, as metades direita e esquerda do cérebro funcionam em uníssono. Isso é muito parecido com o jeito que ficamos quando estamos sonolentos, saindo e voltando ao estado de vigília. Toda vez que o cérebro oscila entre acordar e dormir, ele transita em uma janela curta desse quarto estado de consciência, algo que chamo de "o campo da bem-aventurança". Nós também o acessaremos durante a parte de meditação da Técnica Z.

Há muito se sabe que visualizar a vida ideal enquanto se cai no sono é uma ótima maneira de acelerar a materialização de nossos sonhos. Neville Goddard escreveu sobre isso em 1944 em seu livro *O Segredo é a Emoção*. Ao praticar duas vezes por dia, você se dará um presente incrível: o triplo de oportunidades de plantar essas sementes para seu futuro.

Façamos agora uma analogia. No final de um treino, quando seus músculos já estão aquecidos e maleáveis, você pode alcançar maior alongamento e flexibilidade. Da mesma forma, a manifestação é uma ferramenta mais eficaz no final da meditação. Em minha experiência pessoal e com base na orientação de milhares de grandes praticantes, descobri que unir meditação e manifestação em um mesmo procedimento é muito mais poderoso do que praticá-las separadamente. Você pode meditar o dia inteiro, mas se nunca reservar um tempo para deixar claro o que quer, fica muito mais difícil para a natureza atender seu pedido. É como se você pendurasse quadros com sua visão em todas as paredes de sua casa, ou praticasse *O Segredo* dia após dia, mas com seu corpo e mente tomados pelo estresse. Desse jeito, não há como você acreditar que merece dar um passo adiante rumo a seus sonhos. O truque aqui é que, na vida, não obtemos o que queremos, nós obtemos o que acreditamos merecer.

Existem algumas escolas de pensamento que sugerem que seus desejos são inspirados por uma ação divina — essa manifestação realmente precede o desejo. A ideia subjacente é a de que o impulso para algo está, na verdade, em deixar a natureza fazê-lo saber que já está agindo em seu favor. Sabe quando você pode sentir o vento em sua direção pelo túnel do metrô antes de ouvir o trem se aproximando ou de enxergar as luzes? Ou quando as nuvens se tingem de cor-de-rosa e laranja antes que o sol de fato se levante acima do horizonte ao amanhecer? Desejo e manifestação podem ser pensados como operando da mesma maneira. (Esse é um conceito bastante avançado, e o revisitaremos após você ganhar um pouco mais de rodagem em suas práticas.)

» A Espiral da Vergonha da Meditação

Não importa o tipo de meditação que se está praticando. Sem treinamento algum, é bem possível se julgar baseado em desinformação. Meditação é algo enganosamente simples, mas é preciso não confundir simplicidade com facilidade (ou fraqueza). Isso é tão sedutor quanto poder ser capaz de calar a mente ou desconectar os circuitos auditivos de nosso corpo. Não é essa a questão. Não há lugar no planeta Terra que seja completamente silencioso, nem mesmo nas cavernas do Himalaia. Se ao se sentar para meditar há um cachorro latindo ao longe, uma sirene tocando lá fora ou sua bochecha direita, inerte, está dormente — e sua mente registra esses sons ou sensações, assim como todos os pensamentos e imagens associados a eles —, subitamente você embarca em uma viagem no campo mental (tanto quanto alcançar a unidade com o universo). Certamente os monges nunca se permitiriam deixar a mente vagar por coisas tão rasas como o irritante cão do vizinho ou um formigamento da face. Como resultado, você qualifica de fracasso essa sessão de meditação e, além disso, se vê como alguém que falhou. Da próxima vez que se sentar para meditar, você está determinado a fazer melhor, pensando: *Desta vez não vou pensar. Desta vez não vou pensar. Desta vez não vou pensar...* o que, claro, é pensar. Então termina outra meditação e não só "falha" novamente em clarear sua mente, mas também se culpa por uma segunda tentativa de meditação fracassada. Aí, range os dentes e insiste em uma terceira tentativa, desta vez em uma poltrona superconfortável em um quarto perfeitamente à prova de som, para evitar distrações que o impeçam de alcançar o nirvana. Tudo está indo muito bem; você está confortável, relaxado, não corre absolutamente nenhum risco de ser interrompido por um barulho do lado de fora... e então seu estômago ronca. Sem problema — você consegue se recompor, saboreando o silêncio ao redor. Na verdade, está apreciando muito aquilo. *Caramba, aqui deve ser o lugar mais quieto em que já estive. Não consigo nem ouvir o barulho da água nos canos. Foi bom pagar um pouco mais pelo pacote antirruído de luxo! O cara da loja disse que valeria a pena, e ele estava totalmente certo e...* mas que droga. Agora você está pensando sobre o quanto você é ótimo em meditar e aprimorar sua casa, deixando de lado, no momento, a intenção de clarear sua mente. E você, mais uma vez, "falhou" em meditar.

Acumular falhas seguidas fará com que, a certa altura, você fique desanimado e acabe por desistir: afinal, quem quer se sentir falhando em alguma coisa diariamente? Você estraga tudo, então se aplica ainda mais, mas o mesmo esforço que o ajuda a ter êxito na maioria das outras áreas de sua vida apenas garante outro fracasso na meditação.

Descobri que a Espiral da Vergonha da Meditação é especialmente predominante entre os grandes empreendedores. Receando não serem bons nessa prática, em geral relutam em tentar a meditação. "Tenho medo de tentar porque minha mente está ocupada demais para meditar", argumentam. "Minha mente está muito ocupada para alcançar algo como a felicidade."

Meditar frequentemente parece intimidante para os grandes empreendedores habituados a fazer e ter sucesso; eles estão acostumados a aprender novas habilidades facilmente e muitas vezes construíram sua identidade com sua capacidade de encarar cada desafio. Mas eis aqui um segredo sobre o qual não gostam de falar enquanto vão lustrando seus troféus: eles são naturalmente atraídos pelas mesmas coisas que destacam seus pontos fortes, e da mesma forma evitam as demais. Em outras palavras, gostam de atuar nas áreas em que sabem que podem ter sucesso. Ainda que isso pareça bom e valide o ego, não leva a uma vida de crescimento.

Será que o vi se encolher um pouco ao ler esse último comentário? Aquelas palavras estiveram um tanto perto demais da verdade? O negócio é o seguinte: eu entendo vocês, empreendedores vencedores, porque *sou uma de vocês*. Sou muito motivada por atingir metas e realizar mais e mais, então sei do que estou falando quando digo que nosso maior medo como indivíduos voltados para o sucesso é fracassar. E geralmente não somos particularmente bons em falhar pela simples razão de que não tivemos muita experiência com isso. Então, quando nos deparamos com um novo conjunto de habilidades que parece não estar de acordo com nossos pontos fortes, a primeira reação que temos é, em geral, descartá-lo e seguir em frente com algo em que o sucesso é muito mais provável.

Caso se identifique com isso, gostaria de encorajá-lo a entrar neste livro de mente aberta. As técnicas que você aprenderá aqui são muito diferentes da tão frustrante diretiva "clarear sua mente" que provavelmente recebeu no passado. Encare de outra forma a prática da meditação, especificamente porque se trata apenas disso — uma disciplina *praticada*. Até os mais experientes nesse campo estão em constante crescimento, ansiando descobrir novas facetas de seu potencial para levar o cérebro para estados mais elevados de consciência e para acessar uma conexão mais profunda. Em outras palavras, estamos todos em recorrente aprimoramento. Você já tem em si a capacidade de ser um praticante de meditação de sucesso, porque dispõe da capacidade de formular pensamentos. Falaremos mais sobre isso em breve, mas como eu disse anteriormente, **nós meditamos para sermos bons na vida, não para sermos bons em meditar**. Ninguém se importa se somos bons em meditação, apesar de que gostaria que eles o fizessem — amo ser a melhor em tudo (e suspeito que você também). O objetivo final, contudo, nunca é se tornar o suprassumo dos praticantes de meditação. Isso é tolice. Qual seria, então, o objetivo? Meditação não é um jogo de salão para entreter seus amigos; meditação é o meio para um fim. O objetivo é, em última instância, obter os inúmeros benefícios da meditação e como eles podem moldar nossa vida, melhorar nosso desempenho e enriquecer nossas interações no mundo.

É impossível perder ao meditar. Deixe-me dizer isso de novo: *É impossível perder ao meditar.* Cada ato de investigar seu estado de consciência menos excitado, cada decisão inspirada que você faz como resultado de sua prática, cada momento em que percebe bastar a si mesmo é uma vitória. Ou seja, toda vez que se envolve na prática, você ganha. Empreendedores vitoriosos com um pé atrás em tentar meditação porque temem não ser bons nisso devem deixar acontecer: praticar a Técnica Z lhes garante ao menos dois sucessos por dia.

» Então, Por Que Meditar?

Qual é a importância disso? Mesmo sendo rápida e simples, o que realmente ganhamos ou perdemos ao considerar a prática como uma parte inegociável de nossa rotina diária?

Nos próximos capítulos, examinaremos mais de perto o estresse — suas origens e seu impacto em todos os aspectos de nossa saúde, até o nível celular em nossos corpos. Examinaremos, também, a neurociência por trás da meditação e a maneira como ela impacta positivamente o cérebro humano com medidas objetivas e subjetivas. No entanto, por ora, eu gostaria que você apenas considerasse o lado prático e utilitarista da questão: por que dedicar alguns dos muito preciosos e limitados minutos, todos os dias, à meditação?

Simplificando, porque gera mais tempo. ***Você estaria disposto a investir 2% de seu dia se soubesse que isso melhoraria os outros 98%?*** Se a resposta for sim, prepare-se, porque é exatamente isso que este livro o ensinará a fazer.

Mergulhemos mais fundo no conceito de tempo, porque essa parece ser a preocupação universal de todos os possíveis praticantes de meditação — em especial personalidades voltadas para o alto desempenho e resultados. Ouço com frequência que eles relutam em tentar a meditação porque "estou muito ocupado para meditar" ou "mal tenho tempo de ir ao banheiro ou almoçar, que dirá gastar um quarto de hora apenas sentado".

Se interessa saber, eles estão certos. Também não tenho tempo para isso. É justamente por esse motivo que a Ziva se adéqua tão bem a pessoas realizadoras: ela *faz*. O fato de a mente pensar involuntariamente durante a meditação não significa que essa ferramenta não está funcionando. Na verdade, ela vai atrás da causa raiz do estresse, o qual desencadeia tantas respostas físicas e emocionais negativas.

Pense nisto: quando seu celular está plugado na tomada de energia elétrica, ele não está "sem fazer nada", está? Claro que não. Ele está carregando, então estará pronto para ser a ferramenta mais eficaz que pode ser quando você precisar usá-lo. Seu computador, quando você o reinicia e surge aquela tela de atualização indicando a quantas ela anda, deixando-o impaciente, está apenas "lento demais"? Claro, pode parecer que sim — e pode mesmo estar vagaroso —, mas o fato primário é que o computador está ocupado incorporando programas que visam torná-lo uma máquina mais eficiente, mais eficaz e mais poderosa do que era antes.

E se você não teve tempo de carregar seu celular? E se nunca reiniciou o computador para que ele pudesse instalar atualizações? Suas ferramentas poderiam operar com a máxima eficiência? Ao não dar à sua mente a oportunidade de se revigorar e rejuvenescer, você lhe está negando a chance de atingir o máximo desempenho e, possivelmente, até mesmo reduzi-lo a zero, a ponto de ser fisicamente incapaz de executar as muitas tarefas para as quais ela foi destinada.

Tenho muito mais dessas analogias, mas vou parar por aqui porque estou certa de que você entendeu a ideia. O ponto é que ao se envolver em uma meditação feita para *você* — e não para monges —, você está *literalmente criando tempo*. Está otimizando sua capacidade de desempenho cognitivo de modo a poder fazer mais em menos tempo. A Técnica Z é o oposto de fazer nada; é, consciente e metodicamente, criar um espaço otimizado a partir do qual operar com equipamentos superiores e habilidades maximizadas. Vista sob tal ângulo, meditação é muito mais do que "apenas ficar parado". Ao praticá-la, você está atualizando e desfragmentando seu hardware mental para poder executar mais eficazmente o software que tem como o sistema operacional de sua vida, seja ele o cristianismo, judaísmo, islamismo, hinduísmo, budismo, Baha'i, quaisquer esquemas de autoajuda, humanismo secular — praticamente tudo, à exceção do niilismo (mas eu não tenho dúvidas, a meditação também seria benéfica para os niilistas). **Meditação não é um sistema de crenças ou práticas religiosas; é uma técnica que lhe permitirá remover o estresse do corpo enquanto fortalece sua mente.**

Posso contar-lhe tudo sobre os benefícios cientificamente verificáveis, bem como os relatados de meus mais de 10 mil alunos. Há dezenas de artigos recentes citando grandes e bem-sucedidos empreendedores que creditam à meditação um dos aspectos-chave de seu sucesso. Posso até nominar dezenas de empresas da Fortune 500 que adotaram a prática em toda a empresa. Também posso dizer por que líderes empresariais, inovadores e influenciadores meditam. A única coisa que não posso fazer é dizer por que *você* deveria incluir a meditação em sua rotina diária. Afinal, tal decisão é prerrogativa sua, intransferível. Só você pode identificar não apenas o objetivo, mas também a razão pela qual o está perseguindo — a motivação que vai além do momento em que o objetivo é atingido. Em outras palavras, cruzar a linha de chegada merece comemoração, mas a questão é: o que o levou a disputar a corrida?

Aqui vai uma boa notícia: *não é necessário estruturar sua vida para começar uma prática de meditação*. Falo sério. Qualquer outro plano de autoajuda ou melhoria pessoal depende da descoberta de verdades profundas sobre você, daquilo que o move e inspira, e só *depois* disso você começa a experimentar resultados positivos. A meditação é uma ferramenta que pode realmente ajudá-lo a descobrir essas coisas ao longo do caminho. Ao começar a praticar o plano apresentado neste livro, você descobrirá que a Técnica Z, em vez de ser o objetivo em si, é, na verdade, apenas um meio de mover sua mente, intuição, criatividade e até mesmo seu corpo físico para alcançar suas metas e dar transparência às suas motivações. Como discutimos antes, a palavra *mantra* significa literalmente "veículo da mente", e o move de um lugar para o outro. Com isso, você pode iniciar a jornada e deixar o resto para ser resolvido à medida que você avança.

Pronto para sua primeira lição de casa? Anote suas pretensões ao pegar este livro, não importa o quão vagas, tolas ou ambíguas elas possam parecer agora. Pode ser algo geral, como "quero aproveitar mais minha vida". Ou mais específico, como "quero ganhar uma promoção nos próximos seis meses". Você pode até ser mais subjetivo, como "Eu quero que minha família encontre pontos em comum sobre política" ou "Quero ser um pai melhor", ou ainda "Eu quero ser capaz de dar algo bom para o mundo". Mesmo se você tiver de dizer "não sei por que me sinto compelido a tentar a meditação, mas não tenho ideia melhor", tudo bem também. Não há absolutamente nenhum julgamento aqui. (Lembre-se, eu comecei a meditar, em parte, pelo objetivo nobre de não querer ter cabelos grisalhos nos meus 20 anos.)

Estou lendo MENOS ESTRESSE, MAIS CONQUISTAS porque:

_____

_____

_____

Eis como o estresse está comprometendo meu desempenho hoje:

_____

_____

_____

Em uma escala de 1 a 10 (sendo 1 o pior, e 10 o melhor), eu me classifico assim:

Sono:

Desempenho profissional:

Relacionamentos:

Estresse:

Intuição:

Criatividade:

Saúde:

Não deixe de cumprir esta tarefa. Pode ser desafiador um olhar honesto em seu relacionamento com o estresse. Mas sério, não deixe para lá. Isso o ajudará a avaliar seu sucesso ao iniciar uma prática diária. Também será interessante revisitar suas respostas após terminar o livro e ter em seu currículo alguma meditação.

_____

Uma vez tendo se autoclassificado, gostaria de fazer alguns comentários sobre suas desculpas para não tentar a meditação mais cedo.

Talvez você esteja apenas aprendendo sobre isso pela primeira vez. Talvez você tivesse algumas informações equivocadas a respeito. Ou, quem sabe, costumava praticar, mas perdeu o hábito. Eu suspeito que pelo menos alguns de vocês não tentaram porque soou como um monte de "besteiras" que os hippies falam, ou devido a argumentos fantasiosos carentes de qualquer base científica. E tenho certeza de que para a grande maioria dos leitores, simplesmente não ter tempo para mais um compromisso em sua agenda é ao menos um fator que contribui para evitar a meditação. Qualquer que seja o motivo, deixe-o anotado em um canto de seu cérebro — e seja sincero. O importante é ser franco e autêntico. Na meditação, buscamos acessar a melhor versão possível da gente, por isso, não tenha medo de ser transparente ao começar essa jornada.

» Com isso em Mente...

À medida que formos avançando neste livro, eu o encorajo a ser gentil consigo mesmo. Afaste a ideia de que precisa ser o melhor praticante de meditação da face da Terra. Não se preocupe se verificar que sua mente é muito mais ocupada do que gostaria. Nem com as palavras em sânscrito e os termos científicos que usarei.

E, mais importante, deixe de lado suas noções preconcebidas de como a meditação "deveria" parecer e, em vez disso, permita-se entrar com uma postura de principiante. Desfrute dela como um método inteiramente novo (mas testado pelo tempo) para aliviar o estresse e preparar sua mente e corpo para uma maior conscientização e envolvimento com a vida.

Isso tudo pode ainda lhe parecer algo nebuloso, mas lhe asseguro que as coisas se tornarão mais e mais claras e palpáveis conforme formos progredindo. Por ora, apenas quero que pergunte a si mesmo se está pronto para *comprometer-se com a intenção* de meditar. Só isso; não há nada mais a ser exigido de você neste momento. Apenas se comprometa com a intenção. Isso é o suficiente para começarmos, e pode ser o bastante para mudar o rumo do restante de sua vida.

Ziva: Estudo de Caso 1

De uma Dívida de US$70 Mil para um Ganho de US$1,2 Milhão em Um Ano

MARI CARMEN, EMPREENDEDORA

Eu vi Emily pela primeira vez em um grupo de mastermind de negócios. Havia algo nela que atraía, além de sua aparência e sorriso contagiante. Ela transmitia alguma coisa mais profunda; seu brilho vinha de dentro. Poderosa, mas tranquila e confiante, me fez saber de imediato que eu queria algo que vinha dela.

Dois meses após vê-la no palco, reorganizei minha agenda e fui para Nova York com a finalidade de participar de seu curso zivaLIVE. Eu não era uma caloura, já meditava, mas sabia, sem sombra de dúvida, que havia mais, e estava convicta de que ela poderia me mostrar o caminho das pedras.

Eu não lutava com grandes dificuldades, minha vida não era "tão ruim assim". Aposentada de um emprego corporativo de sucesso, eu era casada e feliz, os filhos estavam prestes a sair de casa e eu havia começado meu próprio negócio em 2014. Eu estava no caminho do sucesso contínuo... ou assim imaginava.

Bem, na verdade ninguém sabia que eu tinha acumulado uma dívida de US$70 mil e de alguma maneira torrado os US$200 mil da poupança em apenas dois anos. Meu novo negócio ia mal das pernas e minha confiança estava diminuindo rapidamente. Dispersa, eu me sentia carente, o que detestava. A despeito de tudo isso, eu sabia que as respostas deviam residir dentro de mim, e que em algum lugar dessa confusão toda havia uma lição a ser aprendida.

Não obstante, não fazia nenhuma ideia de COMO ACESSAR aquelas respostas que supostamente estavam escondidas dentro de mim.

Já me senti melhor logo após a primeira aula de Emily. Talvez tenha sido uma alta psicológica, mas quem se importa! Não sei se é importante um efeito placebo quando se começa a meditar pela primeira vez. Mas eu sabia que estava fazendo a coisa certa para mim, então me comprometi a meditar duas vezes por dia.

Como eu não tinha nenhum tempo "extra" de manhã para meditar, atrasei o despertador. De início eram apenas 20 minutos, mas agora acordo 40 minutos mais cedo do que antes. Os primeiros 20 minutos dedico à minha meditação, e os demais a me preparar com alegria para o dia que começa. A mudança psicológica é poderosa, pois faz com que me sinta à frente da agenda e pronta para o dia, contra sair correndo porta afora, atrasada e apressada.

Decorridas as primeiras duas semanas, continuei "esquecendo" a segunda meditação. Ao longo desse período, meu sono melhorou, eu tinha mais tempo, e minha pele começou a aparentar estar melhor e mais descansada. Ainda que estivesse dormindo menos, me sentia mais energizada, e comecei a ouvir as respostas que eu sabia que residiam dentro de mim.

Então pensei: *SE MEDITAR UMA VEZ POR DIA É BOM ASSIM, COMO SERIA FAZER ISSO DUAS VEZES POR DIA*? Eu decidi fazer um teste e começar a "lembrar" da meditação da tarde. Tenho que admitir, às vezes parecia tortura. Ainda havia uma parte de mim que desejava "esquecer tudo aquilo", porém eu persisti.

Eis o resultado dessa persistência após um ano praticando meditação de forma consistente duas vezes por dia:

› Acrescentei três horas de produtividade ao meu dia. É o seguinte: a clareza que a meditação me proporciona me permite ser ágil na tomada de decisões, ser mais rápida em enxergar as respostas certas para os desafios que se apresentam e produzir novos conteúdos (para blogs, um curso, um terceiro livro) com muito mais facilidade. Sinto meu cérebro expandindo sua capacidade.

› Minha energia sempre se situou em níveis bastante razoáveis, mas agora a sinto em dobro. Estou na casa dos 50 e me sinto mais vibrante do que nunca!

› Com mais tempo no dia a dia, e mais energia, meu desempenho profissional disparou. Minha mente já não trava, confusa, durante o dia de trabalho, então produzo com mais qualidade e criatividade. Minha performance ultrapassou minhas próprias expectativas.

› Consegui realizar um TED Talk, algo que coloco entre as oportunidades mais "estressantes" que já apareceram em minha vida. É tudo ao vivo, não dá para regravar, você só tem uma chance de fazer direito... e eu me dei bem!

> E por fim encontrei as respostas de que precisava (sim, elas estavam dentro de mim o tempo todo) para renovar meu negócio e tomar um rumo diferente. Essa retomada resultou em um aumento de vendas de US$80 mil para US$1,2 milhão em um ano. Tenho atraído de forma recorrente o tipo de cliente que está pronto para ser alçado a novos patamares por esta chefe senhora.

O que mais posso dizer? Meditação não é sinônimo de mudar a si mesmo, ir morar em uma caverna ou sentar-se de pernas cruzadas em uma sala escura esperando que algo aconteça. Tenho dado um duro danado, nada veio fácil, mas tem sido incrivelmente recompensador.

Nem sequer me passa pela cabeça desistir da meditação. Não há razão para voltar atrás, pois os resultados falam por si. A Meditação Ziva mudou minha vida.

» 2 «

SONDANDO A FONTE

RESPIRE FUNDO, RELAXE E FAÇA O SEGUINTE: ESSE MOVIMENTO TODO À SUA volta, ser um multitarefa, desdobrar-se, tudo isso o deixa menos eficiente. Chegamos ao ponto de equiparar estar ocupado com produtividade. Para nós, estar ocupado é a glória. Estamos acostumados a crer que a inatividade é um desperdício de tempo, e estamos errados.

» Estresse ≠ Produtividade

Tal como muitas pessoas, para mim o estresse equivalia à produtividade — que era uma parte necessária do sucesso. Isso foi "pré-meditação". O contraste pós-meditação não poderia ser mais gritante. Agora considero todo esse estresse e preocupação como energia desperdiçada. Depois de uma década meditando regularmente, convidaram-me para dar uma palestra em uma conferência sobre biohacking na Grécia. Havia alguns pesos pesados na plateia, e a apresentação estava sendo filmada e distribuída para mais de 2 milhões de pessoas. Foi meu primeiro discurso e minha primeira vez usando slides. A sensação que eu tinha era a de que aquela conversa poderia mudar o rumo de minha carreira, porém estava bem tranquila antes de subir ao palco. Sem dúvida, havia uma fervilhante sensação de estar viva, mas antes, quando eu não meditava, você podia muito bem notar minha agitação antes de falar em público. Agora me permito ser um meio para o conhecimento fluir e servir as pessoas. Preocupação e estresse são substituídos pela confiança de que tenho o anteparo da Natureza.

Essa palestra na Grécia acabou por ser um ponto alto da carreira. Eu estava defronte a um auditório repleto, e minha apresentação terminou com uma ovação de pé. As pessoas sabem dizer se aquele ali no palco está lá para servi-las ou para servir ao palestrante. O estresse o mantém no modo de sobrevivência, o que o faz concentrar-se em si mesmo. A meditação ajuda a sair da primitiva postura de "lutar ou fugir", e assim você poder dar de si com mais generosidade e acessar ideias criativas, mesmo em situações altamente estressantes.

O que foi necessário para ganhar essa confiança, deixar-me preparada antecipadamente e ir à luta? Reservar tempo todos os dias para meditar.

Sim, estou falando de desistir de algumas atividades valiosas todos os dias. Todos nós passamos muito tempo durante o dia fazendo outras coisas — assistindo TV, checando mídias sociais, curtindo vídeos de gatos no YouTube — que não melhoram nossa produtividade, então que tal mais alguns minutos que *realmente* o ajudarão a aumentar seu nível de desempenho e permitir se tornar um ser humano melhor e mais eficiente?

Algumas das pessoas mais ocupadas em quem você pode pensar reservam um tempo para a meditação cada santo dia. Não é porque têm muito tempo livre, mas porque pesquisaram seu próprio cérebro e corpo e agora sabem o custo de oportunidade de *não* meditar. Na Ziva, adoramos trabalhar com pessoas de alta performance, pessoas que estão entusiasmadas com sua missão. Stacy London, do reality show *What Not to Wear*, do canal por assinatura TLC, é uma delas. Ela usa a moda como um instrumento para auxiliar as pessoas a se sentirem mais confortáveis do jeito que são, independentemente de sua aparência física ou idade. Quando ela veio para a Ziva, para aprender meditação, não estava convencida de que isso poderia ajudá-la. "Eu era uma daquelas pessoas que sempre pensaram não ter tempo para meditar", ela admitiu. "E quem tem, não é mesmo? Agora percebo que isso era uma desculpa. Quanto mais ocupado você é, mais benéfico é esse tipo de meditação."

A maioria das pessoas ainda não se deu conta de que sua mente e seu corpo já têm a capacidade de atender — e exceder — a todas as demandas que você lhes coloca. O estresse, contudo, funciona como uma venda emocional que dificulta e, em última análise, nos impede de ver e trilhar o caminho de acesso a essas reservas de energia e capacidade. Ao permitirmos a nosso cérebro recarregar e desfragmentar, na verdade estamos construindo nossa capacidade mental e aumentando nossa criatividade. Se você pensa em seu trabalho, tarefas e demandas como a corrida que está realizando na vida, a meditação é seu treinamento — o plano de condicionamento mental que possibilita alcançar um alto nível em todos os aspectos de sua vida.

Meditar ajuda a realizar suas tarefas com mais rapidez e elegância. Pense nisto por um momento: durante os 30 minutos gastos em meditação a cada dia (no total), você está se tornando uma pessoa bem mais eficaz. Você enfrentará desafios e resolverá os problemas em muito menos tempo do que normalmente levaria. Quando Michael Trainer, diretor nacional do Global Poverty Project e ex-produtor executivo do Global Citizen Festival, me procurou para aprender meditação, surpreendeu-se com o retorno. "Um sentido maior de equanimidade, relaxamento, clareza", disse. "Sem risco de errar, acho que se trata de um dos melhores investimentos que se pode fazer."

Eis como posso descrever sua taxa de retorno de seus 30 minutos de meditação por dia: você fará mais, ficará mais relaxado e alcançará metas que nunca imaginou atingíveis. Aumentará sua habilidade de resolução de problemas, estará mais aberto a soluções criativas e terá mais energia para lidar com a adversidade. Seu talento para superar os contratempos se expandirá, e você ficará maravilhado com sua capacidade de fazer as coisas acontecerem.

» Meditando do Jeito "Certo"

No Capítulo 1, dissemos que o tipo de meditação de que estamos falando é chamado *nishkam karma yoga*, que é apenas uma maneira elegante de dizer "união alcançada pela ação árdua" — em outras palavras, meditação para a pessoa ocupada.

Trata-se de um tipo de meditação em que você basicamente deixa seu corpo e cérebro em profundo repouso — algo até *cinco vezes* mais profundo que o sono! — para que possa liberar uma vida inteira de estresse acumulado. A familiaridade das pessoas com outros estilos de meditação muitas vezes as leva a pensar que existe uma maneira "boa" ou "perfeita" de meditar, o que muitas vezes gera frustração em nós, seres humanos perfectíveis.

A razão pela qual criei a Técnica Ziva, e uma das razões pelas quais ela está se tornando mais popular, é que se pode praticá-la em qualquer lugar, a qualquer momento, desde que se disponha de alguns minutos. Você não precisa de vestes especiais ou incensos e nem esperar que se faça silêncio ou até estar calmo e tudo em volta seja um mar de rosas. Você só necessita de seu mantra, algum treinamento e um lugar para se sentar. Continuaremos revisitando esse conceito, então não se preocupe em ter que "clarear a mente" — isso é um equívoco sobre a meditação. Então, se já tentou meditação e sentiu-se fracassar porque não conseguiu aquietar sua mente, nada de pânico. Como discutimos no Capítulo 1, sua mente pensa involuntariamente, como o bater do coração. Essa prática é bastante simples, mas a recompensa é incrível.

» Seu Cérebro e Corpo na Meditação

As pessoas procuram a meditação por uma série de razões. Às vezes, estão lidando com ansiedade, depressão, enxaqueca ou insônia. Acontece também de terem sido diagnosticadas com alguma doença incurável. Cada vez mais vejo as pessoas encararem a meditação como uma ferramenta para aprimorar seu desempenho. Na verdade, gosto de pensar na Ziva como *a* meditação para melhorar o desempenho — e é exatamente essa prática que adaptei para este livro.

Nos últimos 40 anos, pesquisadores da área de neurologia têm provado o que os adeptos da meditação sabem há 6 mil anos. A ciência descobriu que a meditação aumenta a massa cinzenta e branca do cérebro. Mais especificamente, amplia a estrutura que conecta os lados direito e esquerdo do cérebro, conhecido como corpo caloso. Isso é valioso porque, no dia a dia, tendemos a ficar travados no lado esquerdo do cérebro, responsável pelo pensamento crítico e analítico — tudo, do gerenciamento da linguagem e do saldo de nossa conta-corrente até nos mantermos cumprindo com nossas responsabilidades. Mas o lado direito é o lado criativo. É onde a intuição, a habilidade artística e a criatividade residem.

Com a meditação, você melhora a conexão entre seu lado analítico e seu lado intuitivo (isto é, a mente crítica e a mente criativa), permitindo ao cérebro começar a trabalhar harmonicamente. Ao meditar, sua ínsula (o centro de empatia do cérebro) melhora a comunicação com o córtex pré-frontal dorsomedial (a parte do cérebro que processa informações sobre pessoas desconhecidas). Eis algo que lhe dirá qualquer especialista em relacionamento, terapeuta ou pai bem-intencionado, mas ligeiramente agressivo: comunicação é a chave para um relacionamento saudável. Ao viabilizar que duas partes distintas, mas vitais, de seu cérebro se conectem, se envolvam e transmitam informações, você está construindo uma comunicação essencial entre os diferentes aspectos de sua psique. E não quero dizer com isso "esperar três dias para responder a um texto e então enviar uma comunicação de emoji ambígua". Estou falando do tipo de comunicação que ocorre quando você e seu parceiro se sentam e olham um nos olhos do outro, desnudando sua alma e falando sem reservas, medo ou fingimento. Falo aqui do tipo de comunicação aberta e honesta que tende a acontecer com uma segunda garrafa de vinho ou um terceiro pote de sorvete (ou ambos — sem julgamento). *Quando partes tão discrepantes de seu cérebro estão se comunicando em nível tão intenso, as sinapses deixam de ser estradas vicinais e se transformam em rodovias expressas à medida que você constrói, conecta e reforça essas conexões.*

Essas conexões entre criatividade e análise são a origem do importantíssimo "sexto sentido": a intuição. Ela o impele a obter soluções melhores e mais criativas para seus desafios diários, e pode também apurar sua percepção, tornando sua mente mais eficaz tanto na avaliação quanto nas tomadas de decisão, antes que você esteja consciente de já haver pensado em alguma coisa. Seu grau de eficiência alcança um nível especial porque sua criatividade o ajuda a solucionar problemas no trabalho e nos relacionamentos.

Por exemplo, pesquisadores da Universidade do Arizona fizeram com que os gerentes de recursos humanos experimentassem o mindfulness por oito semanas e depois analisaram suas habilidades de tomada de decisão, foco sob pressão e níveis gerais de estresse. Comparados aos demais gerentes, os praticantes de mindfulness concentravam-se em suas tarefas de forma muito melhor e por muito mais tempo. E, para coroar, relataram se sentir menos estressados de um modo geral.

A proposta deste livro é aliviar estresse e ansiedade, sensações que podem desconcentrar e diminuir a capacidade de resolver problemas. Em um dos testes mais refinados acerca do que a meditação faz pela mente, os pesquisadores da Carnegie Mellon pediram a 35 homens e mulheres desempregados que tentassem meditar ou, para efeito de comparação, realizassem exercícios de relaxamento. Desesperadas em busca de um emprego, essas pessoas, como se pode imaginar, estavam sob grande estresse. Passados apenas três dias, o grupo de meditação sentiu-se imensamente melhor. De modo ainda mais notável, o escaneamento de seus cérebros revelou uma melhor comunicação entre as áreas que processam o estresse e aquelas relacionadas ao foco e à calma. Quando os pesquisadores retornaram, após quatro meses, verificaram que os exames de sangue do grupo de meditação constataram níveis muito mais baixos de hormônios relacionados ao estresse. Aquelas pessoas sentiam-se mais otimistas em relação à busca de emprego e mais produtivas para enfrentar seus desafios e objetivos cotidianos.[1]

Esses voluntários também tinham menos inflamação geral, um dos maiores perigos de nossa dieta e estilo de vida modernos. Quando você força um músculo ou bate no batente de porta, a resposta do corpo é acionar os mecanismos biológicos de cura na área lesada. O fluxo sanguíneo no local aumenta à medida que o sistema imunológico fornece as proteínas e substâncias químicas reparadoras. O sistema funciona muito bem, a menos que esteja sobrecarregado. Vários fatores, internos e ao nosso redor, provocam essa resposta inflamatória: entre outras, má alimentação, estresse e toxinas em nosso ambiente. Para algumas pessoas, essa exposição constante pode gerar um descontrole inflamatório, desencadeando distúrbios autoimunes, como alergias, diabetes, lúpus e doença de Crohn. A inflamação em seu corpo pode ser combatida por intermédio da meditação. Ao reduzir os efeitos ácidos (e, portanto, inflamatórios) do estresse e melhorar o sono, seu corpo se fortalece, ficando em condições de curar a si mesmo e conter a inflamação. O resultado é que você se sente melhor, respira mais facilmente e controla peso e saúde com facilidade.

Lindsey Clayton, conhecida por treinar celebridades, estava em uma importante fase de transição profissional quando sua saúde começou a declinar. "Eu estava deixando os musicais de teatro para ir para o fitness, e de repente me deparei com um trabalho de alta demanda", explicou ela. Lindsey adorou a nova carreira, que incluía estrelar um programa de TV no Bravo, mas ela ficava ocupada 80 horas por semana sem sequer um dia de folga: "Eu estava me tornando bem-sucedida muito rapidamente, mas parei de cuidar de mim mesma. Na véspera do Ano-Novo, olhando-me no espelho, pude ver em meu rosto o quanto aquilo me custava." Sua ansiedade tinha atingido picos inéditos. Ela se sentia sobrecarregada, desmotivada, frustrada e deprimida. "Minha pele parecia ressecada, meus cabelos estavam opacos, e a tristeza se estampava em meus olhos; e meu joelho ainda estava inchado e dolorido devido a uma lesão de quatro meses de idade."

Depois de quase um ano resistindo à sugestão de uma amiga para tentar a meditação, Lindsey finalmente se decidiu: "Criei coragem para assistir a uma palestra de apresentação da Meditação Ziva."

Decorridas apenas algumas sessões, ela começou a notar uma diferença — uma diferença que ocasionou uma experiência de mudança de vida. O joelho sarou, a frustração se foi, e ela começou a trabalhar de maneira mais inteligente, economizando tempo. Lindsey foi capaz de desacelerar seu ritmo alucinado, ao mesmo tempo em que produzia mais. Após aprender a meditar, ela notou uma melhora dramática em sua saúde física e emocional: "Sinto-me muito mais feliz, olho-me no espelho e vejo o quanto minha pele e meu cabelo estão mais saudáveis. O mais importante, tenho a energia para criar a vida que realmente quero viver."

Ao se ver saudável, com o corpo tranquilo, você pode aplicar sua energia em seu trabalho real neste planeta. Sua vida pode continuar "ocupada", mas não será caótica. Você descobrirá que pode gerenciar problemas e desafios de maneira muito mais elegante, sem drama.

» Menos Estresse, Mais Conquistas

Por que a meditação tem um efeito tão pronunciado no trabalho e desempenho pessoal? Em poucas palavras, ela reconfigura seu cérebro para ser mais eficiente. O termo técnico é *neuroplasticidade*, um modo elegante para designar a capacidade que o cérebro tem de mudar a si mesmo. Quando se trata de resolver problemas, o cérebro pode se tornar mais inovador e criativo. Pode até aparecer *rejuvenescido* nos testes após anos de prática. Como isso desmente o que os cientistas pensavam antes ser impossível? A meditação alivia o estresse corporal abrandando o sistema nervoso, o que permite ao cérebro operar da forma mais eficaz possível, em vez do modo de crise perpétua.

Antes de mais nada, cabe a pergunta: se o estresse é tão ruim para nós como seres humanos, então por que ele existe? Para entender isso, precisamos voltar no tempo 10 mil anos, até os dias em que a humanidade ainda estava caçando e se reunindo para sobreviver. Lá está você, cuidando da sua vida, catando algumas frutas no meio do mato e pensando no que pintar nas paredes de sua caverna naquela noite. De repente, um tigre-dentes-de-sabre salta da floresta com intenção de matar. Seu corpo automaticamente se envolve em uma série de reações químicas conhecidas como resposta de estresse de luta ou fuga.

Primeiro, seu trato digestivo é inundado com ácido para interromper a digestão, porque é preciso muita energia para digerir os alimentos, e você precisa de toda ela para lutar ou fugir. Esse mesmo ácido penetrará em sua pele para que você não fique com um gosto muito bom caso o tigre o morda. Seu sangue começará a engrossar e coagular para você não sangrar até a morte se for mordido. Sua visão transita da abrangência para a visão em túnel e se centraliza no animal agressor. Bexiga e intestinos se soltarão para que você fique mais leve e seja capaz de se mover rapidamente. (Aquele desconforto abdominal de nervoso que antecede uma apresentação importante? É seu corpo tendo uma reação primal procurando protegê-lo.) Seus níveis de batimentos cardíacos, cortisol e adrenalina aumentarão. Seu sistema imunológico fica em segundo plano, porque quem se importa se terá câncer quando está prestes a ser morto por um tigre? Novamente, você precisa de toda sua energia para lutar ou fugir desse ataque predatório.

Essa série de reações químicas foi projetada de forma personalizada ao longo de milhões de anos para manter a salvo seu traje de carne, e é muito, muito útil caso sua necessidade mais premente seja evitar ser o almoço dos carnívoros da Idade da Pedra. No mundo moderno, porém, passar por esse processo várias vezes por dia, todos os dias, frita seu sistema nervoso, sobrecarrega seu sistema imunológico e o deixa suscetível a vírus e bactérias. O que não conseguimos perceber é que há um enorme reservatório de inteligência natural e calma dentro de nós, incluindo a capacidade de nosso corpo de curar-se e manter-se, esperando que nos conectemos com ele. Ao gerenciar adequadamente o estresse, seu corpo simplesmente funciona melhor. É o estresse crônico, constante e daninho que está nos tornando estúpidos, doentes e lentos como espécie. Felizmente, isso não tem de ser a norma.

A reação instintiva do tipo "lutar ou fugir" tornou-se, em grande medida, não condizente com nossas exigências modernas. A boa notícia é que, à medida que aprendemos a meditar e a torná-la uma parte inegociável de nossa rotina diária, podemos não apenas dispensar aquela dicotomia, mas começar a explorar o enorme reservatório de energia e inteligência natural que reside dentro de nós. Quando você administra adequadamente o estresse (em vez do contrário), seu corpo e seu cérebro podem absorver toda a energia anteriormente desperdiçada em ataques imaginários de tigre e começar a canalizá-la para tudo aquilo que deseja criar em sua vida.

Uma vez alcançada a sincronicidade dos lados esquerdo e direito do cérebro, oferecida pela meditação, o mundo lhe abre as portas. Soluções para problemas do cotidiano são muito mais fáceis de encontrar. Experimentei essa verdade em minha própria vida, e ouço recorrentemente de meus alunos que isso acontece com eles também. Pode ser resolvendo rapidamente um conflito entre seus filhos ou colegas de trabalho; pode ser descobrindo como passar por um dia de trabalho exigente; ou ser tão simples quanto encontrar uma vaga no estacionamento do shopping na época de Natal.

Grandes corporações começam a se dar conta do que a meditação pode fazer pelo desempenho da empresa e estão passando a oferecê-la a seus funcionários. Foi o que fez a Aetna, uma das maiores companhias de seguros do mundo, que disponibilizou cursos de meditação e mindfulness que atraíram mais de um quarto de seus 50 mil funcionários, conforme relatou o *New York Times*. Em média, os praticantes experimentaram um decréscimo de 28% nos níveis de estresse, uma melhoria de 20% na qualidade do sono e uma redução de 19% na dor. E mais: esses funcionários da Aetna também se tornaram muito mais eficazes em seus trabalhos, ganhando, em média, 62 minutos por semana de produtividade, gerando uma economia para a empresa de US$3 mil por empregado a cada ano. A demanda pelos programas continua aumentando; na Aetna, todas as aulas têm listas de espera.[2] E tudo isso com os empregados praticando apenas um dos 3 Ms que você aprenderá neste livro!

» Energia de Adaptação

De onde vem essa capacidade recém-descoberta de realizar mais? A meditação ajuda a acessar um recurso interno que chamo de *energia de adaptação*: sua capacidade de lidar com uma demanda ou mudança de expectativa. É a energia que usamos para gerenciar nossas listas de tarefas cada vez mais extensas — e a maioria de nós corre sem sair do lugar. Não acredita em mim? Coloquemos isso em um cenário da vida real: imagine acordar tarde na manhã de segunda-feira — o alarme não disparou. É um percalço, mas superável. Você corta sua rotina matinal e sai de casa na hora certa.

ENERGIA DE ADAPTAÇÃO: Sua capacidade de lidar com uma demanda ou mudança de expectativa.

Mas então você fica preso no trânsito. Todo o mundo está desacelerando para olhar para um sujeito que está trocando o pneu no acostamento. Isso adicionou 15 minutos ao seu trajeto. *Mas que droga!* Você bate no volante e consome um pouco mais de sua preciosa energia de adaptação.

Você estaciona o carro e, em seguida, passa pela cafeteria para levar um copo de café para o trabalho — apenas para descobrir que eles estão no meio da preparação de um novo lote. "Senhora, leve este chá de camomila da casa", diz o barista com uma alegria vários tons acima do razoável. Essa é a última coisa que deseja, e agora você está de cabeça quente e ficando com menos energia de adaptação no tanque. Mas o dia não fica por aí: seu chefe reclama de seu atraso, pois perdeu uma reunião que de alguma forma desapareceu de sua agenda. Ao voltar para casa, seu cônjuge não entende por que você está de mau humor. Então, de pé na cozinha, bebendo um pouco de água — ou talvez algo um pouco mais forte —, seu copo escorrega da mão e o chão se enche de cacos de vidro.

E então, de repente, você desanda a chorar ou soca a parede da cozinha, ou as duas coisas. E tudo por causa de um copo americano baratinho que pode ser substituído facilmente amanhã.

Bem, o que provocou essa reação involuntária? Certamente não foi o copo quebrado. Foi o fato de que em algum momento por volta das duas horas da tarde daquele dia você drenou a energia de adaptação. Como resultado, qualquer demanda dali em diante deixa seu corpo sem escolha, a não ser surtar. Qualquer problema, não importa quão grande ou pequeno, se torna esmagador. Deixe cair aquele copo em um dia de sono reparador, de poucas exigências e muita energia de adaptação, e você mal estremecerá. Você não *escolheu* perder as estribeiras em algo trivial; isso aconteceu porque seu poço de energia de adaptação estava esgotado.

Então, como reabastecer seus reservatórios de energia de adaptação? Meditação. É exatamente o que lhe possibilita aproveitar a fonte de energia. **Se você tem ferramentas eficazes para gerenciar seus níveis de estresse e ansiedade, até mesmo as maiores "adversidades" podem se tornar oportunidades de crescimento e inovação.**

» Por Que a Meditação Importa

Sim, muitas pessoas começam a meditar para se tornar mais produtivas. Uma vez que você comece, desejará continuar fazendo, devido à clareza e energia que isso lhe dá. Caso não tenha certeza sobre esses benefícios ou ainda creia que não pode dedicar tempo a ela, considere as pessoas notavelmente ocupadas — para não mencionar bem-sucedidas — que reservam tempo para a meditação: Oprah Winfrey, Ray Dalio, o congressista Tim Ryan, Sigourney Weaver, Tim Ferriss, Michelle Williams, Channing Tatum, Ellen DeGeneres, Meghan Markle e Hugh Jackman, só para citar alguns. Tim Ferriss, autor best-seller de *Trabalhe 4 Horas por Semana* e apresentador de um dos podcasts mais populares do mundo, no qual entrevista artistas de alta performance, comentou que 90% de seus convidados iniciam o dia com meditação.

Arianna Huffington relatou no Fórum Econômico Mundial que a grande novidade em Davos é que todos os CEOs estão se declarando praticantes de meditação. Oprah Winfrey diz que a meditação a torna mil vezes mais produtiva. E as celebridades, empresários e pessoas influentes que treinei me dizem que a meditação contribuiu fundamentalmente para sua intuição, níveis de energia e, enfim, seu sucesso.

Mais importante, você descobrirá que a meditação permite usar seus desejos como um indicador da melhor maneira de entregar seus dons para o mundo. Em vez de iludir-se de que sua felicidade se encontra em uma pessoa, lugar ou objetivo financeiro, você compreenderá que o que procura já está dentro de você. E aí perceberá que a meditação se constituirá em uma prática transformadora de sua própria vida, mas não apenas nisso: ela é também uma ferramenta que você pode usar para transformar para melhor a vida das pessoas e do mundo ao seu redor.

» Uma Nota Sobre os Exercícios do Final do Capítulo

Não há quem não queira se sobressair em seu campo de atuação, mas o fator decisivo que diferencia aqueles que têm alto desempenho daqueles que ficam presos em algum ponto aquém de seu potencial está no grau de enfrentamento dos desafios que surgem pela frente. Somos todos cantores brilhantes no chuveiro; todo mundo arrasa quando simula sua apresentação na intimidade de seu quarto na noite anterior. Nada disso importa até que seja a hora. Ter as ferramentas para preparar seu corpo e sua mente pode fazer toda a diferença. Os exercícios no final dos capítulos selecionados foram projetados para lhe dar isso. Alguns são "Exercícios de Olhos Fechados" — isto é, técnicas mentais de foco direcionado. Outros são "Exercícios de Olhos Abertos", cuja finalidade é fazer pensar sobre determinado assunto de uma maneira diferente.

Esses exercícios podem ser usados para ajudá-lo em situações da vida real ou servirem de estímulo entre seus horários regulares, duas vezes por dia, de prática na Técnica Z. Pense neles como um toque rápido de bem-estar ou um "tranco" no meio do dia para ajudá-lo a transformar medo em combustível e estresse em força para que você possa realmente começar a desfrutar de situações de alta pressão, em vez de fugir delas! Você aprenderá como usar essas técnicas complementares por conta própria para que elas se tornem uma segunda natureza, transformando sua resposta de estresse padrão de "lutar ou fugir" para "ficar e jogar". Não importa se você ganhou um Oscar, é um atleta olímpico ou iniciou seu próprio negócio — todos ficam nervosos em situações de alta exigência. Pessoas de alta performance são aquelas capazes de inverter consistentemente o roteiro do medo.

Certos exercícios são simplesmente dicas práticas para incorporar em seu dia a fim de reduzir o estresse ou melhorar o desempenho; outros valem-se da respiração para reconfigurar o cérebro e o corpo; e alguns usam a visualização, auxiliando-o a estampar na mente aquilo que deseja que faça parte de sua vida. Como o já falecido Wayne Dyer, autor de livros de autoajuda, disse: "Você compreenderá quando acreditar."

Caso prefira ouvir uma versão em áudio no qual o oriento, muitos dos exercícios estão disponíveis em https://zivameditation/bookbonus/ [conteúdo em inglês].

Exercício de Olhos Fechados

A Técnica 2x Breath

Esta técnica de respiração simples, mas poderosa, pode evitar que você entre em uma fossa de tanto estresse e ajudá-lo a se ancorar mais no presente.

Não há como negociar com seu estresse. Quando se está no modo de luta ou fuga, a amígdala assume o controle. A amígdala é uma parte ancestral e pré-verbal do cérebro. É por isso que não funciona quando você simplesmente diz a si mesmo para relaxar (ou pior, quando outra pessoa lhe diz para relaxar). Na parte de você que está estressada, a linguagem não funciona porque não é compreendida. Em vez disso, temos de mudar o corpo física ou quimicamente. Isso é o que a técnica 2x Breath fará.

A mágica está em dobrar a extensão do exalar. Isso acalma o nervo vago, uma das principais conexões entre o cérebro e o corpo. Enquanto relaxa, as informações podem começar a transitar do cérebro para o corpo, e vice-versa, deixando-o receptivo a soluções vindas da natureza à medida que elas se apresentam.

1. Comece por aspirar pelo nariz contando até dois. Então expire pela boca contando até quatro. Você pode até começar com os olhos abertos, andando pela sala se estiver realmente agitado.

2. Repita esse procedimento.

3. Faça isso uma terceira vez. Se estiver mais calmo agora, sente-se e feche os olhos. Continue por cerca de 3 minutos ou 15 respirações.

4. Quando estiver de volta ao seu corpo e bem nesse momento, pense em três coisas pelas quais você é muito grato. Ou melhor, liste-as. É impossível ter medo e ser grato ao mesmo tempo. Uma emoção torna a outra mais aguda, e depois se esvai.

Preste atenção em como você se sente antes e depois desse exercício. Ele é propositalmente simples. Muitos de meus alunos relatam que levar alguns minutos para praticar o 2x Breath é suficiente para conter os ataques de ansiedade, desde que estejam no início. Agora, dê a si mesmo um grande "viva" interno e continue seu dia sabendo que há poder e integridade tomando conta de sua saúde mental.

» 3 «

O ESTRESE FAZ DE VOCÊ UM ESTÚPIDO

O ESTRESSE PODE SER UMA COISA BOA QUANDO POSSIBILITA AO SEU CORPO sobreviver por mais um dia. Mas é por essa régua que você realmente quer mensurar sua vida? "Bem, não fui despedaçado por feras, então hoje foi um dia de vitória." Para nos libertarmos de um estado perpétuo de luta ou fuga, precisamos agir diariamente no sentido de erradicar o acúmulo de tensões armazenadas em nossa memória celular, a fim de sermos capazes de funcionar em um nível muito superior ao modo de sobrevivência, que é onde a maioria da sociedade moderna ficou presa.

Há, na atualidade, algumas situações de alta demanda nas quais as reações químicas de luta ou fuga podem ser relevantes. Por exemplo, se você precisar pular de um muro alto ou se arriscar para tirar um carrinho com o bebê da frente de um carro desgovernado, provavelmente ficará agradecido por respostas biológicas que permitem que seu corpo e mente trabalhem em conjunto para salvar sua vida ou a de outra pessoa. E existem até mesmo formas de exercícios e rotinas de saúde que induzem a hormese, ou "bom estresse", no corpo. O bom estresse se parece com uma ducha fria, um banho de gelo, uma sauna ou um treinamento de alta intensidade intercalado com breves períodos de descanso. São atividades de curto prazo que despertam o corpo e rejuvenescem as células. Elas submetem o corpo a um certo esforço por tempo suficiente para matar as mitocôndrias fracas (o cérebro de suas células) e fortalecer as mitocôndrias fortes. Como a maioria desse tipo de exercício, são boas o bastante para eliminar o estresse do momento.

Porém, se quisermos nos livrar do estresse do passado, precisamos dar ao corpo um descanso profundo pela meditação. A maioria das formas de hormese é tão breve, que seu corpo tem a oportunidade de eliminar as substâncias químicas do estresse momentâneo para que elas não se tornem crônicas. *Não é ruim para o corpo ficar estressado; entretanto, é ruim para o corpo permanecer estressado.*

Infelizmente, a área do cérebro humano responsável pelas reações químicas do corpo a situações de alto estresse não consegue diferenciar questões de vida ou morte de um prazo pendente ou de um rompimento infeliz. Em outras palavras, nosso cérebro reage à maioria das demandas como se fossem um ataque de tigre, ainda que não sejam fatais. Assim, caminhamos na vida no século XXI com mente e corpo preparados para evitar ameaças fora da realidade cotidiana da maioria das pessoas — e cujos efeitos negativos proliferam.

É comum a sensação de estarmos tão estressados, que parece que não conseguimos pensar direito, concluir uma tarefa simples sem que nossas mãos tremam ou tomar uma decisão bem fundamentada quando sob pressão. Imagine então uma condição padrão como esta: funcionar diariamente em situações de alta demanda e alto risco. Epa, essa já é sua realidade, não é?

Mesmo que o tique-taque do relógio não nos cause pânico sempre, a maioria de nós vive em um mundo no qual ansiedade e tensão intensas são a realidade de todos os dias — e ainda assim se espera que reajamos como se isso nada fosse. Se você já se sentiu sufocado por sua incapacidade de lidar com todas as demandas, quero que seja gentil consigo mesmo, porque a culpa não é sua. Seu cérebro e corpo estão respondendo da única maneira que sabem. Meu objetivo é dar-lhe uma alternativa, a qual, ao longo do tempo, pode mudar o rumo de sua vida.

O estresse tem sido um "mau elemento" nos dias de hoje. Culpado por causar pressão alta e ataques cardíacos, tem sido chamado de epidemia — a "peste negra de nosso século".[1] Muito embora eu, definitivamente, não discorde dessas avaliações e me tenha comprometido a reverter os efeitos negativos do estresse, vamos, antes de o tratar como merece, entender por que, com o tempo, o corpo humano mudou o modo como reage ao estresse.

» Relaxando o Sistema Nervoso

Quando você estava balançando uma clava para espancar aquele tigre ou sair em disparada para sua caverna na esperança de escapar, seu corpo era capaz de eliminar a química deixada pelo estresse. Em nossa vida moderna, muito mais sedentária, contudo, nosso corpo precisa de uma estratégia diferente para liberar o estresse. Por isso, muitas pessoas me dizem: "Meditar é meu exercício." Na verdade, não. Não é. Exercício é exercício; meditação é meditação. São coisas diferentes, e é por isso que há palavras diferentes para designá-las. O que as pessoas geralmente querem dizer com aquela frase é que ambos, esforço físico e meditação, são métodos de liberação do estresse. Para esse fim, um e outro são semelhantes, mas eles atingem esse objetivo de maneiras muito diferentes, porque fazem coisas muito diferentes em nosso sistema nervoso.

Ao se exercitar, você excita seu sistema nervoso e aumenta seu metabolismo. Isso de fato colabora na liberação do estresse. Exercitar-se pode ajudá-lo a se livrar do estresse de hoje. Mas na meditação, você *relaxa* seu sistema nervoso, o que diminui e desacelera seu metabolismo e o ajuda a se livrar do estresse de seu passado. (Não se preocupe, isso *não* significa que ganhará peso se meditar. É simplesmente a taxa na qual seu corpo consome oxigênio!)

O relaxamento do sistema nervoso permite limpar do corpo o estresse antigo de uma maneira muito mais eficiente, abrindo caminho para um melhor desempenho e clareza mental. Você já tentou remover um pedaço de arroz de uma panela de água fervente? É quase impossível. Mas simplesmente removendo a panela da fonte de calor por alguns segundos, permitindo que as moléculas de água se acalmem de seu estado agitado, você pode retirar aquele minúsculo grão de arroz sem problemas.

Meditar lhe possibilita rapidamente acalmar o sistema nervoso e dar descanso profundo ao corpo. Isso cria ordem no sistema nervoso para que você possa expelir o estresse que, de outra forma, seria quase impossível de remover. Essa é apenas uma das maneiras pelas quais a meditação o torna mais produtivo.

No capítulo anterior, mencionei o corpo caloso, a fina faixa de substância branca que conecta a massa cinzenta dos dois hemisférios do cérebro. Trata-se de uma ponte de fibras nervosas que permite que os dois lados do cérebro se comuniquem, carregando transmissões neurais de um lado para outro entre as metades direita e esquerda para ajudar a facilitar a função geral da mente. Os neurobiólogos sabem há anos que um praticante de meditação terá um corpo caloso mais denso do que os outros, mas a correlação não equivale necessariamente à causa, de modo que os cientistas não puderam confirmar se esse fortalecimento das fibras nervosas estava diretamente ligado à prática da meditação. Graças aos recentes avanços na neurociência, somos capazes de ver provas tangíveis de que o cérebro dos que praticam meditação é diferente, e que ela de fato muda o cérebro. Quanto mais tempo for mantida uma prática diária de meditação, mais espesso será o corpo caloso.

Um estudo de uma equipe de neurologistas do Laboratório de Neuromodulação e Neuroimagem da UCLA, publicado em 2012, demonstrou claramente o espessamento do corpo caloso em pessoas com práticas regulares de meditação.[2] Ainda mais interessante, em 2015 uma equipe de Harvard publicou descobertas de um experimento no qual submeteram os participantes a uma ressonância magnética antes que metade deles iniciasse um programa de meditação regular e diário.[3] Os participantes foram selecionados com base em sua saúde geral; todos, no entanto, relataram lidar com os efeitos do estresse em sua vida. No decorrer do experimento, responderam perguntas sobre seu humor e estado emocional, e aqueles do grupo de meditação relataram sentimentos gerais mais positivos e uma redução do estresse. Ao fim de oito semanas, os exames foram repetidos, e o cérebro daqueles que começaram a meditar mostraram mudanças físicas inconfundíveis, incluindo o encolhimento da amígdala (o centro identificador do medo no cérebro), que se expande quando o cérebro está mergulhado em cortisol ou outros hormônios do estresse, e expansão do tronco cerebral, onde a dopamina e a serotonina — substâncias químicas relacionadas a sentimentos de felicidade, amor e contentamento — se originam.

Pare e pense por um instante nisto: ***Em apenas dois meses, a meditação pode mudar o cérebro o bastante para que uma ressonância magnética detecte,*** encolhendo o centro identificador do medo e ampliando os centros reveladores de felicidade, amor e solução criativa de problemas.

Meditação, ao que parece, é literalmente uma experiência que muda a mente. O cérebro esquerdo é, em essência, responsável pelo passado e pelo futuro — reflexão sobre lições aprendidas e planejamento para o que virá. É responsável pela linguagem, pensamento crítico e analítico, matemática, gestão de sua situação financeira e encargos — atividades realmente importantes que nos fazem agir como adultos funcionais.(Ou ao menos muito mais perto das pessoas respeitáveis que nossos pais esperavam desesperadamente que nos tornássemos ao crescer.) Para a maioria de nós, e especialmente para grandes empreendedores, estamos levando nosso cérebro esquerdo para a academia todos os dias, dançando conforme a mesma música: "Pense, aja, conquiste e ganhe dinheiro para que possa ser feliz no futuro." Seu cérebro esquerdo é um ginasta que nunca negligencia sua forma atlética.

Paralelamente, para a maioria de nós na sociedade ocidental moderna, o lado direito de nosso pobre e pequeno cérebro está em um estado de quase atrofia. O lado direito do cérebro é a parcela de você que comanda o agora e a intuição, inspiração, criatividade, música e conectividade. É nele que se originam nossas epifanias criativas de resolução de problemas e nossas abordagens inovadoras para problemas comuns. Infelizmente, a razão pela qual esses lampejos de brilhantismo são geralmente apenas isso — fulgores temporários e breves com os quais nosso cérebro direito entra em cena com algum golpe incrível de gênio e logo depois esmaece nos bastidores — é que condicionamos nosso cérebro esquerdo a ser hipervigilante. O lado esquerdo do cérebro em geral intervém e assume o controle antes que seu vizinho dê o ar de sua graça.

Ao observar um cérebro humano, vê-se que ele é fisicamente dividido ao meio, com tamanho e formato dos hemisférios direito e esquerdo perfeitamente equilibrados. Não creio que a natureza cometa erros. ***Não acredito que a natureza nos daria um cérebro 50/50 se era para usarmos uma proporção 90/10.*** Quando meditamos, levamos nosso cérebro para a academia para fortalecer o corpo caloso, ou seja, para reforçar e alargar a ponte entre as metades esquerda e direita. Isso cria coesão cerebral, o que significa que a comunicação e interação entre os dois hemisférios é intensificada.

O que isso tem a ver com o estresse? Simplesmente isto: quando você está em uma situação de alta demanda, seu corpo e mente começam a dar respostas estressantes. Caso haja um forte equilíbrio entre os dois lados do cérebro, em vez de entrar no modo de fuga ou luta, você descobrirá que sua mente é capaz de permanecer clara, aberta e capaz de propor soluções criativas. Seu cérebro estará mais bem equipado para resistir a uma resposta de pânico a um elemento causador de estresse — seu chefe gritando com você, um prazo realmente apertado ou um concorrente pisando em seus calcanhares — à medida que acessa simultaneamente todo um outro reino de inspiração.

» O Artista Antes Conhecido Como Estresse

Desmentindo a crença popular, o estresse não nos ajuda no quesito produtividade ou desempenho. De fato, de acordo com os Vedas, *"Não existe isso de situação estressante, somente respostas estressantes a uma determinada situação"*. Em outras palavras, estresse não é o que acontece com você; estresse é sua *reação* ao que acontece com você.

Quando você se torna um professor de meditação, torna-se ao mesmo tempo um especialista em estresse. Há uma verdadeira epidemia de estresse no Ocidente, e também em grande parte do resto do mundo. Mas o que realmente queremos dizer quando usamos a palavra *estresse*?

Vamos começar pelo que ele *não* é: prazos, términos, encontrar a família no Natal ou os congestionamentos pela manhã. Todas essas coisas são *demandas;* situações que *exigem* de nós tempo e atenção, e que estão dizimando sua energia de adaptação. Por esse motivo, eu, de fato, dispensei o uso da palavra *estresse* para me referir a todas as pressões decorrentes de nossas responsabilidades profissionais e pessoais; em vez disso, prefiro chamá-las de demandas. Nos tempos em que vivemos, lidamos com muitas demandas; nosso *estresse* é o impacto negativo que permitimos que essas demandas provoquem.

Todo aquele fast food que você já comeu, todas as caipirinhas que já bebeu, todas as noitadas e voos que já fez, todas essas coisas dissipam a energia de adaptação de seu corpo. Elas não são necessariamente "más", porém não se incluem nas normas básicas de compatibilidade sob as quais nosso corpo e nossa mente evoluíram. Tais coisas estão afetando a maneira como você lida com o estresse agora e impactam o modo como lidará com o estresse no futuro. Eis o que acontece: se há um monte de demandas que drenam sua energia de adaptação e surge uma demanda *adicional*, seu corpo se lançará involuntariamente em uma reação de estresse de luta ou fuga. O estresse é isso: sua reação às situações, não a situação em si.

ENERGIA DE ADAPTAÇÃO: Sua capacidade de lidar com uma demanda ou mudança de expectativa.

DEMANDA: O artista antes conhecido como estresse.

Não agimos em concordância com o que sabemos; agimos em concordância com o nível de estresse de nosso sistema nervoso. Espero que isso seja uma notícia reconfortante, porque significa que você *não* é um fracasso por não implementar as lições de todos os livros de autoajuda que já leu. A cereja do bolo é que a técnica que você aprenderá neste livro lhe possibilitará começar a pôr em ação todo o software sofisticado (informações) que adquiriu ao desfragmentar seu disco rígido (vulgo cérebro).

Esse é um conceito estranho para a maioria de nós, então quero juntar nossas novas palavras para tratar dele. Caso sua *energia de adaptação* esteja comprometida e haja outra *demanda*, seu corpo entrará automaticamente em uma reação de estresse do tipo fugir ou lutar, tenha você lido ou não *O Poder do Agora*. A meditação permite recompor rapidamente o nível ótimo de energia de adaptação, dando-lhe o privilégio de escolher como deseja responder às demandas da vida. Isso pode parecer um benefício menor. Não é. Respondendo elegantemente às demandas, em vez de seu corpo "entrar em parafuso", pode fazer a diferença entre viver o céu na Terra ou ser consumido pelas chamas do inferno.

Façamos um paralelo entre os dias de duas pessoas hipotéticas que chamaremos de Suzie Poço de Estresse e Peggy Sempre Disposta. Peggy pratica meditação duas vezes por dia; Suzie não.

O ESTRESE FAZ DE VOCÊ UM ESTÚPIDO

	Suzie Poço de Estresse	Peggy Sempre Disposta
6h	Exausta do dia anterior, Suzie aperta a tecla soneca do despertador até as 6h45.	Peggy acorda antes do despertador tocar, escova os dentes e faz 15 minutos de meditação.
8h	Agitada por haver dormido demais, Suzie corre para deixar sua filha na escola. Estão atrasadas, e Suzie não tem tempo para comer algo ou tomar um café, algo de que ela precisa desesperadamente.	Peggy prepara um café da manhã saudável, veste e alimenta sua filha e a deixa na escola a tempo. E chega ao trabalho cinco minutos mais cedo.
11h	O chefe de Suzie antecipa a data de conclusão de um grande projeto. Em pânico porque já está atrasada, Suzie trabalha na hora do almoço.	O chefe de Peggy antecipa a data de conclusão de um projeto. Mantendo a calma, ela usa soluções criativas e resolve o problema em 90 minutos. Almoçará e desfrutará de cinco minutos lá fora.
15h	Quase em cima da hora, Suzie entrega seu projeto. Sem comer o dia todo, corre até a Starbucks para um café e uma fatia de bolo de banana.	Peggy usa uma sala de reuniões para a meditação da tarde. Tendo renovado sua energia de adaptação e se sentindo revigorada, dedica-se por inteiro às suas tarefas no resto do expediente.
18h	Faminta e com a cabeça latejando, Suzie enfrenta o trânsito a caminho de casa, buzinando irritada para os carros à sua frente.	No trânsito, voltando do trabalho para casa, Peggy ouve seu podcast favorito e desfruta de seu tempo livre sozinha.

	Suzie Poço de Estresse	Peggy Sempre Disposta
20h	Suzie e seu marido têm uma conversa difícil sobre sua sogra idosa. Suzie se põe a chorar; parece-lhe difícil demais lidar com aquilo em um dia tão desgastante.	Peggy e seu marido conversam sobre a saúde da mãe dele, bem idosa. Peggy escuta com compaixão, e ambos decidem procurar juntos soluções para aquela situação difícil.
20h30	A filha de Suzie os interrompe. Impaciente, Suzie a segura e, gritando, manda-a ir para a cama e dormir.	A filha de Peggy os interrompe. Peggy a abraça, grata pela alegria que ela traz à vida deles. Peggy lê um pouco para a filha antes de dormir, beija-a e lhe dá boa noite.
22h	Suzie está mentalmente exausta, mas trabalha até tarde porque está frustrada com o pouco que produziu hoje. Ela espera que amanhã seja melhor.	Peggy fecha seu livro e reflete em quanto deve se sentir grata por tudo. Ela se sente orgulhosa de como lidou com um dia tão exigente e espera pelo dia de amanhã.

» Seu Relacionamento com o Estresse

E se, como Suzie Poço de Estresse, você secretamente desejar esse estresse? Alguns de nós usam o estresse como uma espécie de distintivo de honra. Há uma parte de nós, diminuta, que gosta de quão importantes ou demandados ele nos faz sentir. Muitos dos CEOs e atores que ensino têm duas histórias diferentes que apontam para o mesmo vício. Meus clientes CEO insistem: "Emily, preciso do meu estresse. Preciso da minha angústia. É a coisa que me dá uma vantagem competitiva." E meus clientes atores insistem: "Emily, preciso do meu estresse. Preciso da minha angústia. Minha criatividade vem da dor."

Não, de jeito nenhum!

Suas reações de estresse *não* são a fonte de sua inspiração, engenhosidade ou visão. Criatividade e inovação vêm do hemisfério direito do cérebro, não de qualquer reação biológica originada para protegê-lo de um predador. Quando as duas metades do cérebro se comunicam clara e facilmente, você acessa melhor soluções criativas e ideias geniais mesmo em meio a uma situação de alta demanda. O estresse o estupidifica, porque custa ao cérebro e ao corpo um bocado de energia se preparando para algo que nem é real. Com o cérebro funcionando de forma integrada, recuperamos a energia mental e física, o que nos possibilita fazer mais em menos tempo.

Vamos fazer um pequeno experimento matemático para avaliar como você está lidando com seu estresse. Comece pensando em quanto lhe custou o estresse nos últimos seis meses:

Álcool?

Terapia?

Café?

Cigarros?

Compras compulsivas?

Sexo casual?

Medicamentos?

Drogas recreativas?

Compromissos não cumpridos?

Oportunidades de trabalho desperdiçadas?

Dias em que esteve doente?

Quando você se dá conta dos custos do estresse em termos de tempo, dinheiro e respeito próprio, parece inimaginável não querer tomar medidas para eliminar esse poluente do sistema. Vou lhe "prescrever" uma lição de casa no final deste capítulo, na qual você de fato poderá contar o dinheiro e medir o tempo gasto com o estresse. Estresses acumulados têm lentamente inoculado veneno em sua vida na forma de negatividade e insegurança, e por ser humano, você procura saídas para se sentir melhor. Mas cuidado: muitas pessoas conseguem ganhar muito dinheiro com essa busca infrutífera. Toda uma indústria de publicidade multibilionária é construída sobre ela.

A meditação não apenas o faz poupar o dinheiro que gastaria em todas as coisas infrutíferas que poderia tentar para reduzir o estresse, mas depois que ela se torna um hábito diário, pode se tornar inalienável para você. Após cinco meses da jornada de medicação, realizamos uma pesquisa entre nossos graduados da Ziva, e uma das perguntas que fazemos é: "Quanto você cobraria para parar de meditar completamente?" O valor médio informado é de US$975 milhões! É verdade que isso dificilmente pode ser considerado um estudo científico, e certamente é impossível quantificar objetivamente, mas se constitui em significativo indicador da importância de encontrar sua própria felicidade. (Pessoalmente, nenhuma quantia de dinheiro poderia me convencer a abandonar minha prática de meditação, porque eu me tornaria uma insone realmente rica, e é impossível aproveitar a vida sentindo-se completamente exausto!)

Antes de prosseguirmos, quero ficar certa de que você reserve um tempo para fazer essa tarefa e descobrir o que o estresse está custando em termos de tempo. É muito poderoso dispor de dados antes e depois. A maioria de nós não hesita em reconhecer e celebrar nossos sucessos, então gostaria de compartilhar uma história que ouvi de uma de nossas alunas do zivaONLINE, Shaunda, que testou seus níveis de cortisol antes e depois do treinamento.

Comecei a perder meus cabelos aos 35 anos, e a calvície se mostrava em pequenas clareiras distribuídas pelo couro cabeludo. Ainda que me considerasse saudável, minha alopecia devia-se ao alto nível de cortisol do estresse. Sempre achei que esse estresse era normal na vida incessantemente ocupada de fazer crescer uma empresa, ter uma agenda social ativa e no que eu antes havia considerado ser meu melhor jeito de viver. Decidi fazer algumas mudanças e procurei a ajuda de Emily Fletcher. No zivaONLINE, comecei a meditar regularmente por 15 minutos, 2 vezes por dia. Foi tão impactante, que imediatamente me senti mais presente e capaz de lidar com decisões importantes com facilidade. Passei a dormir melhor, me tornei mais eficiente e mais realizada, deixei de lado as coisas que antes me dominavam e entrei no que é verdadeiramente minha melhor vida, sentindo-me a cada dia melhor que antes. Os resultados dos meus testes mostram a incrível diferença que a Ziva fez em meu corpo, REDUZINDO MEU ESTRESSE A UM DÉCIMO DO QUE ERA.

Antes do zivaONLINE, minha relação Na/Mg (uma medida da função adrenal) era muito alta: 96. Em meu teste mais recente, o nível de Na/Mg caiu de 96 para 10, indicando FORTE QUEDA de meus níveis de estresse e melhora substancial da saúde adrenal em apenas cinco meses!

» Desintoxicação Emocional

Antes de compartilhar com você as técnicas específicas para meditar, é importante ter um momento para explorar o processo pelo qual nossos corpos começam a se livrar do estresse. Essa preparação emocional é essencial para colher o máximo de benefícios e estabelecer a relação mais saudável e produtiva com a Técnica Z. Se concordarmos que o estresse acumulado no corpo está nos desacelerando e que faz todo sentido livrar-se dele para que possamos explorar nosso potencial por inteiro, a pergunta que não quer calar é... *para onde vai o estresse?*

A meditação o espreme como se fosse uma esponja, então, se houver alguma tristeza lá dentro, começar a praticar poderá fazê-lo sentir um sabor triste chegando e indo embora. Assim acontece também com a raiva, o ressentimento, a insegurança e toda uma série de emoções desagradáveis. Eu aviso a todos meus alunos da Ziva que durante as duas primeiras semanas do curso não haverá abandono de empregos nem divórcios nem propostas de casamento. As pessoas normalmente riem — até que experimentem em primeira mão como os sentimentos podem ser intensos quando corpo e mente se desintoxicam. O fato é que o estresse pode ter o mesmo sabor ao entrar e ao sair do caminho. E por mais que eu adorasse tocar seu ombro com uma varinha mágica e fazer desaparecer o estresse de sua vida, não é assim que a natureza trabalha. Aquele antigo estresse gerado pelo cão latindo em sua frente, quando você tinha quatro anos, pode criar alguns sentimentos de ansiedade conforme ele vai sendo liberado.

Acho útil deixar as pessoas cientes de que essas sensações desconfortáveis podem vir, mas melhoram. Não há maneira de contornar completamente. Nos próximos capítulos eu o conduzirei durante esse processo de desintoxicação emocional e física. O melhor a fazer nas primeiras semanas após iniciar a Técnica Z é agendar um descanso extra e garantir ter uma sólida equipe de apoio ao redor. Talvez formar um clube de meditação com alguns amigos ou colegas de trabalho e começar esse programa juntos. É muito mais fácil permanecer comprometido tendo apoio e responsabilidade. ***Como acontece com qualquer processo de desintoxicação, como parar de fumar ou de abstinência, as reações iniciais podem ser intensas à medida que nosso corpo e nossa mente são liberados do estresse acumulado ao longo da vida.***

Alguns alunos relatam sentimentos de tristeza ou raiva em relação a traumas passados que eles achavam ter deixado para trás; outros descobrem que tais sensações são superadas com o desejo de mudar drasticamente a direção de sua vida; e há os que se sentem confusos com as manifestações físicas de catarse, como lágrimas sem causa perceptível ou sonhos muito vívidos, pesadelos, náusea ou nebulosidade cerebral. Eu não estou escrevendo isso para assustá-lo. Compartilho isso para que você possa entrar nesse processo de desintoxicação com os olhos bem abertos e preparado para atravessar com bravura o desconforto, caso surja.

Todas essas reações são completamente normais e, em geral, mais intensas nos primeiros dias e semanas. Se você está querendo deixar seu emprego, vá dar uma volta. Se quer se divorciar, tire um cochilo. Ou se quiser se mudar, tome uma ducha. Caso nada disso funcione, entre em contato com um colega de meditação na comunidade online zivaTRIBE em facebook.com/groups/zivaTRIBE [conteúdo em inglês].

Também é bastante provável não haver nenhum sintoma da desintoxicação emocional. Não os tive quando comecei pela primeira vez, mas obtive enormes benefícios da meditação (claramente). Em outras palavras, desintoxicação e benefícios nem sempre se correlacionam. Infelizmente, não há uma maneira fácil de prever como seu corpo reagirá às fases iniciais do processo de eliminação do estresse. No entanto, o simples fato de estar ciente da possibilidade de fortes reações físicas lhe permite preparar-se para tal ocorrência e também lembrar-se de que isso passará. Nossa música tema durante a fase inicial de desintoxicação será "Better Out Than In!" ["Melhor Fora que Dentro", em tradução livre].

CATARSE EMOCIONAL: O processo de depurar emoções profundas, resultando em saúde psicológica e às vezes alívio físico.

O estresse é um tirano. Ele mantém seu corpo e sua mente enclausurados em um lugar de constante inquietação, preocupação e descontentamento; deixa-o no limite do nervosismo, paranoico — exatamente como um valentão de recreio. A meditação lhe confere segurança suficiente para a liberação emocional. Ela lhe permite finalmente se ver livre do medo e pânico que podem assumir o controle de seu corpo e sua mente. Como uma mãe amorosa, a meditação o acolhe em seu seio e faz seu sistema nervoso ver que agora você tem acesso à sua própria bem-aventurança e satisfação interior, o que lhe dá condições de sentir-se seguro o bastante para deixar ir embora uma vida inteira de estresse. Eu quero encorajá-lo a resistir a esse valentão, mesmo que possa ser assustador no começo.

A prática da meditação é o impulso que dá início ao processo de expulsão do estresse. Peço bravura a meus alunos para enfrentar um desconforto temporário. Desconforto não se identifica com sofrimento. Sofrimento é dor intensa e prolongada; desconforto é sentimento intenso durante um curto período de um processo de libertação. Do outro lado desse desconforto temporário, você surge mais forte e mais bem equipado para o futuro. A desintoxicação emocional que pode ser experimentada no início desse processo nada mais é do que seu corpo finalmente deixando de lado o estresse acumulado ao longo da vida. Isso não implica reconhecer que essas reações não sejam reais, válidas ou intensas, mas simplesmente que elas estão indo embora. Elas, em última análise, acabam levando à liberação do estresse e seus efeitos em seu estado físico, acuidade mental e desempenho.

Ao se sentir preparado para lidar com suas demandas com um cérebro totalmente comprometido e liberar uma vida de estresse em seu corpo, não obstante algum possível desconforto inicial, então você está pronto para começar essa prática. Lembre-se de que esta é uma jornada para melhorar sua vida. À medida que seu estresse vai sendo gradualmente liberado, você começará a desfrutar do espaço e da energia que ele abre para a criatividade, produtividade e até mesmo um aumento de QI — até 23% em alguns estudos![4] Lembre-se de que o estresse faz de você um estúpido.

Exercício de Olhos Abertos

Quanto o Estresse Está Lhe Custando?

Quero ser muito prática aqui. A pergunta anterior sobre quanto custa o estresse não era hipotética. Agora é hora de pôr no papel. Essa informação o deixará muito feliz em alguns meses em sua carreira de meditação.

Com base nos últimos seis meses, anote as maneiras pelas quais o estresse o desacelerou e drenou sua conta no banco. Se houver algo que não mencionei aqui, fique à vontade para acrescentar.

Nos últimos seis meses, quanto dinheiro você gastou com o seguinte:

Álcool

Terapia

Café

Cigarros

Compras compulsivas

Sexo casual

Medicamentos

Drogas recreativas

Compromissos não cumpridos

Oportunidades de emprego desperdiçadas

Dias em que esteve doente

Agora gostaria que você calculasse quanto essas coisas estão lhe custando em termos de tempo (quanto vale seu tempo, afinal de contas?) por um período de seis meses. Pesquisas entre meus alunos revelaram que o número se aproxima de US$6 mil, ou seja, quase US$12 mil por ano! Reserve um momento para escrever o que você poderia fazer com esse dinheiro extra. Ter as férias que tanto sonhou? Contratar um personal trainer? Poupar para a faculdade de seu filho? Parece valer a pena trocar 15 minutos, 2 vezes por dia por esse dinheiro?

Caso seus números o façam desejar reagir ao estresse, sinta-se à vontade para participar deste exercício simples, mas agradável, para deixar de se sentir sobrecarregado: inspire pelo nariz e imagine que está sentindo o cheiro de biscoitos recém-assados. Segure a respiração por um momento, depois expire pela boca, imaginando estar soprando velas de aniversário. Repita esse exercício por pelo menos três ciclos respiratórios.

Ziva: Estudo de Caso 2

Como Deixei de Ser "um Fracasso em Meditar"
MALCOLM FRAWLEY, INCORPORADOR IMOBILIÁRIO

Em minha adolescência fui entulhando de sentimentos uma caixa metafórica para que ninguém, nem mesmo eu, pudesse vê-los. Se estivesse triste, fingiria sorrir; se estivesse com raiva, eu a ignoraria como se não fosse nada. Esses hábitos se transformaram em comportamentos radicais nos quais eu me afastava completamente de situações desconfortáveis e tinha reações intempestivas em outras. Eu estava tão desconectado de meus próprios sentimentos, que tomei grandes decisões na vida movido por sentimentos *QUE NEM SABIA QUE TINHA*.

Passei a maior parte de meus 20 anos às voltas com antidepressivos, ansiolíticos e pílulas para dormir. Inúmeros terapeutas tentaram me "consertar", mas eu tinha tão pouco contato com meus próprios sentimentos, que não sabia ao certo do que eles estavam tentando me consertar.

Após anos sendo medicado, e desejoso de me afastar do vício em pílulas para dormir, procurei alternativas. A meditação tinha acabado de começar a se tornar conhecida fora dos círculos tradicionais, e foi emocionante poder baixar um aplicativo que prometia me fazer sentir melhor instantaneamente. Eu ouvia certos exercícios de mindfulness e tentava seguir as instruções. Eu trabalharia para me concentrar na respiração e "acalmar minha mente", mas nunca consegui entender como fazer isso. Quando os anúncios de meditação começaram a aparecer, pensei: *ESTA É A MINHA CHANCE DE APRENDER A PARAR MEUS PENSAMENTOS E*

FINALMENTE ENCONTRAR AQUELE ESTADO DE BEM-AVENTURANÇA DE QUE TODOS FALAM! Infelizmente, isso não ocorreu. Novamente me diziam para me sentar ereto, focar minha respiração e impedir que os pensamentos entrassem em minha mente. Isso só ampliava minha ansiedade, na mesma cadeira que deveria me relaxar, e me deixou pensando que a "meditação" poderia agora ser acrescentada à lista de coisas que tentei e falhei.

Mais tarde, conversando com uma amiga, expliquei minhas tentativas fracassadas de meditar, e ela sugeriu que talvez eu estivesse fazendo o *TIPO* errado de meditação. Eu nem sabia que havia tipos diferentes! Ela começou a falar efusivamente sobre Emily e Ziva e todas as formas incríveis com que sua vida mudou por causa delas. Imediatamente me envolvi na próxima palestra de "Introdução à Meditação" de Emily e fiquei muito inspirado ao ouvi-la discorrer sobre sua experiência pessoal de superar a insônia e como sua vida, como um todo, mudou para melhor. Decidi imediatamente que tinha de aprender.

Lá se foram nove meses depois disso, e fico incrivelmente feliz em informar que minha vida mudou exatamente da maneira que Emily disse. Pela primeira vez em dez anos, estou livre de medicamentos! Adormeço sem esforço – sem qualquer tipo de ajuda para dormir – e acordo sentindo-me descansado e renovado. Mas o mais importante, agora me conecto com meus próprios sentimentos. Posso identificar o que surge, sentir e seguir em frente. Minhas reações são autênticas a cada momento, e não estou preso ao passado revendo antigos traumas. Agora estou em uma relação saudável e comprometida, na qual sou capaz de me apresentar inteiramente como eu mesmo. Estou mais focado em meu trabalho e encontrei canais criativos em todos os aspectos da vida.

» 4 «

SEM DORMIR EM SEATTLE – E EM QUALQUER OUTRO LUGAR

A VIDA É SUGADA QUANDO VOCÊ ESTÁ CANSADO.

Mais de 40,6 milhões de norte-americanos — ou seja, mais de 1/3 da população adulta — têm alguns problemas para dormir à noite, de acordo com dados oficiais. Essas questões variam de inquietação à insônia clínica severa. Para algumas pessoas, ser insone é deitar na cama e lutar para dormir enquanto o que ocorreu no dia e os planos para o amanhecer circulam pelo cérebro. Para outras, a insônia significa ter problemas para ir para a cama, passando suas horas noturnas vagando pela casa ou percorrendo as mídias sociais porque não conseguem que cérebro e corpo se desliguem. E para outras ainda, a insônia é uma série de curtos episódios de quase cair no sono antes de ser de repente tirado dele porque o refrão daquela canção chiclete subitamente vêm à tona e se recusa a ser silenciada. Existem inúmeras outras maneiras de a insônia se apresentar, e são todas elas capazes de enlouquecer.

Quando eu estava "vivendo meu sonho" na Broadway, cada noite era uma batalha para dormir. Todas as noites, enquanto tentava pegar no sono, um misto de ansiedade, ritmo circadiano estragado e adrenalina do desempenho daquela noite permeavam meu corpo. Eu ficava deitada na cama por horas, bem desperta, mas desesperada para descansar, sabendo que cada minuto que passasse me deixaria muito mais exausta no dia seguinte, quando eu deveria estar em plena forma.

Em um estudo recente desenvolvido no Canadá, descobriu-se que as pessoas que tinham regularmente menos de seis horas de sono por noite sofriam de deficiência aguda de raciocínio e percepção, e que os efeitos em longo prazo da privação de sono eram semelhantes aos do hábito crônico de embebedar-se.[1] O mesmo estudo observou que "dirigir quando se está sob um processo de privação de sono... é um prejuízo cognitivo equivalente a dirigir alcoolizado". É isso mesmo que você quer como norma de vida — dirigir embriagado durante o dia?

Nós todos sabemos que um sono decente é importante para a saúde física e mental. Nossos pais nos incutiram isso desde sempre, primeiro quando começamos a lutar contra as sonecas quando criancinhas, e mais tarde quando implorávamos para ficar acordados até mais tarde para ler mais um capítulo ou assistir a um pouco mais de televisão. Nossos pais tinham sua própria agenda a cumprir, precisando que fôssemos dormir para cuidar de sua sanidade? Sem dúvida alguma, mas isso não significa que não estavam cobertos de razão. Clareza de raciocínio durante o dia, produtividade no local de trabalho, longevidade, fortalecimento do sistema imunológico e até perda de peso — todos benefícios comprovados de uma mente e corpo adequadamente descansados. E mesmo assim, apesar de todos entendermos a importância vital do sono, qual é o primeiro lugar em que tendemos a cortar custos quando enfrentamos uma agenda extra? Você adivinhou: nosso sono. Adiamos a ida para a cama, acordamos mais cedo, varamos a noite e dependemos de cafeína, bebidas energéticas ou qualquer outra coisa à mão para nos manter acordados durante o dia, depois de mal descansar antes de fazer tudo de novo no dia seguinte. Eu sei que tive culpa nisso, e estou certa de que você também tem. Por que continuamos a fazer isso para nós mesmos apesar de sabermos de tudo isso?

Vivemos em um mundo que nos *incita à correria*, que tende a equiparar o descanso à preguiça, embora possamos obter muito mais sucesso em um nível muito mais alto em muito menos tempo se encararmos cada dia completamente descansados. Todos estamos cientes disso, mas ainda achamos que podemos de alguma forma vencer o sistema. Lamento informar: **a natureza é uma exímia contadora.** É como se fosse um cassino: pode-se tentar enganar a banca — e até ficar na dianteira por um tempo —, porém, no final, a banca sempre vence. Não dá para perder duas horas de sono por noite e esperar que o corpo não perceba. Em um mês, isso resulta em mais de 56 horas de sono perdido. Pense nisso. Se você for para a cama uma hora depois e acordar uma hora mais cedo do que deveria por um mês, estará sonegando de seu corpo quase *dois dias e meio de pleno descanso.*

Vários de meus alunos de meditação me dizem que seus horários lotados não permitem oito horas completas de sono todas as noites. A bem do argumento posso aceitar isso, mas há algo que todos podem fazer para criar um sono mais profundo e eficiente no tempo *disponível*. Você se importaria de adivinhar o quê?

» Sono vs. Meditação

Houve um tempo em que os cientistas acreditavam que cérebro e corpo estavam desligados quando uma pessoa ia dormir. Somente na década de 1950, com a tecnologia de captação de imagens neurais, os pesquisadores foram capazes de rastrear como corpo e cérebro interagem enquanto estão aparentemente em repouso a noite toda.

Um adulto normal experimentará ciclos de 90 a 110 minutos dos estágios do sono ao longo da noite. Um scanner conectado ao cérebro daquela pessoa mostrará o que parece ser uma série de colinas e vales: são registros gráficos da atividade mental, que aumenta e diminui em padrões previsíveis durante o sono, o qual pode ser leve, profundo ou caracterizado por movimentos rápidos dos olhos (sono REM). Os cientistas classificaram essas fases da atividade cerebral em vários tipos de "ondas".

Assim que você começa a adormecer, o movimento ocular diminui e o cérebro passa de seu estado consciente, desperto, para um no qual produz ondas alfa e teta mais lentas. Depois de um a dez minutos, o cérebro repentinamente passa por um surto de atividade cerebral oscilatória chamada de fusos do sono ou de bandas sigma, e em seguida desacelera drasticamente. À medida que você mergulha em um sono mais profundo, o corpo se torna menos suscetível a estímulos externos, os movimentos oculares e musculares quase param, e seu cérebro continua a produzir ondas delta lentas até entrar no sono REM. É neste estágio que podem ocorrer os sonhos mais vívidos. Os olhos se movem rapidamente, apesar de fechados, e a frequência cardíaca e a pressão arterial se elevam. O sono REM pode durar até uma hora antes que seu cérebro o leve de volta ao estágio 1 e o ciclo de sono se reinicie. Embora ainda não entendam completamente por que cérebro e corpo reagem dessa forma ao sono, os cientistas sabem que cada um dos estágios mais profundos do sono traz vários benefícios, como reparar músculos e lesões, converter em memórias novas informações no cérebro e processar os eventos do dia anterior.

Esse ciclo superficial-profundo-superficial do sono é repetido durante a noite em um padrão quase universal entre adultos saudáveis que vivem em meio às circunstâncias próprias do mundo industrializado. Curiosamente, porém, estudos do sono conduzidos entre praticantes de meditação revelam que o cérebro destes tende a passar rapidamente pelos estágios iniciais, da vigília ao sono profundo, e depois permanece nos estados mais profundos até a manhã seguinte.

Durante o sono, a mente não cessa de processar as informações coletadas ao longo do dia, e é por isso que muitas vezes temos sonhos estressantes em ocasiões particularmente difíceis, ou pesadelos depois de assistir a filmes de terror. O cérebro está filtrando todos os "dados de entrada" recentes, alinhando-os com as crenças e estruturas já enraizadas em seu subconsciente.

Como já discutimos, o estresse extravasa do corpo na forma de pensamentos, uma vez que se origina no cérebro. Ao acumular estresse, um fato para praticamente todos que vivem na sociedade ocidental, o cérebro é forçado a usar o tempo de sono para liberar o estresse em lugar de descansar.

Aqui está uma maneira mais concreta de pensar sobre esse conceito bastante abstrato. Pense no seguinte "problema de matemática" não como um estudo científico, mas como uma ilustração. Você está em um dia típico, em meio a suas responsabilidades no trabalho, atingindo suas metas de vendas, se preparando para a grande apresentação marcada para a semana seguinte, pagando suas contas, e no final do dia pegará seus filhos e depois passeará com o cachorro. Nesses dois terços do dia em que está acordado, você adquire dez "unidades" de estresse. Aí então, à noite, vai para a cama e dorme por oito horas, descanso suficiente para queimar sete unidades desse estresse. Isso não parece tão ruim, certo? Certo — exceto que isso significa acordar ainda carregando três unidades de estresse do dia anterior. Então você adquire outras dez unidades de estresse nesse novo dia, o que significa que agora você está carregando treze unidades. Ao dormir naquela noite, libera sete unidades — e acorda com seis. Incorpora mais 10 ao longo desse dia, totalizando 16, dorme, libera 7 e acorda com 9, 12, 15, 18. Lavar, enxaguar, repetir. E você fez disso um hábito durante toda sua vida.

Dá para ver o problema, não? O estresse se acumula com o passar do tempo, e o sono, para a maioria de nós, não é uma maneira eficaz o bastante de lidar com as pressões desgastantes do cotidiano: o descanso que ele proporciona é insuficiente. Eis a razão pela qual muitas pessoas vão averiguar o que é meditação.

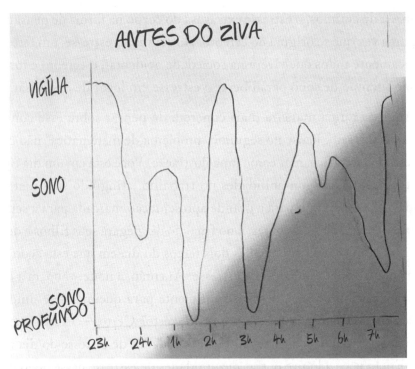
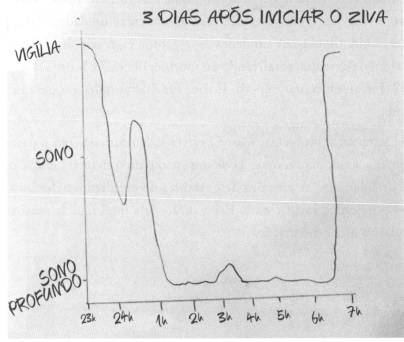

Sono e meditação não são o mesmo tipo de descanso. A natureza, por uma questão de sobrevivência, não permite que corpo e mente repousem profundamente ao mesmo tempo. Um deles sempre deve estar de plantão. Quando o sono o apaga, sua respiração fica mais profunda para manter seu corpo oxigenado caso um tigre surja de repente e você precise entrar no modo fugir ou lutar. Ao meditar, seu corpo é capaz de descansar enquanto seu cérebro vigia; por isso você pode se sentir hiperativo durante a meditação — seu cérebro permanece alerta para evitar que você se transforme no almoço da fera. ***O sono é o descanso do cérebro; a meditação é o descanso do corpo.*** Ambos são necessários para um melhor desempenho, e a meditação os torna mais eficazes. Hee Sun-Woo, um produtor de Nova York, me escreveu compartilhando: "Dormi a noite toda pela primeira vez em 20 anos após fazer o curso de Meditação Ziva." Uma simples mudança em sua rotina diária rendeu-lhe dividendos em forma de repouso.

» O Quarto Estado

Os três estados de consciência com os quais a maioria de nós está familiarizada são a vigília, o sono e o sonho. Entretanto, nos últimos anos, cientistas especializados no estudo do sono e outros especialistas realizaram mais de 350 estudos revisados por pares cujos resultados foram publicados em mais de 160 periódicos científicos. Todos levaram a uma mesma conclusão: existem mais de três estados de consciência, e a meditação é um meio de acessá-los.

Eu chamo esse quarto estado de "o campo da bem-aventurança"; o termo mais comum para esse estado é *transcendência*, mas essa palavra acumulou muitas associações e sentidos diferentes. O termo original é turiya, uma palavra do sânscrito para "o quarto" ou um estado de pura consciência, totalidade ou união com o momento.

> **TURIYA:** Um estado hipometabólico de "alerta descansado"; um estado específico de consciência à parte da vigília, sono ou sonho, no qual você entra praticando a meditação NISHKAM KARMA. Quando se está nesse estado, boa parte do cérebro aparece iluminada nos aparelhos de escaneamento, ao contrário de quando se está em mindfulness ou em práticas de foco direcionado, em que partes menores do cérebro brilham acentuadamente.

Conhece aquela sensação de quando está prestes a cair no sono, mas ainda consciente? Pense naquele lugar mental como um corredor. Se passar por uma porta, acabará dormindo; se passar por outra, entra em *turiya*. Ambos os destinos são lugares de repouso, mas um é para descanso do corpo, e o outro, para descanso do cérebro. É na verdade algo bem simples, exceto pelo fato de que raramente pensamos sobre a diferença entre modos de consciência com sensações semelhantes, mas vastamente diferentes.

Meditar é como dar um presente a seu corpo — uma chance de deixá-lo dar um tempo, dispensando-o de sempre ficar de guarda, voando para proteger seu cérebro e manter você vivo enquanto está dormindo. Quando você medita, seu corpo pode ficar de pé e liberar o estresse acumulado enquanto seu cérebro se torna hiperconsciente.

» Meditação é a Nova Cafeína

Relembrando, a meditação requer apenas meia hora de seu dia, mas ajuda a aliviar a mesma quantidade de estresse que uma noite inteira de sono. Do ponto de vista matemático, isso não parece possível, mas lembre-se de que sono e meditação são formas muito diferentes de descanso.

O estado de consciência alcançado na meditação é de duas a cinco vezes mais profundo que o sono. Assim, uma meditação de 15 minutos equivale aproximadamente a um cochilo de 60 minutos; completar duas meditações de 15 minutos é como dar a si mesmo mais duas horas de sono. Além disso, como é sua mente, e não seu corpo que está repousando, seu cérebro pode priorizar o processo de liberação do estresse e reparar o corpo durante a meditação. Sabe aquela sensação de ir ao escritório em um sábado e encontrar o prédio vazio, sem ninguém? Ou a que vem quando você simplesmente desliga o telefone e os alertas de e-mail para que não haja interrupções clamando por sua atenção? É um sentido completamente diferente de realização e eficiência, tudo porque você não tem outras 20 coisas para afastá-lo de sua tarefa enquanto tenta trabalhar.

No Capítulo 10, discutiremos em detalhe como a meditação permite que seu cérebro perceba mais facilmente diferenças sutis e detecte padrões e temas, uma das coisas que o torna mais produtivo. Você não pode eliminar demandas de sua vida, mas pode tomar providências para treinar sua mente para melhor se adaptar a seja lá o que for que venha pela frente.

Na meditação, a cereja no bolo é que se sai dela mais alerta. Não acontece a "ressaca do cochilo" ao tentar acordar porque, *para início de conversa, você nunca foi dormir*. Sim, seu cérebro libera produtos químicos de bem-estar durante a meditação, mas não aqueles destinados a fazê-lo adormecer.

Essa é também a razão pela qual gosto de me referir à meditação como "a nova cafeína". Muitas pessoas — até mesmo, quem sabe, a maioria das pessoas — valem-se da cafeína como substituto do sono ou ferramenta de produtividade. Precisa ficar esperto de manhã? Tome uma xícara de café. Precisa de um estimulante à tarde? Beba um refrigerante com cafeína. Tudo de que você realmente precisa é de cafeína, certo? Errado. O que você realmente precisa é de *descanso*.

De fato, a cafeína o faz *se sentir* mais acordado, mas não por lhe proporcionar um repouso profundo. Você se sente assim porque a cafeína obstrui a capacidade do cérebro de se sentir cansado.

Antes, para mim, a cafeína nada mais era do que um leve estimulante que aguçava o sistema nervoso, razão pela qual isso tornava as pessoas mais produtivas. Mas não é tão simples assim. No nível molecular, a cafeína assemelha-se a uma substância química chamada adenosina, um hormônio que o cérebro produz durante o dia que provoca sonolência e o leva para a cama quando o corpo estiver predisposto.[2] Ao ser ingerida, a cafeína na verdade bloqueia os receptores cerebrais de adenosina, o que significa impedir seu cérebro de dizer que você está cansado. Por esse motivo você consegue realizar mais depois de uma ou duas doses de cafeína. Isso pode parecer bom, mas a cafeína está de fato apenas sequestrando seu sistema nervoso.

Agora, o bloqueio desses receptores não é, em si mesmo, tão ruim — enquanto ele acontece, não o está prejudicando. Porém, quando o efeito da cafeína passa, deixa os receptores de adenosina abertos, e toda a adenosina que seu cérebro produziu enquanto você ingeria cafeína vem com tudo, inundando o cérebro. Há então uma colisão, cuja consequência é fazê--lo buscar um segundo, terceiro ou quarto copo de café. Como diz John Mackey, CEO da Whole Foods, se você depende da cafeína, sua energia não é mesmo sua.

A cafeína estimula *sinteticamente* a atividade neural do cérebro. Quando a glândula pituitária capta o acréscimo da atividade neural, interpreta-a como se uma espécie de emergência estivesse acontecendo, levando as glândulas suprarrenais a liberarem adrenalina. Esse hormônio, a substância química de estresse por excelência, é liberado quando você se encontra em uma situação de lutar ou fugir. Assim, a cafeína está colocando seu corpo em um modo de crise moderado, cujos efeitos colaterais são aqueles discutidos no Capítulo 1. Em suma, a cafeína estimula artificialmente o sistema nervoso.

Deixe-me ser bem clara aqui: não estou dizendo que você nunca mais deveria tomar café — eu, na verdade, apreciei muito tomar uma ou duas xícaras enquanto escrevia este livro. Só quero que você tome suas decisões bem informado sobre os reflexos em sua mente de qualquer substância que resolva ingerir. Se em sua avaliação os prós superam os contras, então desfrute. Mas não se engane pensando que a cafeína lhe *dá* energia. Não dá.

A cafeína pode torná-lo mais produtivo? Pode. Mas é apenas um impulso temporário. É por isso que a meditação é uma alternativa tão superior. Em vez de procurar lá fora e terminar por esgotar e sobrecarregar suas glândulas suprarrenais, a meditação lhe proporciona um *recurso sustentável e renovável* de energia dentro de si mesmo enquanto você continua sua prática duas vezes por dia. Tal como a cafeína, a meditação o tornará mais produtivo, mas o fará de um modo peculiar: por meio de uma forma de descanso exponencialmente mais profunda que o sono e de uma maneira que desestimula (em vez de estimular) o sistema nervoso.

Quando você permite à mente e ao corpo ficarem mais naturalmente em sincronia, pode diminuir (ou mesmo eliminar) a quantidade de estímulo sintético de que precisava antes para se sentir totalmente acordado e produtivo. Ao não se esquivar do pedido de seu cérebro para dormir, mas, em vez disso, desenvolver a capacidade de descansar com mais eficiência, você está se preparando para muito mais produtividade em longo prazo. Interromper o ciclo de esgotamento biológico que se tornou a norma em nossa cultura, substituindo-o por um meio autossuficiente de aumentar seu desempenho pessoal e profissional, é preparar o terreno para a imersão de uma versão mais engajada, criativa, descansada e saudável de si mesmo.

Ziva Estudo de Caso 3

Insônia Nunca Mais
AMBER SHIRLEY, CONSULTORA FINANCEIRA

Dizer que minha relação com o sono era conturbada antes de começar minha prática de meditação seria dourar a pílula. Eu ficava acordada até tarde sabendo que tinha que acordar cedo. Eu me convenci de que ansiosamente reconstituir mentalmente meu dia, ponderando sobre o que disse ou deixei de dizer, era um modo de processar as coisas.

Eu cochilava, apenas para acordar com vários graus de ansiedade poucas horas depois. No meio da noite, eu ganhava um alento. Bem desperta, começava a circular pela casa, checando e-mails, lendo, tomando banho. Quando finalmente caía na cama nas primeiras horas da manhã, sentia-me frustrada, sabendo que só tinha algumas horas de sono pela frente.

O despertador tocava, e eu, de olhos semicerrados e grogue, examinava a cena: minha cama, um caos só; travesseiros espalhados pelo chão, meu corpo em um local completamente diferente de onde havia me deitado. Acordava todas as manhãs me sentindo mais cansada do que estava quando fora dormir na noite anterior.

A Técnica Ziva mudou tudo.

Minhas noites agora são outras. Durmo tão intensa e profundamente, que preciso deixar tudo pronto antes mesmo de me deitar: as luzes já devem estar apagadas, meus lençóis puxados para trás e meu corpo posicionado exatamente no lugar certo. Bem, é justo você perguntar por quê. Agora adormeço tão depressa e tão profundamente, que o jeito que me deito é o jeito que estarei ao amanhecer. Quando acordo, parece que ninguém estava na cama.

Eu tinha ouvido histórias miraculosas de pessoas que haviam se curado da insônia. Aguardei ansiosamente o surto de energia e clareza que escutei os amigos descreverem depois de começarem a meditar.

Isso não aconteceu comigo de imediato.

Ao longo do curso, não conseguia acreditar no quanto estava exausta. Irritada, meu corpo doía, e eu lutava para ficar acordada mais de três horas de cada vez. Todos os dias, no curso, eu entrava, ia para o meu lugar, e dentro de 30 minutos seria nocauteada. Basicamente, dormi durante todo o curso. Felizmente, Emily deixa você frequentar o curso novamente sempre que quiser, para a vida toda, e eu saí do trabalho certa semana e consegui me dar ao luxo de desfrutar de um período de 16 horas de sono por dia.

Mas essa não foi a experiência mágica que eu esperava ao ter me inscrito. Onde estava meu surto de energia e clareza? E minha bendita felicidade? Lembro-me de ir até a Emily após uma das aulas e perguntar: "Por que estou dormindo 16 horas seguidas? Não posso fazer isso para sempre, eu tenho um emprego. Tenho uma vida."

O que eu estava experienciando era a liberação do estresse sobre a qual Emily falava. Foi intenso. Meu pavio curto e a fadiga fizeram até mesmo minha mãe questionar se a meditação estava me fazendo bem.

Em uma semana e meia de Ziva, duas vezes por dia, eu dormia oito horas seguidas. No mês seguinte, era natural ir dormir mais cedo e acordar muito mais cedo. Estou falando de olhos brilhantes e bem abertos, de me sentir revigorada e pronta para cumprimentar o dia horas antes de meu despertador tocar. Na verdade, não usei um nos três anos seguintes. Eu dormia apenas de quatro a seis horas por noite e sentia energia constante e concentrada durante todo o dia. Quando percebia uma ligeira queda de energia no final da tarde, era meu corpo me avisando de que chegara a hora da segunda meditação.

Hoje, passados cinco anos de minhas meditações duas vezes por dia, preciso de cerca de oito horas por noite nos meses de inverno e apenas quatro a seis horas quando faz calor. Raramente me sinto cansada. A meditação me deu a liberdade de desfrutar do tipo de repouso profundo que só pode ser experimentado com um sistema nervoso relaxado. Bem descansada, meu sistema nervoso treinou meu corpo a receber e integrar energia de outras fontes além do sono: luz do sol, alimentos nutritivos, quietude, conversas inspiradoras e conexões significativas.

O sono foi apenas o começo dos benefícios de minha vida de meditação. Postar-me na cadeira duas vezes por dia, todos os dias, me fez saber como me mostrar de forma mais completa e autêntica em todas as áreas da minha vida. A meditação me deu clareza e confiança para dar grandes passos em minha carreira e transformar positivamente meu relacionamento com a família, amigos e o dinheiro. Compartilhar o dom da meditação é uma de minhas coisas favoritas.

» 5 «

CANSADO DE FICAR DOENTE

EU ACHAVA QUE ERA NORMAL ADOECER TRÊS OU QUATRO VEZES POR ANO. A cada mudança de estação, ficava me lamentando com os amigos sobre a nova virose que circulava por aí. Tive até que extrair as amígdalas, porque as dores de garganta prejudicavam meu desempenho no canto.

Tudo mudou no dia em que aprendi meditação. Depois que comecei a meditar duas vezes por dia, fiquei sem adoecer por oito anos e meio! É isso mesmo — escapei de 24 a 32 doenças no total durante esse tempo. Nem um resfriado, nem uma gripe e nem mesmo uma fungada antes que meu sistema imunológico, de prontidão, viesse em meu socorro. (Na verdade, quando por fim adoeci, quase nove anos depois, foi na noite após minha despedida de solteira, então me sinto no lucro.)

E quanto a você? Quantas vezes por ano uma enfermidade o coloca fora de ação? Qual o custo disso em termos de tempo ausente do trabalho, oportunidades desperdiçadas, prazos perdidos e afastamento autoimposto de sua família?

» Prevenção e Cura

Se dependesse apenas da mãe natureza, na maior parte do tempo não ficaríamos doentes, cansados e estressados. Na verdade, nosso corpo é equipados com uma poderosa rede farmacêutica interna projetada para nos manter saudáveis. No entanto, o estresse pode sobrecarregar nosso corpo e impedir que nosso sistema imunológico funcione de maneira ideal. Com a prática diária de meditação, utilizada como um momento para liberar o estresse, o sono se constitui em um período de regeneração e cura. Se o cérebro está desobrigado de executar funções de remoção de estresse durante o sono, ele tem mais energia disponível para a função imunológica. Em suma, a meditação ajuda a tirá-lo de uma resposta crônica primitiva de lutar ou fugir, a qual coloca seu sistema imunológico em segundo plano enquanto seu corpo se prepara para uma agressão mortal imaginária. Caso seu corpo perceba que não há grandes e ferozes gatos à espreita nas proximidades, ele pode converter essa energia desperdiçada em uma resposta imunológica ideal para quaisquer doenças que você possa estar enfrentando.

O sistema imunológico pode ser ativado por coisas distintas como vírus, bactérias e até mesmo a superprodução de células mutantes que levam ao câncer. Reservar tempo para a meditação pode tranquilizar o sistema nervoso e revigorar o sistema imunológico para que ele esteja pronto para agir quando necessário. Essa é uma boa notícia para seu dia a dia, é claro, porque ninguém gosta de ficar doente. Ser mais saudável também impacta positivamente sua vida profissional e criativa, porque sua mente é ágil, seu corpo está funcionando como foi projetado, e você não está perdendo trabalho, reuniões, interações com clientes ou outras responsabilidades importantes.

O desempenho é melhor quando não se está doente. Sei que isso parece incrivelmente óbvio, mas só porque sabemos intuitivamente que algo é melhor nem por isso significa que sempre o seguiremos. Há por aí mil maneiras para nos mantermos bem, desde evitar nos apoiarmos no corrimão da escada rolante até o álcool gel, mas se você continuar adoecendo, vale a pena considerar adicionar outra medida proativa e preventiva a seu arsenal. Tive a honra de ensinar a um grupo de médicos e doutores pesquisadores de um dos principais hospitais do mundo, e os resultados foram extraordinários. Muitos outros grupos hospitalares o tomaram como exemplo, então minha esperança é a de que possamos disponibilizar para os médicos mais ferramentas que os auxiliem a lidar com seus próprios e elevados níveis de estresse de modo a poderem começar a prescrever meditação com a mesma frequência que medicação. Entre os vários médicos que participaram do curso da Ziva, um deles escreveu depois:

> *Se eu pudesse prescrever apenas uma coisa para cada paciente que entrasse em meu consultório, seria isto: aprenda uma prática diária de meditação. Sua vida mudará. Ela literalmente reconecta o cérebro, acalma o sistema nervoso e cria novos caminhos neurais através de mecanismos de plasticidade. Diminui os hormônios do estresse (como a adrenalina e o cortisol), reduz a frequência cardíaca e a pressão sanguínea, diminui a inflamação, aumenta o foco e faz com que você se sinta centrado e com os pés no chão, para citar apenas alguns dos benefícios. E isso pode ser feito em qualquer lugar, em pouco tempo e com resultados importantes.*

A meditação fortalece o sistema imunológico, mas faz mais que isso pelo seu corpo: ela pode, na verdade, *promover* a cura celular.

Em 2004, o pesquisador japonês Dr. Masaru Emoto lançou seu livro *Hado — Mensagens Ocultas na Água*, que logo se tornou um best-seller do *New York Times*. O autor valeu-se da fotografia microscópica para documentar as diferenças na formação de cristais de gelo entre a água que havia sido exposta à atenção positiva, a água regularmente exposta à atenção negativa e um grupo de controle. Essa amostragem apresentou distinções semelhantes a um segundo experimento que comparou a água proveniente de fontes não poluídas e a água retirada de fontes contaminadas. As moléculas de água que estavam envoltas em ambientes "bons" (energeticamente limpos) estavam cuidadosamente ordenadas quando vistas sob um microscópio e formavam belos cristais de gelo, e a água que havia sido cercada por ambientes "ruins" (energeticamente tóxicos) era caótica ao microscópio e formava cristais de gelo em formas muito menos agradáveis. Dr. Emoto concluiu que se fatores externos tão abstratos como "atenção positiva" poderiam afetar visivelmente a aparência molecular da água — e considerando que no corpo humano médio há por volta de 50% a 65% de água —, dependendo do gênero e da aptidão física (menos água que músculo), é lógico que os fatores externos e a energia que nos cercam têm um impacto similar em nosso bem-estar físico.

Tais descobertas, aplicadas à maneira pela qual nosso corpo reage ao ser inundado o tempo todo com os produtos químicos do estresse, adrenalina e cortisol, nos fazem imaginar de que espécie de memória nossas células estão encharcadas. Com uma prática regular de meditação, contudo, outro tipo de inundação permeia o corpo, desta vez de dopamina e serotonina, fazendo-o descansar — e por fim se curar — em nível celular.

Devo enfatizar logo de início que não estou afirmando que a meditação é capaz de curar quaisquer doenças, e se você está tomando algum medicamento ou fazendo algum tratamento de saúde, recomendo consultar seu médico antes de fazer qualquer mudança, não importa quão boa seja a meditação para você. No entanto, o que a meditação pode fazer é trabalhar em paralelo com seus cuidados médicos para suplementar e fortalecer a capacidade de seu corpo de curar quaisquer doenças que o estejam acometendo.

» Apenas o que o Médico Aiurvédico Indicou

Os efeitos duradouros de adrenalina e cortisol não são algo com que se brinque. Para começar, ambos são altamente ácidos (está lembrado daquela coisa toda sobre seu corpo apresentar um gosto desagradável caso o tigre o morda?). Tudo isso está vinculado a um brilhante sistema de defesa — brilhante, mas sofrido para o corpo se o estresse for crônico. De fato, muito de nosso estilo de vida ocidental favorece um ambiente altamente ácido dentro de nosso sistema nervoso, órgãos e tecidos. A dieta típica ocidental, por exemplo, contém muita carne alimentada com grãos; o estômago precisa produzir ácido extra para ter êxito em quebrar essa quantidade de proteína animal, especialmente quando o gado foi criado com base em uma dieta distinta do natural para aquela espécie. Até mesmo a maneira como tendemos a nos exercitar fisicamente — indo ao limite da condição cardiológica ou maximizando força e repetições até o ponto de exaustão ou falha muscular — cria um tremendo acúmulo de ácido lático dentro do corpo. Isso contrasta com muitas formas de exercício comumente praticadas no Oriente (como ioga, tai chi, qigong etc.), que tendem a ser mais focadas em movimentos suaves e alongamentos do corpo sem criar um "calor" interno extra, vulgo ácido. Tanto ácido assim pode causar inflamação por todo o corpo, e de acordo com a medicina aiurvédica e com um número crescente de médicos ocidentais, a inflamação é a raiz de todas as doenças crônicas.

A medicina aiurvédica é um dos mais antigos sistemas de cura do mundo, com mais de três milênios. Ela prescreve uma abordagem holística para curar o corpo mediante alimentos, exercícios e meditação e fundamenta-se na filosofia de que o ser humano pode ser seu próprio médico caso aprenda e compreenda as leis da natureza e como seu corpo, alimento e exercício se relacionam com tais leis. Na tradição aiurvédica, cada ação nossa está trazendo das duas, uma: equilíbrio ou desequilíbrio. Doença é inflamação: os mal-estares do corpo derivam do desequilíbrio de certos elementos que o compõem e cuja causa está na inflamação. A medicina aiurvédica é configurada para trazer todos os elementos de volta ao equilíbrio, ajudando o ser humano a se tornar vibrante e saudável, ao mesmo tempo em que concretiza todo seu potencial. *Ayur* significa "longevidade", e *veda*, como dissemos anteriormente, significa simplesmente "conhecimento". Aiurveda, portanto, significa "conhecimento da longevidade". A medicina aiurvédica não se preocupa apenas com o tratamento da doença, mas com a otimização da saúde e do desempenho por meio da meditação, respiração, dieta e exercício.

AIURVEDA: *Veda* significa "conhecimento." *Ayur* significa "longevidade". *Aiurveda*, portanto, significa "conhecimento da longevidade" ou o conhecimento da vida, e é um dos mais poderosos sistemas de saúde. Mais do que um método de tratamento de doenças, aiurveda é um meio de otimizar a saúde e harmonizar o corpo com seu meio ambiente.

MEDICINA AIURVÉDICA: Um antigo corpo de conhecimento centrado em uma abordagem holística, visando trazer todos os elementos do corpo a uma posição de equilíbrio. É configurado para ajudar o ser humano a se tornar vibrante e saudável ao mesmo tempo em que concretiza todo o seu potencial.

Decisões inteligentes e bem pensadas a respeito do que e quando comemos e de quanto somos ativos não são novidade; a maioria de nós sabe o que *devemos* fazer. Mas a maioria de nós *não está* fazendo isso. Então, como a meditação ajuda? Além dos benefícios psicológicos de iniciar o dia com um hábito saudável (algo que torna muito mais fácil continuar nesse caminho e adotar outros hábitos saudáveis), as substâncias químicas do bem-estar, dopamina e serotonina, produzidas com apenas alguns segundos em sua prática de meditação, têm natureza alcalina; a mera presença delas no corpo ajuda a neutralizar parte do ácido. Em outras palavras, a meditação é uma maneira de neutralizar biologicamente a acidez em seu corpo, tornando-o mais alcalino. É melhor viver com química, em seu nível mais básico e orgânico.

Ao meditar duas vezes por dia, todos os dias, o estresse estocado em seu corpo diminui paulatinamente, o que permite a seu sistema imunológico funcionar como deveria e, portanto, reduzir sua suscetibilidade às doenças. Esse é seu recomeço, mas há também alguns passos adicionais que você pode seguir para se manter saudável o ano inteiro. A seguir, uma lista de alguns de meus "truques de saúde" favoritos:

CHÁ DE GRÃOS DE PIMENTA-DO-REINO PRETA: meu médico aiurvédico recomendou, e eu o usei com ótimos resultados. Quando você está indisposto, ou se está frio lá fora e quer evitar adoecer, coloque água fervendo em sua caneca favorita, acrescente um punhadinho de grãos de pimenta-do-reino e tome esse "chá". Espere toda a pimenta assentar no fundo da caneca e beba a água; deixe os grãos no fundo da caneca. A pimenta induzirá uma febre ligeira e irá ajudá-lo a suar frio. Faça isso a cada duas ou três horas até os sintomas cessarem. (Dica: é melhor tomar esse chá com comida, pois podem ocorrer náuseas com o estômago vazio. Sinta-se à vontade para adicionar seu chá favorito também — adoro o Bengal Spice da Celestial Seasonings).

ÓLEO DE ORÉGANO: coloque algumas gotas de óleo de orégano no fundo da garganta quando estiver doente. Suas propriedades antibactericidas e antivirais naturais podem ajudar a combater com sucesso uma gripe ou resfriado quando tratados precocemente.[1] *Cuidado!* O óleo de orégano é muito forte, então evite tocá-lo com os lábios para não os queimar. (Dá para imaginar a sensação de queima matando quaisquer patógenos indesejados à medida que ele vai descendo pela traqueia.)

ALHO: um remédio natural muito presente nas cozinhas. O alho tem propriedades antivirais e antibacterianas e pode combater uma ampla gama de doenças. Você pode comer um dente ou cortá-lo em pedaços e engoli-los como pílulas para aliviar os sintomas do resfriado ou prevenir infecções.

PEPINO E HORTELÃ: esses ingredientes simples podem ser acrescentados à sua dieta para diminuir a acidez e aumentar a alcalinidade. Em uma dieta aiurvédica, são ferramentas proeminentes para alterar o pH do corpo. Eles resfriam alimentos que também têm propriedades desintoxicantes e podem reduzir o nível de ácido ou "calor" no corpo.

GLUCONATO DE ZINCO EM SPRAY, XAROPE DE SABUGUEIRO e doses elevadas de vitamina D são, também, excelentes maneiras de impulsionar o sistema imunológico. (Antes de iniciar qualquer novo suplemento, converse com seu médico, e saiba que a qualidade do suplemento é importante.)

Embora a meditação se constitua em uma maneira de melhorar sua saúde em várias frentes, essas dicas aiurvédicas podem ser úteis no sentido de combater doenças bacterianas ou virais. O truque aqui é se lembrar de que, no caso da meditação, "máximo" não é sinônimo de "ótimo".

» Posso Meditar Mais de Duas Vezes por Dia?

A resposta curta é: Não. Como você aprenderá nos capítulos vindouros, a Técnica Z prescreve especificamente 15 minutos, 2 vezes por dia, nem mais nem menos. Essa será sua nova norma em 99% do tempo. Eu estabeleço as exceções adiante, e o que essas exceções têm em comum é que elas envolvem um aumento na demanda *física*.

MEDITAÇÃO ADICIONAL QUANDO EM VIAGEM: não é natural acordar em um continente e ir dormir em outro. Não que seja "ruim", mas ao mudar de fuso horário, o corpo é requisitado a se adaptar. Assim é também quando você se move a uma velocidade maior do que a intenção da natureza (isto é, tão rápido quanto você pode andar ou correr sozinho). O resultado é o jet lag. Todos nós passamos por isso, e todos sabemos a dificuldade que isso pode trazer quando se viaja a trabalho e tudo o que se faz nos primeiros dias é lutar para superá-lo; e no momento em que você se ajustou e está no auge, pronto para dar seu melhor, é hora de fazer as malas e ir para casa — sem ter tido a chance de brilhar.

Surpreendentemente, a redução dos efeitos do jet lag é um dos benefícios colaterais mais citados da meditação entre os graduados da Ziva. Os relatos dos alunos (bem como minhas próprias experiências pessoais) indicam que a meditação reduz os efeitos do jet lag a ponto de praticamente anulá-los. Como seu corpo é capaz de se livrar da demanda adicional e repor seu suprimento de energia de adaptação, que havia sido rapidamente queimado durante a viagem, ele tem condições de logo se adaptar e se aclimatar ao novo ambiente.

Toda vez que o corpo humano se move velozmente, queima a energia de adaptação. Enfrentar a desidratação, a radiação dos campos eletromagnéticos, o ar reciclado e a exposição aos incontáveis germes dos companheiros de viagem faz de um voo a conjunção ideal para a tempestade perfeita das doenças ficar à espreita, apenas esperando acontecer.

Viagens aéreas podem facilmente causar ou agravar doenças. Para combater essas demandas adicionais, recomendo que você medite mais nos dias de viagem. Experimente o programa a seguir para ver o que funciona melhor para você.

Para um voo de 5 a 6 horas, acrescente duas meditações extras de 15 minutos, contabilizando quatro naquele dia. Sugiro completar uma na decolagem e outra no pouso. Se você tem ansiedade de viagem, pode simplesmente meditar antes de embarcar e antes de aterrissar. O momento em si não é o ponto crucial, mas sim o próprio ato de meditar com mais frequência. Para um voo curto (de uma a três horas), apenas uma meditação extra é necessária. Caso esteja em um voo de longa distância (qualquer um com duração superior a seis horas), adicione uma meditação para cada cinco a seis horas no ar. Faça isso toda vez que voar e notará uma diferença marcante na maneira como seu corpo reage às viagens aéreas. (Para outros tipos de viagem — por rodovia, trem e cruzeiros de várias semanas —, adicione uma meditação extra por dia de viagem.)

MEDITAÇÃO ADICIONAL QUANDO SE ESTÁ DOENTE: assim como se pode acrescentar mais sessões de meditação ao viajar, porque há um aumento na demanda física, pode-se também alterar as regras em caso de estar doente. Caso perceba que um resfriado ou outra doença se avizinha, adicione uma sessão extra. Dar ao corpo um repouso adicional ajudará a função imunológica a neutralizar a ameaça. O ideal é incorporar o tempo extra de meditação assim que notar aquela pequena cócega no fundo da garganta, porém, se o médico já confirmou que está doente, medite o quanto for confortável; deixe seu corpo ditar quanto tempo e com que frequência. Você saberá se houver excesso caso fique emocionalmente muito sensível e ache difícil tocar o dia.

» Meditação x Medicação

Enxaqueca. Ansiedade. Depressão. Infertilidade. SII. Insônia. Essas são apenas algumas das agruras que uma meditação metódica, duas vezes por dia, pode ajudar a abater.

Sei que ao citar todas as doenças diferentes que a meditação pode aliviar posso lhe dar a impressão de estar ouvindo a lenga-lenga de um vendedor de carros usados, mas a pergunta não deveria ser *"Como a meditação pode ajudar em tantas coisas?"*, mas, sim, *"Como o estresse pode causar tanto estrago?"* Assim, gostaria de um olhar seu em algumas das condições em que há provas científicas de que a meditação é capaz de ajudar a tratar, bem como outras que, embora eu não disponha de evidências científicas corroboradoras, os estudantes da Ziva têm consistentemente relatado como melhoras obtidas em decorrência da prática da meditação.

É imprescindível lembrar que não sou médica e não posso encorajar ninguém a diminuir uma dosagem ou abandonar medicamentos prescritos ou outros tratamentos médicos. Tive um número significativo de alunos que descobriram que uma prática de meditação regular ajudou a suavizar certos sintomas, e trabalhei com os prestadores de serviços de saúde deles quando tanto o paciente quanto o médico sentiam que gostariam de tentar uma dosagem mais baixa ou um gradual abandono de um determinado medicamento. No entanto, isso estava sempre sob circunstâncias muito controladas e supervisionadas, e somente depois que o médico era consultado e concordava com o plano. Não importa quanta melhora você perceba em sua saúde, sempre consulte seu médico antes de fazer qualquer alteração no tratamento.

ESTAFA MENTAL E FADIGA CRÔNICA

Esgotamento mental e fadiga física crônica são estados epidêmicos hoje, e muitos praticantes da Ziva — incluindo eu — sofreram de um ou ambos antes de iniciar uma prática de meditação. Ao aliviar o corpo de um estado crônico de lutar ou fugir, o cérebro e os sistemas de resposta ao estresse do corpo são capazes de recuperar e retomar sua funcionalidade saudável. Ingeri várias ervas e suplementos adrenais no final de carreira na Broadway porque minhas glândulas adrenais foram superexigidas. Por volta de um ano de prática regular de meditação, com a capacidade de meu corpo de se autorregular ficando mais forte, descobri que não precisava mais daquilo.

DEPRESSÃO E ANSIEDADE

Diferentes lados da mesma moeda, depressão e ansiedade se originam de um desequilíbrio químico provocado (em parte) por um superdesenvolvimento do cérebro esquerdo. O cérebro direito encarrega-se do presente, enquanto o cérebro esquerdo revê o passado ou ensaia o futuro. A depressão toca recorrentemente as fitas "teria/poderia ter/deveria ter" do passado; a ansiedade liga-se à incerteza e imprevisibilidade do futuro.

A meditação, como já discutimos, ajuda a obter as ferramentas necessárias para se estar mais fortemente ancorado no presente. Quem sofre de depressão e ansiedade se beneficia da meditação como um meio auxiliar para reformular e liberar a tensão constante de lembranças desagradáveis ou antecipação de temores. Ao agregar a meditação em um plano de bem-estar que também inclui mudanças positivas na dieta, exercícios, sono e, frequentemente, algum tipo de aconselhamento ou terapia, tive inúmeros estudantes relatando que seus sintomas diminuíram bastante ou desapareceram por completo.

É importante lembrar, todavia, que o processo de desintoxicação emocional é um estágio muito real no início da jornada de meditação. Se você tiver dificuldades com depressão, ansiedade ou qualquer outro tipo de desafio de saúde mental, aconselho-o a consultar um profissional de saúde, terapeuta ou amigo de confiança para garantir apoio suficiente conforme se move com bravura pelo desconforto até alcançar um lugar mais cômodo no processo de se livrar do estresse.

INFERTILIDADE

Atenção, novas praticantes de meditação! Se você não quer engravidar, precisa parar por aqui! Esse é o aviso que faço logo no início de todos meus cursos da Ziva. Claro, se você *quer* engravidar, então pode estar com sorte: a meditação parece ter um impacto positivo na fertilidade. Na verdade, temos mais de 70 "bebês Ziva" — e contando!

Várias coisas provavelmente explicam isso. Primeiro, há a questão de livrar-se do estresse. Como qualquer mulher que já tenha lutado para engravidar ouviu ad nauseam: "Apenas relaxe! Esqueça que está tentando e apenas divirta-se." É claro que é um conselho infeliz para alguém que quer desesperadamente um bebê e *não pode* simplesmente esquecer o medo ou o onipresente tique-taque de seu cérebro. Para cada pretenso avô ou tia intrometida, porém, há boas notícias: a ciência parece apoiar o plano de "apenas relaxar". Quando o corpo humano está no modo sobrevivência, concentra-se apenas na autopreservação, não na perpetuação da espécie. Assim como o sistema imunológico é colocado de lado até que a ameaça imediata passe, a fertilidade também se torna menos prioritária. Se o corpo não sabe ao certo que será capaz de sobreviver ao ataque da fome/inverno/tigre, não é muito provável tornar-se ideal para todo o belo trabalho que envolve o crescimento físico de um ser humano inteiramente novo.

Além do mais, um corpo com um pH ácido matará o esperma muito mais rapidamente do que um corpo com um pH mais alcalino, diminuindo o número de possíveis candidatos para fertilizar o óvulo. Quanto maior a contagem de espermatozoides vivos, melhores as chances de êxito.

(E se você engravidar, não se esqueça de acrescentar quantas meditações extras quiser. Inundar seu bebê com substâncias químicas de bem-estar deve fazer parte de sua rotina diária, tal como fazer exercícios, tomar vitaminas pré-natais e óleo de peixe e eliminar o álcool de sua dieta.)

SÍNDROME DO INTESTINO IRRITÁVEL (SII)

Isso realmente me surpreendeu, e bastante, mas estudante após estudante relatou uma diminuição em seus sintomas de SII poucas semanas após começar uma prática de meditação. Parece fazer sentido, entretanto, ao considerar que uma das respostas físicas do corpo a uma situação de alta demanda é inundar seu sistema digestivo com ácido e esvaziar seus intestinos para, diminuindo o peso do corpo, torná-lo mais veloz a fim de fugir da ameaça iminente. Caso se possibilite ao corpo abster-se de um perpétuo estado de lutar ou fugir, ele não mais se sentirá obrigado a inundar o estômago com ácido ou esvaziar os intestinos da mesma forma que em uma ocasião de pânico, e os músculos do trato digestório inferior estarão capazes de reciclar-se para funcionar de uma forma mais regular.

ENXAQUECAS

Em um estudo recente da Wake Forest, descobriu-se que as pessoas que sofrem de enxaqueca e adotaram uma prática de meditação regular reduziram em três horas, em média, a duração de cada ataque de dor de cabeça em comparação com um grupo de controle. Eu vejo isso a todo momento com nossos alunos, em pessoa e no zivaONLINE — especialmente se as migrâneas [enxaqueca no linguajar médico] são induzidas ou exacerbadas pelo estresse. Suspeito que tenha algo a ver com o espessamento do corpo caloso e o aumento do intercâmbio entre os hemisférios do cérebro, mas não me cite sobre isso. Tudo o que sei é que os alunos da Ziva relatam uma diminuição da ocorrência e intensidade da enxaqueca, em média, em cerca de 85%.

MAL DE PARKINSON

Hesitei antes de acrescentar essa doença à lista porque se tratou de algo inesperado vindo de apenas um aluno, mas a dramaticidade do que presenciei foi tão comovente, que causou uma impressão duradoura em mim.

Eu tive dois clientes, marido e mulher, que reservaram uma sessão particular para aprender meditação, e já próximo dos 70 anos, o homem tinha tremores muito pronunciados decorrentes do mal de Parkinson. No primeiro dia do curso, dei-lhe seu mantra, e depois que ele o repetiu de volta para mim, como instruído, seus tremores ficaram ainda mais intensos, mas bastou ele fechar os olhos e passar a usá-lo silenciosamente em sua mente, para que os tremores cessassem por toda a sessão de meditação e ficassem longe pelos cinco minutos seguintes. Depois, quando nós dois abrimos os olhos, ele me perguntou se eu havia notado que seus tremores haviam parado. Eu não só tinha percebido, como aquele fora um dos momentos mais poderosos e emocionantes de minha carreira. Ver alguém experimentar uma mudança tão imediata e um alívio profundo parecia um milagre. Lágrimas vieram aos meus olhos, que tentei secar antes que ele as visse, para não o deixar autoconsciente. No dia seguinte, ele e sua esposa notaram que os tremores pararam por cerca de 10 minutos após a meditação, e no dia seguinte, 15. Isso continuou até que ele estava desfrutando de várias horas livres de tremores todos os dias após suas meditações. A dopamina sintética e a serotonina são frequentemente utilizadas para ajudar a acalmar os tremores associados ao mal de Parkinson, por isso não parece de todo improvável que suas contrapartes orgânicas tenham o mesmo (ou até melhor!) efeito.

Por favor, não me entenda mal: não posso nem afirmo que a meditação é capaz de curar o mal de Parkinson. Mas acredito que alguns pacientes podem experimentar algum alívio.

DOR

Em 2015, uma equipe de neurocientistas da Wake Forest conduziu um experimento no qual avaliaram a percepção da dor pelas pessoas. Os pesquisadores colocaram uma sonda térmica aquecida a 120°F [aproximadamente 49°C] na perna de cada participante. O nível de dor e o estado emocional dos participantes foram avaliados para estabelecer uma base de referência, e então cada grupo recebeu uma forma diferente de tratamento: um creme analgésico placebo, audiolivros, "pretensa meditação" (isto é, a instrução para sentar em uma cadeira e respirar) ou um treinamento verdadeiro de mindfulness. Os cientistas descobriram que o grupo mindfulness experimentou reduções de 27% na percepção da dor física e de 44% em sua reação emocional à dor, incluindo sua ansiedade sobre a sensação desagradável — números dramaticamente maiores do que nos grupos placebo, que mostraram decréscimos de apenas 11% na percepção física e de 13% na resposta emocional à dor, em média.[2]

A intensidade física da dor é exacerbada quando a ela está associado o medo. (Essa é a base para a maioria das classes de parto.) Tendo em vista a epidemia de opioides nos Estados Unidos hoje, qualquer possível tratamento alternativo possível a medicamentos altamente viciantes deve ser explorado e incentivado. A meditação oferece exatamente isso. Para uma meditação orientada ao controle da dor, visite https://zivameditation.com/bookbonus/ [conteúdo em inglês].

Escolhi cuidadosamente minhas palavras porque não quero que ninguém pense nem por um momento sequer que estou fazendo afirmações ultrajantes e sem fundamento. Eu acredito que a meditação pode ajudar em numerosos problemas de saúde, prevenindo ou curando. Há alguns casos em que a ciência é esmagadoramente a favor de uma prática diária de meditação. Se não posso explicar, tampouco posso negar os resultados que eu mesma experimentei ou testemunhei com meus próprios olhos, nem a multidão de alunos que compartilham as mesmas experiências. A ciência está alcançando o que os praticantes de meditação conhecem há milhares de anos. Seja como for, menos dias de doença e menos dor se traduzem em mais tempo para sair pelo mundo e fazer grandes coisas acontecerem!

Enfim, o fato é que a meditação o ajuda a aceitar onde está e a possibilidade de cura. Está comprovado que ela auxilia a controlar a dor, uma vez que substâncias químicas associadas ao bem-estar que ela libera são um meio natural de abrandar sensações desagradáveis. Mas acredito que esteja menos vinculado a produtos químicos e mais ao modo pelo qual o mindfulness fecha o ciclo de feedback entre cérebro e corpo. Quando você escuta o que o corpo está tentando comunicar, pode se dar ao luxo de não ter de gritar. Toda dor quer lhe dizer algo; se ouvi-la quando sussurra, pode parar de destruir a casa. Isso não implica que a meditação seja um placebo, muito pelo contrário: ao permitir que a mente se livre do estresse, ela ajuda o cérebro em sua função primária de curar e proteger o corpo.

Lembre-se de que você e seu corpo formam uma equipe — ele quer atingir seu potencial máximo. Mais uma vez, não acredito que a natureza pretenda que fiquemos doentes, cansados e estressados o tempo todo. Quando você munir seu corpo de *todas* as ferramentas necessárias para ter sucesso — incluindo meditação, mindfulness e manifestação —, ele retornará a gentileza permitindo-lhe desfrutar de um repouso mais qualificado e de um sistema imunológico mais forte, fatores que preservam a saúde e possibilitam melhor desempenho.

Exercício de Olhos Abertos

Respiração que Acalma

Faça este exercício na próxima vez que estiver a ponto de perder a calma (leia-se: destemperar-se) ou sentir grande acidez em sua barriga.

Role sua língua como um canudo, depois inspire contando até cinco e solte o ar contando até cinco, deixando tanto a inspiração quanto a expiração fluírem pela língua. Permita que a sensação do ar passando pela língua dê uma sensação de resfriamento no corpo e na barriga.

Esse é um modo simples mas eficaz de acalmá-lo na próxima vez que se sentir perdendo a paciência com seus garotos, um colega de trabalho, um prestador de serviço ou um motorista no trânsito pesado.

Exercício de Olhos Fechados

Afirmações de Cura

Ao se sentir adoecendo ou se já estiver doente, faça estas afirmações de saúde enquanto adormece. Você pode gravar-se dizendo essas frases ou, se preferir, posso guiá-lo [em inglês]: visite https://zivameditation.com/

bookbonus/. Esse link também lhe dará acesso à minha visualização guiada favorita para a cura.

Meu corpo sabe exatamente como curar-se sozinho.

Minhas células são fortes.

Esta doença limpará a casa para que eu fique ainda mais forte.

Obrigado, corpo. Obrigado, natureza, pelas lições que está me dando.

Estou disposto a receber e introjetar essas lições.

Mereço esse tempo para descansar.

Mereço esse tempo para me curar.

Dei a mim mesmo permissão para entregar-me inteiramente a esta experiência porque sei que é algo temporário.

Permito-me sentir qualquer desconforto de modo pleno porque sei que, quanto mais me render a ele, mais rápido o superarei.

Já estou começando a me sentir mais forte do que antes.

Meu corpo sabe como se curar perfeita e rapidamente.

Minha cura já está em andamento.

Minha cura já está em andamento.

Minha cura já está em andamento.

Ziva: Estudo de Caso 4

Experienciando o Câncer, Não Lutando contra Ele
CATHI PETERSON, GERENTE DE EMPRESA DE TECNOLOGIA FINANCEIRA

As pessoas pensam que aquele câncer me mudou. Enganam-se.

Ninguém sabia, sentada naquele jantar com amigos, que eu tinha acabado de ser diagnosticada com câncer de mama, e, meio entorpecida, não pude deixar de perguntar, brincando, ao casal em frente a mim se eles estavam medicando. "Não", disseram rindo, "estamos MEDITANDO". Sabendo o que eu estava prestes a fazer, simplesmente disse: "Vou precisar de um pouco disso." Foi assim que me vi batendo à porta da Emily.

Então, para mim, tudo começou na mesma época: cirurgia, tratamento, quimioterapia, radiação e meditação. Tudo isso para mim era novo, e eu não sabia o que esperar. A primeira vez que notei que algo estava fisicamente diferente depois de meditar foi na sala de recuperação após a cirurgia. Haviam acabado de me colocar um cateter para facilitar o acesso e diminuir o desgaste de minhas veias durante as infusões. Enquanto eu estava na sala de recuperação, ouvi as enfermeiras dizerem à minha irmã que eu não poderia ir para casa até que pudesse comer alguma coisa e caminhar e meus sinais vitais voltassem ao normal. E disseram à minha irmã que ela teria algumas horas para matar. Ouvindo isso, me ergui e fiz minha meditação. Em uma hora, para a surpresa de todos, eu estava pronta para ir. Até a equipe de enfermagem ficou impressionada! Disseram que nunca viram os sinais vitais de alguém voltarem tão rapidamente.

Além de meu corpo reagir à minha nova prática de meditação, me vi tendo uma profunda mudança de atitude, não apenas em relação ao câncer, mas também quanto aos tratamentos em si, que podem ser bastante angustiantes. Para dizer isso nos termos mais simples: me entreguei aos tratamentos, em vez de lutar contra eles. Rendição não significa desistir. Longe disso. O simples ato de rendição substituiu o sofrimento por uma sensação de calma e bem-estar. Eu tinha em mim o poder para criar o que essa experiência seria para mim.

Até minha namorada percebeu essa mudança e viu que eu vivia a vida normalmente. Isso foi um pouco preocupante para ela e, na verdade, levou-a a perguntar à minha oncologista se os tratamentos estavam dando resultado, pois eu parecia tão *NORMAL*.

A médica olhou para mim e depois para ela e simplesmente disse: "Ela está careca, Sandy. O remédio está funcionando".

Após uma pausa, a doutora me perguntou o que eu estava fazendo, e quando lhe disse que estava meditando, ela assentiu e disse: "Bem, continue assim, porque não vejo as pessoas respondendo aos tratamentos dessa maneira com muita frequência."

No momento em que escrevo, comemoro dois anos do último tratamento. Acredito, sem dúvida, que a meditação me mudou e agradeço por me mostrarem essa ferramenta quando mais precisei dela. Creio tanto nos benefícios que, de fato, trouxe Emily para a minha empresa e apresentamos a meditação para mais de 75 pessoas em meu local de trabalho. Como é gratificante ver as pessoas no elevador indo para a sala de meditação, passar por colegas de trabalho no corredor e que agora carregam aquela "arma secreta" de recarregar à tarde, ouvir suas histórias sobre dormir melhor, perceber nelas uma perspectiva diferente, sentindo-se menos estressadas, serem mais produtivas e viverem, em geral, como seres humanos mais felizes!

» 6 «

A (LEGÍTIMA) FONTE DA JUVENTUDE

SE VOCÊ NÃO ACREDITA QUE VIVER EM UM PERPÉTUO ESTADO DE ESTRESSE envelhece uma pessoa rapidamente, basta comparar as fotos de qualquer presidente no dia em que ele assumiu o cargo e no dia em que o deixou. Após quatro anos ou mais carregando o peso do mundo nos ombros, eles invariavelmente parecem mais velhos, mais curvados e mais enrugados. Exigências constantes, noites sem dormir, responsabilidades intermináveis — tudo isso contribui para uma tempestade perfeita de estresse rapidamente se acumulando e um corpo rapidamente envelhecendo.

Os efeitos do estresse podem ser acelerados para o presidente, mas são muito reais em nossa própria vida. Vemos o estresse acumulado estampado em nosso rosto em tempo real: nas bolsas sob os olhos, na falta de sono, nas linhas de preocupação na testa e no franzir constante das sobrancelhas. Nós o sentimos se acumulando em nosso corpo como consequência gradual e sub-reptícia de semanas de noites sem dormir e de anos de raiva ou tristeza não resolvidas, ou ambas. Quaisquer que sejam as demandas gravadas em seu rosto, elas podem levar a uma pressão implacável que se intensifica com a idade — e nosso corpo paga o preço. Cabelos prematuramente grisalhos, pele pálida, dores nas articulações, cansaço geral — todos eles testemunham o estresse que temos permitido se acomodar livremente em nosso cérebro e corpo. Ninguém que já teve um vislumbre de si mesmo no espelho no final de um dia exaustivo e emocionalmente desgastante é capaz de pensar: *Nossa, como estou radiante! Eu deveria jogar fora a foto da minha carteira de motorista e tirar uma nova agora mesmo!* O estresse não dá uma boa aparência a ninguém.

Mas como exatamente o estresse causa tais estragos no corpo? Um fator importante é o mesmo culpado que citamos várias vezes: aumento da acidez. Se voltarmos a aquele cenário de ataque de um tigre, quando seu cérebro entra no modo lutar ou fugir, começa a bombear altas doses de cortisol e adrenalina; essas substâncias químicas são (repita isso comigo agora) ácidas por natureza. Lembra-se daquela coisa toda sobre o ácido se infiltrar na sua pele para que você tenha um gosto ruim se um predador tentar abocanhá-lo? Pois é. Isso contribui para uma aceleração da idade do corpo e diminui a elasticidade da pele. Quando vivemos nosso dia a dia em um estado de estresse perpétuo, estamos inundando nosso corpo com ácido. Colocando de forma bastante deselegante, estamos, em essência, nos deteriorando.

» Perseguindo a Juventude

Não é nenhum segredo que vivemos em uma cultura obcecada pela juventude. Quase todos os comerciais de produtos de cuidados pessoais — cosméticos, loções, produtos de higiene pessoal etc. — usam a promessa de se parecer mais jovem como argumento de venda. A capa das revistas para mulheres é provocante, sugerindo segredos para diminuir as rugas ou "obter aquele brilho juvenil". E as revistas masculinas apregoam como "recuperar a força e o desempenho que você tinha aos 20 anos!" Elas estão vendendo o sonho de que você pode esconder sua idade e ser jovem novamente.

Nossa sociedade tem uma visão descaradamente negativa sobre o envelhecimento, e com frequência deixamos de reconhecer a beleza da idade: a sabedoria que vem com o tempo e a experiência; a dignidade que resulta de amar e estar em paz com seu próprio corpo por causa do que ele lhe deu; a atratividade da madureza e confiança; e aquela condição de autoconfiança que vem de chegar a um ponto em que você não tolera mais as besteiras de ninguém. Essas são qualidades para serem celebradas, alardeadas e honradas. Não são os aspectos do envelhecimento que alguém deveria querer combater. ***Muitas vezes estamos perseguindo a juventude quando deveríamos perseguir a saúde.***

Não há nada de errado em envelhecer. Deixe-me repetir: *não há nada neste mundo que diga que é errado envelhecer.* É algo belo e natural. Em vez de correr atrás de uma cenoura que nunca poderemos capturar (juventude), que tal mudar nosso foco e perseguir as coisas que *realmente* cobiçamos: o brilho de uma pele saudável, a vibração que acompanha uma dieta saudável e a confiança e paz conquistáveis por meio da meditação diária? Uma prática regular como a Técnica Z lhe proporciona ***que se começe a se tornar desde já a melhor versão de sua idade atual***. Seu corpo terá a chance de desfazer danos físicos, e sua mente chegará a um lugar de aceitação e celebração do que sua vida tem sido até agora.

Nosso corpo e uma coletânea de todas as experiências, alegrias, tristezas e refeições; de todo o resto das coisas que fizemos (ou deixamos de fazer), todo dano, toda doença, toda decisão boa e ruim. Nosso corpo e nossa mente são a soma de tudo que já fomos e fizemos. É isso que nos faz ser quem somos. Você preferiria ser alguém tentando esconder a idade porque se envergonha de quão prematuramente depauperado está ou alguém que pode se orgulhar da idade graças à extraordinária condição que demonstra?

Por experiência própria, eu sei a diferença. Quando você é atriz, a percepção constante do limite de idade que afeta sua carreira exerce pressão indevida sobre o nível de sucesso. A maioria das atrizes esconde ou mente sobre a idade para fazer as pessoas pensarem que são mais jovens do que elas. Agora, como professora de meditação, um dos principais benefícios daquilo que estou vendendo é uma reversão na idade do corpo, e tenho orgulho de minha idade e de como a uso!

Idade é tão somente um número; é simplesmente um significante externo que designa o número de vezes que nosso corpo circulou o Sol — um marcador de maturidade e desgaste físico. O problema é que muitos de nós temos uma perspectiva falha de onde esse marcador *deve* estar em cada estágio. Todos nós já vimos aquela pessoa em nossa reunião de classe que parece ter descoberto a fonte da juventude — ou ao menos fez um acordo com uma bruxa de conto de fadas para obter alguns feijões mágicos capazes de eliminar rugas. Nós também já vimos aquela pessoa para a qual o tempo de alguma forma acelerou em seu mundo, envelhecendo-a em um ritmo muito mais rápido do que o dos demais. Pessoalmente, sei qual eu preferiria ser, e imagino que você se sinta do mesmo jeito.

A meditação ajuda o corpo a reparar lesões e doenças que se acumularam em decorrência dos efeitos de longo prazo do estresse na forma de sono interrompido ou perturbado, inflamação sistêmica, estado de acidez crônica, diminuição da velocidade mental e dor. Essas são as interrupções do processo de desgaste natural do corpo que aceleram e aumentam a aparência e o ritmo do envelhecimento.

A noção ocidental de envelhecimento é muitas vezes resumida como "Você vive algumas décadas, então fica doente e morre". Essa é a realidade geral e casual que todos nós parecemos aceitar como inevitável... exceto que não precisa ser. Há praticantes aiurvédicos — monges e praticantes de meditação de longo prazo — que vivem, prosperam e envelhecem bem, e então literalmente nomeiam a data próxima de sua morte antes de irem ao Ganges e simplesmente caírem na água no momento em que morrem. Em outras palavras, eles morrem, mas não necessariamente aceitam a parte "ficar doente" da equação. Como um guru descreveu: "O iogue sempre quer saber a hora e a data da morte antes do tempo. Ele conserta isso. Muitos anos à frente, ele diz: 'Nessa data, nesse momento partirei', e ele sai... Levando o corpo conscientemente sem danificá-lo, tal como você tira a roupa e se vai, você tira seu corpo e se vai."[1] Não estou dizendo que isso precisa ser sua realidade, mas meu ponto é que a rápida deterioração do corpo e o sofrimento prolongado antes da morte podem não ser tão inevitáveis quanto tendemos a pensar.

» Sério, Meditação?

É de conhecimento médico, de há muito tempo, que a exposição prolongada ao cortisol, nosso antigo inimigo induzido pelo estresse, pode levar a um acúmulo de gordura visceral no abdômen. O estresse pode literalmente fazer com que você ganhe peso em alguns dos lugares mais desfavoráveis, cujos efeitos a idade só faz ampliar.[2]

Em 2000, o Hospital Geral de Massachusetts se associou à Escola de Medicina de Harvard para usar ressonâncias magnéticas na investigação da massa cerebral — especificamente, as áreas corticais especializadas do cérebro que controlam coisas como a cognição, que tende a diminuir com a idade, começando em torno dos 30 anos. O estudo descobriu que a espessura média para praticantes de meditação entre as idades de 40 e 50 anos era comparável à espessura do cérebro médio de pessoas na faixa entre 20 e 30 anos de idade. Ou seja, uma ***prática regular de meditação mostrou evidências de manter o cérebro até 20 anos mais jovem***.[3]

Quatro anos mais tarde, Elissa Epel, professora de psiquiatria da Universidade da Califórnia, em São Francisco, divulgou um estudo no qual sua equipe descobriu que o estresse mental apresenta uma correlação direta com a taxa de encurtamento dos telômeros.[4] Os telômeros — basicamente encapsuladores que protegem as pontas dos fios do DNA (quase como as pontas de plástico que impedem o cadarço de se soltar) — encurtam com a idade. O estudo de Epel analisou especificamente os telômeros dos leucócitos, parte do sistema imunológico do corpo. Telômeros leucocitários mais curtos estão ligados a uma série de problemas de saúde relacionados à idade, incluindo osteoporose, doença de Alzheimer e males cardiovasculares.

Quanto mais curtos forem os telômeros de uma pessoa, mais vulneráveis serão suas células à degeneração e à doença. O estudo de Epel descobriu que entre mulheres de idade e saúde física comparável, os telômeros eram marcadamente mais curtos em mulheres que viviam em um ambiente de estresse marcadamente maior — o grupo de teste consistia em mães de crianças com doenças crônicas. Os sujeitos expostos a situações crônicas de alta demanda tinham telômeros notavelmente mais curtos — exibindo até mais de uma década de decaimento — do que os do grupo de controle. Em outras palavras, os pesquisadores puderam confirmar cientificamente o que já se sabia por experiência: o estresse pode ocasionar envelhecimento prematuro.

Em seguida, Epel e sua equipe partiram para ver se os efeitos do estresse poderiam ser mitigados por meios naturais — a meditação. Em um estudo divulgado em 2009, eles anunciaram que a meditação teve, de fato, um efeito mensurável na redução da taxa de deterioração dos telômeros.[5]

Um estudo de 2013 da Dra. Elizabeth Hoge, professora do departamento de psiquiatria da Escola de Medicina de Harvard, explorou algo semelhante ao examinar as diferenças nos comprimentos dos telômeros entre praticantes e não praticantes de meditação.[6] A equipe da Dra. Hoge descobriu não só que os telômeros dos praticantes eram significativamente mais longos, como também que havia uma correlação entre o comprimento dos telômeros e o tempo que a pessoa estava na prática de meditação. Simplificando, quanto mais tempo como praticante, mais longos seus telômeros seriam quando comparados aos dos não praticantes.

Em 2014, um estudo realizado por Eileen Luders, neurologista da UCLA, descobriu que o volume de matéria branca, responsável pela transmissão de sinais elétricos em todo o cérebro, era substancialmente mais alto para quem praticava meditação, em 17 das 20 diferentes vias neurais. Isso significa que a meditação apresentava uma correlação direta com a saúde de 85% das vias neurais examinadas![7]

Tais estudos científicos, que continuam a ser feitos quase que cotidianamente, parecem indicar que a meditação tem verificáveis e indesmentíveis efeitos no arrefecimento do ritmo do envelhecimento celular.

É preciso parar e considerar o que isso significa em termos de agudeza mental, agora e no futuro. A meditação não apenas o prepara para ter êxito já ao possibilitar um aumento de seu cérebro direito, o que traz as recompensas de maior intuição e consciência do momento presente, mas também amplia sua neuroplasticidade, que é a capacidade do cérebro de mudar a si mesmo. Isso permite a você manter os benefícios que está desenvolvendo. A meditação é um investimento cujos dividendos são pagos na forma de maior capacidade de desempenho para o resto de sua vida.

» Que Espécie de Corpo Você Quer?

O estresse envelhece o corpo rapidamente, mas a meditação não é mágica; é um meio de expurgar do corpo o acúmulo de estresse. Isso permite ao corpo reconfigurar-se para responder fisicamente às demandas. Consequentemente, a lógica nos diz que a meditação é um método altamente eficaz para ajudar a desacelerar — ou mesmo reverter — o processo de envelhecimento.

Em cerca de 30 segundos após a resposta de lutar ou fugir ser desencadeada, a adrenalina e o cortisol são detectáveis no sangue; em 10 minutos, esses mesmos agentes químicos de estresse ácido estão presentes na medula óssea. E o que é fascinante: o oposto ocorre com a meditação. Em cerca de 30 segundos de simplesmente sentar-se com a intenção de meditar, a dopamina e a serotonina estão presentes na corrente sanguínea; após 10 minutos de meditação usando uma técnica projetada para você, esses mesmos produtos químicos de bem-estar alcalino estão presentes na medula óssea. Essas substâncias químicas têm um impacto real e duradouro não apenas em seu estado emocional, mas também na constituição física do corpo em um nível celular. *O que você está criando com suas ações todos os dias: um corpo de medo ou um corpo de bem-estar?*

Não há problema algum caso seu caminho rumo à meditação tenha sido marcado por um tantinho de vaidade — o meu certamente foi. Talvez você queira combater os pés de galinha ou até mesmo aqueles pneus na cintura. Mas peço-lhe que considere se concentrar em como ser a melhor versão de sua idade agora, mesmo ao procurar prolongar esses telômeros. À medida que seu corpo começa a se curar do estresse, você provavelmente passará a se sentir com mais energia e menos dolorido. Curta isso! Encorajo-o a ficar ativo — comece a praticar corrida ou a fazer ioga; seja mais consciente e deliberado sobre o que come. Deixe a meditação ser apenas uma em uma série de escolhas positivas e mudanças que você faz em sua vida para poder envelhecer com graça. Esta é verdadeiramente sua segunda chance de se tratar um pouco melhor, não a desperdice.

Ainda que você seja o tipo de pessoa que tem dificuldade em se comprometer com hábitos saudáveis, mesmo sem nunca ter feito uma prática regular de ir à academia ou cortar o glúten ou ir para a cama mais cedo, eu o aconselho a se abrir à possibilidade de que isso tudo possa mudar quando você adotar esse hábito fundamental da meditação. Ouço de meus alunos o tempo todo como a meditação foi realmente o primeiro hábito saudável que foram capazes de adotar, e como isso abriu as portas para uma infinidade de outras mudanças positivas no estilo de vida. Pode ser tão simples quanto uma vitamina de frutas todos os dias, em vez de um café, ou uma aula semanal de ioga, ou ler na cama, em vez de percorrer as mídias sociais. Mas fique de olho nos hábitos que desaparecem inocente e espontaneamente depois de seu compromisso diário com a Técnica Z.

Um aspecto-chave de ter uma grande capacidade de realização é a acuidade mental. À medida que se vai ficando mais velho, não é desejável não só manter, mas criar mais caminhos neurais para alavancar a experiência que temos a fim de inovar em nosso campo de atuação? Imagine o que os resultados cumulativos de um corpo e mente mais saudáveis e fortes podem obter durante uma carreira ou uma vida ao longo de 5, 10, 20 ou mesmo 50 anos. Quanto mais você conseguiria realizar nas próximas décadas se optasse hoje por uma prática que aumentará sua produtividade e melhorará seu desempenho?

Como diz o velho ditado, "você nunca será mais jovem do que é hoje". Os meios para combater a deterioração relacionada à idade estão aí, ao alcance das mãos; cabe a nós utilizá-los.

Ziva: Estudo de Caso 5

Desenvelhecendo

HANNAH MARONEY, GERENTE DE VENDAS E MARKETING

Há alguns anos, meu marido e eu passamos um ano e meio tentando engravidar de nosso segundo filho. Estávamos empacotando nossas coisas para nos mudarmos de Nova York para Los Angeles quando soube que uma de minhas trompas estava bloqueada, e a outra, a meio caminho disso. Foi um doloroso balde de água fria. Já em Los Angeles, decidimos consultar um especialista em fertilidade. Fiz testes para avaliar meus níveis hormonais, qualidade e quantidade dos óvulos, contagem de folículos, e assim por diante. Os resultados, todos, foram pobres e desanimadores. Em razão da trompa bloqueada, a FIV se tornou nossa única opção. Mas devido aos níveis inadequados indicados pelo meu exame de sangue e minha idade (38 anos, na época), o médico explicou que mesmo um procedimento de fertilização in vitro bem-sucedido provavelmente não levaria à gravidez. Nós seguimos o conselho dele, decidimos não tentar a FIV e procuramos seguir em frente com nossa vida.

Seis meses depois, em janeiro de 2014, fiz o curso de Meditação Ziva e pratico meditação todos os dias. No início de 2015, percebi que ainda queria ter outro filho. Planejei revisitar o especialista em fertilidade, totalmente preparada para a possibilidade de ouvir as mesmas notícias ruins (ou piores, agora que eu era dois anos mais velha) sobre minhas estatísticas. Na melhor das hipóteses, poderíamos conceber. Na pior, eu esperava que isso ajudasse a fechar o capítulo sobre meu desejo de ser mãe novament;e e permitir-me seguir em frente.

Fiz um novo exame de sangue, e meu marido e eu marcamos outra consulta. O doutor olhou meus novos resultados e os comparou com os de quase dois anos antes. Perplexo, pois tudo havia mudado para melhor, ele perguntou: "O que você mudou em sua vida? Seja o que for, precisamos engarrafar! Eu só vi essa mudança dramática uma vez em 18 anos." Eu disse a ele: "Tenho meditado todos os dias nos últimos dois anos."

Adiante, os números de ambos os exames de sangue, para mostrar a gritante diferença entre eles.

A meditação mudou meu corpo e minha vida. Consegui construir uma nova vida para minha família que é ainda mais bonita do que eu poderia ter imaginado e supera de longe a vida que eu tinha em Nova York, a qual eu sentia que seria impossível reconstruir. Fiz bons amigos e encontrei um emprego melhor que meu trabalho "ideal" em Nova York. Eu agora amo Los Angeles e amo nosso bairro. Corri três meias maratonas desde 2013 e pratico minha música mais do que nunca. Todas essas coisas se realizaram graças à meditação.

Teste	2013	2015
Estradiol (ideal abaixo de 80)	313,3	39,0
Inibina B (qualidade do óvulo)	59 (média)	94 (muito boa)
Hormônio antimulleriano	0,49	1.08 (acima de 1 é necessário para a FIV)
Contagem de folículos	6 abertos	11 abertos (10 são necessários para a FIV)

Há dois anos eu tinha acumulado um enorme estresse em meu corpo (de anos e anos de uma vida repleta de altas demandas e muita agitação). Embora eu não tenha engravidado novamente, a meditação ajudou a me livrar desse estresse e a aceitar as coisas como elas são – sinto isso todos os dias. Agora tenho provas científicas de que meu corpo também mudou, e sou eternamente grata por isso.

» 7 «

A SÍNDROME DO "EU SEREI FELIZ QUANDO..."

QUANTAS VEZES VOCÊ DISSE AS SEGUINTES PALAVRAS: "SEREI FELIZ QUANDO..."?

Todos nós fazemos isso — às vezes de maneiras pequenas e aparentemente insignificantes, às vezes de maneiras gigantescas e que transformam a vida. *Eu serei feliz quando...*

comer alguma coisa.

comprar aqueles sapatos.

tiver as roupas que ela tem.

contratar outro empregado.

fechar o contrato.

entender esse relacionamento.

tiver aquele corpo.

tiver um bebê.

ganhar mais dinheiro.

E aí deixo este emprego.

Chamo isso de síndrome do "serei feliz quando...", algo difícil de evitar. Para quem vive no planeta Terra, um recado: há centenas de milhares de pessoas gastando centenas de bilhões para fazer com que você se sinta como se sua vida estivesse incompleta agora, mas que você *será* feliz quando "determinada coisa" for comprada. O problema é que aquela "determinada coisa" será rapidamente substituída por outra coisa no momento em que você realmente conseguir o que queria. Vivemos em uma cultura que erroneamente acredita que é possível comprar o caminho para a felicidade.

» A Epidemia

A maioria de nós não tem ideia do quão infectados estamos pela síndrome do "Serei feliz quando...", ainda que os sintomas sejam evidentes:

1. Você está disposto a tolerar a miséria agora por crer que as coisas logo estarão melhor.
2. Você está rigidamente vinculado à vida de um modo muito peculiar.
3. Você se encontra mais em expectativa do que em apreciação, com uma abordagem da vida do tipo "O que você tem feito por mim ultimamente?"

Essa síndrome pode ser um dreno de suas energias mentais e físicas, porque faz com que você esteja disposto a *sofrer por meio* de sua situação atual, esperando e se escravizando para criar um futuro melhor para si mesmo, em vez de *prosperar* nela. Isso lhe rouba a oportunidade de experimentar um estado de bem-aventurança aqui e agora.

Às vezes confundimos devoção com direito de sofrer. Devoção e dedicação a uma causa são uma coisa maravilhosa, mas não se pode dizer o mesmo de tornar-se miserável na esperança de que algo sairá a nosso favor um dia. A mentalidade padrão na sociedade hoje é viver com os olhos fixos na satisfação que se pode adquirir, na qual a felicidade é dependente daquilo que está adiante, por vir: *Eu serei feliz quando...*

for rica e famosa.

estiver casada.

tiver filhos.

ganhar um milhão de reais.

Estamos dispostos a nos permitir — ou até mesmo encorajar — sofrer no presente a troco de uma suposta recompensa no futuro. Fazemos de nossa existência na Terra a miragem de um mitológico pote de ouro no final do arco-íris. Mas nunca encontramos o pote de ouro, não é mesmo? E se o fizéssemos, simplesmente desejaríamos outro pote.

Se você colocar sua noção de felicidade em escalar uma montanha e alcançar o topo, o que verá quando estiver lá no alto? Uma bela vista, um senso de quão longe foi — *e todos os outros picos aos quais ainda não chegou.*

E quando você era jovem e sem renda, e passava boa parte do dia desejando ter dinheiro para fazer o que quisesse? Qual era seu sonho? Ficar adulto, ganhar dinheiro e desfrutar da liberdade financeira. Quando você tinha uma moto, queria um carro. Ao obtê-lo, queria um namorado ou namorada para passearem por aí. Então o namorado ou namorada acontecia, e seu desejo era se casar. E você se casou e queria filhos. Agora, adulto, tem saudades da época em que podia passar seus dias sem ter de trabalhar para pagar as contas, poupar para a aposentadoria e administrar seu dinheiro. Nossa felicidade se torna uma cenoura que continuamos perseguindo, e então morremos.

Veja, porém, que não se trata de deixar a ambição de lado, mas de simplesmente ter o cuidado de circunscrevê-la ao controle de sua satisfação e parar de acreditar que você tem que ser infeliz agora para ser feliz um dia. A realidade é que não há a necessidade de se tornar miserável perseguindo um sonho. A felicidade só é encontrada no momento presente. A questão é que você tem uma ferramenta que o ajuda a acessá-la aqui e agora; caso contrário, permanecerá dizendo a si mesmo: *Eu serei feliz quando...*

comprar uma casa.

encontrar o parceiro dos sonhos.

comprar um carro novo.

tiver uma promoção.

Para dar ênfase ao efeito dramático, repito: **sua felicidade só existe em um tempo — agora — e em um lugar — dentro de você**.

Esse é um bom conceito intelectual, mas pode ser frustrante caso não se tenha as ferramentas para acessá-lo ou vivenciá-lo fisicamente no aqui e agora. Sem dispor da capacidade de acessar sua imediata e interna sensação de paz e bem-aventurança, isso não acontecerá magicamente quando houver certo número de zeros em sua conta bancária, ou por haver vendido seu roteiro para o Steven Spielberg ou, ainda, por ter se tornado sócio de sua empresa.

» Bem-aventurança e Felicidade Não São Sinônimos

Você já desejou que seu colega de quarto se mudasse para que você pudesse ser feliz? Ou que seu companheiro fizesse terapia para que você pudesse ser feliz? Ou que sua família começasse a praticar meditação para que você pudesse ser feliz? Todos nós já tivemos esse tipo de pensamento, mas acredito que realmente podemos trazer de volta nosso poder a partir de situações assim — e a meditação é uma ferramenta poderosa que ajuda a fazer isso.

Em vez de ceder seu poder aos outros, tornando sua felicidade dependente deles, por que não encontrar um meio de acessar um estado de bem-aventurança e satisfação? Esse é um dos mais belos benefícios da meditação: você realmente cultiva uma prática para acessar sua própria satisfação *internamente*, de modo que, quando você sai de sua meditação, não está mais preso à ilusão de que sua felicidade está do outro lado, em alguém ou alguma coisa. Dessa maneira, em vez de confiar em objetos como portadores de nossa própria felicidade, colocamos tal portabilidade em nós mesmos. Quando meditamos, começamos a compreender que ***temos nas mãos as chaves de nossa felicidade, uma vez que a prática nos dá um meio de acessar nosso estado menos excitado de consciência, no qual a bem-aventurança e a plenitude têm vivido o tempo todo***.

Este pode ser um bom momento para falar um pouco mais sobre o conceito de "bem-aventurança". Trata-se de algo sobre cujo significado todos temos ao menos uma vaga noção, mas quero esclarecer exatamente como estou usando essa palavra neste contexto. *Bem-aventurança* não é sinônimo de *felicidade*; não é algodão-doce e pirulitos. Bem-aventurança é a parte de você que sabe que tudo está bem — pode ser uma parte infinitesimal sua que, lá no fundo, entende que as coisas estão acontecendo exatamente do jeito que deveria ser — e que, ainda que esteja triste, solitário, é possível experimentar a bem-aventurança. No judaísmo, seria semelhante ao que é capturado na palavra *shalom*, e no cristianismo seria "a paz que ultrapassa todo o entendimento".[1] A bem-aventurança é aquela sensação existencial bela e poderosa na qual é inerente a confiança de que as coisas são exatamente como deveriam ser. À medida que meditamos, esse pano de fundo no qual se estampa a bem-aventurança fica mais nítido e mais fácil de acessar, mesmo em tempos desafiadores.

> **BEM-AVENTURANÇA:** A parte de você que sabe que tudo está bem. É muito importante frisar que BEM--AVENTURANÇA e FELICIDADE não são sinônimos. É possível experienciar bem-aventurança mesmo estando triste, solitário ou enciumado. Bem-aventurança é a parte de você que sabe que as coisas acontecem da maneira como deveriam acontecer.

Muitos praticantes de meditação relatam essa mudança da busca externa para a realização interna. Uma vez tendo iniciado uma prática regular, eles se acham cada vez mais conscientes de que nada — nem um novo emprego ou um apartamento incrível, tampouco um novo relacionamento ou a retomada de um relacionamento antigo — é a verdadeira fonte de sua felicidade. Quando você toca no manancial de satisfação que há dentro de você, aquela profunda sensação de quietude e pertencimento tem a enorme habilidade de mudar seu mundo. Reafirmando: a felicidade existe em um lugar (dentro de você) e em um tempo (agora). Não há outras condições ou restrições. E quanto mais você medita, mais cultiva essa bem-aventurança interna até provar dela visceral, física e tangivelmente. Ela passa a ser sua realidade 24 horas por dia.

Não está bem certo do que quero dizer? Considere minha passagem favorita dos Vedas: *"A verdade espera por olhos desanuviados de desejo."*

Já aconteceu com todos nós. Todos queríamos tanto, mas tanto, que aquele emprego fosse o emprego perfeito, que nos esquecemos de ler as entrelinhas do contrato; todos nós queríamos tanto, mas tanto, que aquela pessoa fosse a pessoa perfeita, que pusemos vendas nos olhos e ignoramos o fato de que logo no primeiro encontro ela estava bebendo demais e no final não deu gorjeta ao garçom (só eu? legal, vamos em frente...); todos nós queríamos tanto, mas tanto, um zero extra em nossa conta bancária que estávamos dispostos a fazer o que fosse necessário para obtê-lo. O problema é que quando forçamos em demasia ou, pior, sofremos na vida com essa volúpia, isso nos deixa muito apegados aos resultados de nossos desejos. Você já esteve tão apegado ao resultado de algo — um primeiro encontro, uma entrevista de emprego, fechar um acordo —, que acabou sabotando a oportunidade justamente por estar desesperado ou carente?

Ao meditar, relaxamos o sistema nervoso, e a mente se acomoda, o corpo se acomoda, e, por alguns momentos, nos encontramos espontânea e inocentemente em um espaço sem pensamento, sem mantra; *deixamos o reino do pensamento e somos admitidos no reino do ser*. Acessamos nosso estado menos excitado de consciência, um lugar permeado de bem-aventurança e plenitude. É isso mesmo — nossa bem-aventurança e satisfação... estendendo-se... ali, dentro de nós o tempo todo, apenas esperando ser acessadas. Todo texto de ordem espiritual tem dito isso desde o começo dos tempos: o que você procura está em você. Tenho esse ditado pintado em um mural gigante em nosso estúdio em Nova York. É ótimo como um conceito intelectual, mas é muito mais poderoso ser capaz de experimentá-lo duas vezes por dia todos os dias — exatamente o que a prática de meditação oferece: um meio pelo qual experienciar contentamento internamente.

Quando você vivencia essa bem-aventurança e satisfação interior, afasta, a priori, a possibilidade de percepção ansiosa, porque mente e corpo não podem compreender qualquer coisa que lhes traga maior satisfação do que a que já estão experienciando na meditação. Como resultado, a mente mergulha no silêncio. E quando você sai da meditação, expurgou um pouco dos anseios de sua lente de percepção porque acabou de acessar sua satisfação internamente. Consequentemente, a vida ganha mais nitidez: você não está mais na ilusão de que sua felicidade virá de qualquer pessoa, lugar ou coisa.

Isso, por sua vez, lhe permite enxergar as coisas com mais precisão por aquilo que realmente são, o que implica ser menos provável cometer um erro de avaliação. *Ou seja: você tomou algo por uma coisa quando de fato era outra coisa*. Muito frequentemente, é nosso próprio desejo desesperado de encontrar aquela ilusória sensação de realização em algo externo que nos leva a vê-la com "olhos nublados pelo anseio". Quando removemos essa cortina de fumaça, podemos ver a verdade mais claramente — a verdade sobre pessoas e circunstâncias, e a verdade sobre nossos desejos. O potencial para reconhecer sua bem-aventurança — aquela que seu próprio corpo é capaz de criar e promover — está em seu íntimo em todos os momentos. Pense, por um instante, em como isso é incrível. Nenhum outro ser humano e nenhuma outra coisa pode lhe prover isso; você já se basta. Simplesmente precisa aprender como acessar aquela fonte ilimitada de satisfação esperando dentro de você.

» Desapego é Sexy (Privação, Não)

Ao se comprometer com a Técnica Z duas vezes por dia, você começará a se ver livre da ilusão de que sua felicidade está lá fora, em qualquer pessoa, lugar, coisa ou realização. Em decorrência dessa percepção, você se sentirá mais adaptável às circunstâncias que o cercam, em vez de insistir para que todos os outros mudem. E porque não se encontra mais sob a ilusão de que depende de algo externo para sua felicidade, já não fica emocionalmente devastado quando essas externalidades inevitavelmente mudam ou "o decepcionam". Isso não quer dizer ausência de tristeza ou desapontamento em certas situações, é claro, mas essas coisas falíveis não terão mais o poder de controlar seu humor do modo como faziam antes.

Essa recuperação do próprio poder não é uma proclamação pública para anunciar ao mundo pelas mídias sociais: *"Atenção, todos:* estou retomando meu poder, e não preciso de nenhum de vocês!" Isso pode até ser tentador às vezes, mas estou falando, na verdade, de uma mudança interna muito sutil de sua percepção a respeito do que é necessário para usufruir de uma sensação de plena satisfação. De repente, você começa a se comportar de maneira diferente e a interagir com a sociedade de um modo mais confiante e seguro, tudo porque abraçou a bela e radical noção de que você *se basta*.

Essa é uma opção de vida muito mais poderosa e elegante do que estar constantemente em busca de algo que nunca saciará totalmente todos os seus anseios.

Desapego é sexy; privação não é. Gosto tanto desse conceito que vou encomendar uma camiseta com DESAPEGO É SEXY estampada na frente, e PRIVAÇÃO NÃO É, nas costas. Em vez de parecer desesperada, uma pessoa que tenha se banhado em sua própria fonte de bem-aventurança tem no rosto uma expressão de contentamento que projeta uma autoconfiança inabalável. E, afinal, não é esse o sonho, ser a pessoa na sala que está mais confortável em sua própria pele? Isso é o que quero dizer com "retomar seu poder". Em vez de depender das decisões, julgamentos e ações de outras pessoas para seu senso de felicidade, você terá um nível saudável de desapego com seus possíveis parceiros românticos, clientes e colegas, posses e ambição. Você não precisa da aprovação de ninguém para se sentir bem com relação à vida e nem precisa de nenhum objeto ou símbolo de status para se sentir completo. Felicidade é verdadeiramente um trabalho interno.

» Desejos e Manifestação

"Um momento, Emily. No Capítulo 1 você falou bastante sobre como a manifestação é impressionante e poderosa, mas agora está me dizendo que as coisas que quero vêm de um lugar de privação e me deixam lá embaixo?"

Parece haver um conflito aí, mas tenha um pouco de paciência comigo enquanto explico a diferença.

Ao tomar a decisão de melhorar a vida incorporando à sua rotina a prática de meditar duas vezes por dia, você está essencialmente abraçando o mais admirável tipo de rendição: deixar de se preocupar com o controle e confiar na ação da natureza. Tal postura é extremamente difícil para muitos de nós, mas quando nos agarramos aos nossos desejos com tanta força, nossas mãos estão muito cerradas para receber o que a natureza nos reserva.

Há o risco de a manifestação se tornar apenas outro vício, se tudo o que fizermos é passar a meditação inteira pensando em todas as coisas incríveis que desejamos? De modo nenhum! Como dissemos antes, manifestação *não* é um pensamento mágico. Não é simplesmente uma oportunidade para redirecionar suas carências para o universo. Manifestação *é*, no entanto, uma chance de esclarecer seus objetivos e ser disciplinado sobre ter tempo para imaginá-los como se estivessem se materializando agora. Ao fazer isso, você se abre para o que a natureza pode lhe ter reservado, caso esteja pronto para isso. Aqui é onde a Técnica Z brilha; a combinação de meditação e manifestação é muito mais poderosa do que a soma de suas partes. A meditação expande sobremaneira sua capacidade de manifestação porque inundar cérebro e corpo com dopamina duas vezes por dia ajuda a afrouxar a garra da morte de seus desejos, libertando-o da ilusão de que sua felicidade depende da realização deles. Paradoxalmente, isso permite que você ouça aqueles sussurros sutis da natureza. Também ajuda a aumentar algo que chamo de "poder merecedor", ou seja, aquilo que você acredita ser seu por direito. Lembre-se, não conseguimos da vida o que queremos, mas, sim, o que acreditamos merecer.

Manifestação não é uma extensão da síndrome do "serei feliz quando...", porque você rapidamente reconhecerá que sua felicidade não depende de o desejo se tornar realidade. Quando isso acontece, claro, é uma coisa linda. No entanto, o que ocorrerá é ver o GPS da natureza, centrado e calibrado para sua jornada pessoal, direcionando-o para o caminho que deseja explorar. Suas manifestações começarão a se parecer menos com planos que você está arquitetando e mais com manuais que o preparam para maximizar oportunidades e experiências vindouras.

Isso nos leva ao ponto final e mais importante deste tópico: entregar sua satisfação plena ao mundo.

» A Melhor Saída

Se ao ler essas palavras você vestiu a carapuça, saiba, para começar, que não está sozinho. Quase todas as pessoas na sociedade ocidental contemporânea têm se deixado envolver, em uma ou outra ocasião, pela síndrome do "serei feliz quando... Bilhões de dólares são investidos em publicidade para nos manter nessa mentalidade. A questão é se você quer ou não a transcender.

Lembre-se de que, segundo os Vedas, sua felicidade existe em um lugar — dentro de você — e em um tempo — o agora. É mais fácil dizer do que fazer, não é? Bem, os benefícios da meditação também se estendem a esse aspecto de encontrar satisfação, pois isso ajuda a reconhecer como se dedicar eficazmente a algo maior do que nós. À medida que seus anseios são retirados do foco de sua percepção, você começará a perceber seus desejos mais profundos como enraizados, não em uma disputa desesperada pela felicidade, mas nascida dela. Em outras palavras, *a meditação lhe permite fazer a transição de um poço de necessidades* **procurando por satisfação** *para* **satisfação procurando por necessidades**.

Pense nisto por um instante: em vez de ser alguém cheio de desejos não atendidos, passando pela vida à procura de uma maneira de satisfazer suas necessidades, você pode ser alguém cheio de contentamento, passando pela vida procurando por necessidades que *pode conhecer*, procurando maneiras de contribuir. Sintonizado com sua própria satisfação internamente, poderá entregar isso às pessoas e às circunstâncias com que se deparar. Em breve, poderá ver com mais clareza as necessidades específicas ao redor e pensar de maneira criativa sobre como atendê-las. De modo inocente e espontâneo, você começará a encontrar a alegria de ser útil.

O que pode ser mais maravilhoso que a devoção integral a algo que se acredita, algo maior que nós? Esse algo pode ser qualquer coisa que você considere útil que vá além dos parâmetros de sua própria vida: criatividade, ser pai, ser um parceiro, dedicar-se à sua divindade, ajudar os sem-teto, salvar o meio ambiente, orientar as crianças. Seja o que for, o importante é jogar coração e alma nele. *Essa* é a diferença entre devoção e sofrimento. Sofrer por um sonho mantém o foco em você e no que obtém dele. A devoção remove o ego — tira o eu do caminho, *porque o eu já está satisfeito.*

Eu acredito mesmo que, quanto mais nos dedicamos a algo maior que nós, mais nos sentimos bem ao longo do caminho. A alegria multiplica — isto é, em vez de focar ou fazer feliz uma só pessoa (você mesmo), focar o coletivo é dar de si a muitas pessoas, animais ou ao planeta. Quem se importa se há um pote de ouro no final de um arco-íris imaginário se você está infeliz perseguindo-o por toda sua vida? Quem se importa se o destino é incrível se a viagem para lá foi terrível? A vida é curta — por que abraçar a miséria desnecessária? Mas dar porque é ótimo dar, criar em prol da criação, se torna a recompensa em si.

Isso está no fulcro de incontáveis ensinamentos religiosos, e por boas razões. Quando você põe à parte suas metas individuais e se concentra na melhoria de alguém ou de alguma outra coisa, você se torna um participante ativo na criação de um mundo melhor, que eleva a todos. Eu trabalho com muitos jovens clientes empreendedores que são uma inspiração para mim — eles são tão dedicados a identificar necessidades não satisfeitas e a determinar quais dons eles têm, que podem atender melhor a essas necessidades... e então *fazem* isso.

Mas como descobrir qual é o objeto de sua devoção? Para quem ainda não encontrou sua paixão, pode ser frustrante ouvir outras pessoas falando sobre o trabalho ou o propósito de sua vida. Como eles acharam isso? E por que você ainda não? Ainda que não admitindo, quem de nós não desejaria, lá no fundo, ter nascido com um manual de instruções que nos diga como viver nossa vida? Na verdade, acho que temos algo assim, acontece apenas que a maioria de nós não sabe ouvir sua voz. A ideia de que cada um de nós tem somente uma missão ou um chamado é debilitadora e pode nos impedir de começar. Não penso que você tenha apenas uma missão; penso que cada pessoa tem vários desafios para resolver. Quais são e como vencê-los, bem, isso é com você.

Não é preciso, entretanto, descobrir sozinho. Tenho quatro perguntas que podem ajudá-lo a restringir a busca, de um mundo repleto de possibilidades para uma causa muito mais estreita e pessoal que seja significativa para você. Essas perguntas podem ajudá-lo a aprender como confiar nos seus desejos como sendo o GPS da natureza e tirar proveito da síndrome do "serei feliz quando..."

Pergunte a si mesmo:

1. Qual a necessidade mais urgente hoje em dia?
2. Como meus dons servem melhor a essa necessidade?
3. Quais desses dons quero usar?
4. Quais desses dons quero usar agora?

Então, qual o papel da meditação nisso? Bem, analisemos o que sabemos sobre meditação. É o caminho mais rápido para liberar o estresse, o que significa que você pode tomar decisões melhores. Ativa seu cérebro direito, deixando sua intuição mais forte e aprimorada a cada dia. Quando meditamos, podemos mais elegantemente dizer a diferença entre nossos anseios viciantes (dinheiro, sexo, sucesso percebido, e assim por diante) e nossos desejos intuitivos. Além disso, como você já deve saber, 30 a 40 segundos após começar uma sessão, seu cérebro e corpo são encharcados com dopamina e serotonina, os produtos químicos do bem-estar. Essa sensação de bem-estar o faz abordar seus desejos e decisões em um estado de satisfação, e não em uma condição de privação. Soa bem, certo?

Não se esqueça de que, durante a prática que aprenderá no próximo capítulo, você, na verdade, está aproveitando a fonte de satisfação quando seu corpo libera os produtos químicos do bem-estar que já produz naturalmente; o resultado disso é que você se sentirá menos confuso com o que deve fazer, porque estará tomando decisões a partir de um lugar de contentamento, em vez de sofrimento ou pânico. Por estarem mais alinhadas com suas crenças e metas, as decisões serão as mais prudentes, mais criativas e até mesmo as mais lucrativas.

Uma de minhas citações favoritas é: "regue as flores, não as ervas daninhas". Tão simples e tão poderoso. Em última análise, esse é o objetivo de combinar meditação e manifestação: colocamos nossa atenção no que queremos cultivar — o significativo, o poderoso e o bem-aventurado — e deixamos que necessidade, insatisfação e estresse desapareçam. A meditação ajuda a extrair esses atributos negativos de nosso corpo e sistema nervoso. A manifestação, por sua vez, nos ajuda a especificar quais coisas têm o potencial de florescer algo bonito.

O importante a lembrar é que se libertar da síndrome do "serei feliz quando…" não significa que seus objetivos e ambições irão embora; bem ao contrário, na verdade. É muito provável que você tenha uma motivação mais forte do que nunca para realizar. A diferença é que seu apego ao resultado não será tão paralisante, porque você sabe que sua felicidade independe do resultado. ***Você estará livre para pensar e agir com uma criatividade e confiança que talvez lhe sejam inéditas***, e suas tomadas de decisão serão dirigidas por aguda intuição, em vez de obscurecidas pelo medo ou desespero.

Claro, você ainda estará sujeito a toda a gama de emoções humanas; a meditação não desliga seus sentimentos. Aprender a acessar seu estado de bem-aventurança interior não é negar sua capacidade de tristeza, ciúme, nervosismo e correlatos. Esses pensamentos, dúvidas e noções incômodas fazem parte da experiência humana, porém, à medida que você cresce em sua prática diária, sua bem-aventurança interna também cresce, junto de sua capacidade de explorá-la mais facilmente.

Exercício de Olhos Abertos

Regue as Flores, Não as Ervas Daninhas

Exercício de Gratidão: Todas as manhãs e todas as noites, anote três coisas pelas quais você é grato. Pode-se fazer isso usando o telefone (minha preferência pessoal), e assim seu diário estará sempre com você para refletir quando precisa. Oprah diz que este é o hábito mais importante que ela já adotou. Este exercício ajuda a treinar seu cérebro para procurar coisas que estão dando certo, em vez de constantemente procurar por problemas que você acha que tem de resolver.

A gratidão é uma das maneiras mais rápidas de se livrar da síndrome do "serei feliz quando…". Você já estará praticando isso todos os dias enquanto faz a transição entre as partes de meditação e manifestação da Técnica Z (que discutiremos no Capítulo 8), de modo que este exercício deve ficar mais fácil até se tornar uma segunda natureza. Não se preocupe muito em fazer o "certo". Mesmo naqueles dias em que você sente que nada saiu do seu jeito, simplesmente fazer a pergunta "Por que sou grato por isso?" é suficiente para mudar a química de seu cérebro!

» 8 «

A TÉCNICA Z

FINALMENTE! CHEGOU A HORA TÃO ESPERADA, A RAZÃO PELA QUAL VOCÊ escolheu este livro: já está inteirado do que se trata, foi avisado sobre a desintoxicação mental e física em potencial e está pronto para aprender a Técnica Z! Então, vamos lá.

Começaremos detalhando os 3 Ms da Técnica Z.

» Os 3 Ms

A Técnica Z é um sistema que consiste em três elementos iniciados com a letra M: Mindfulness, Meditação e Manifestação. Cada um deles contribui com algo relevante para a prática geral. E o todo é de fato maior que a soma de suas partes. Recapitulando: **Mindfulness [ou Atenção Plena]** *ajuda a lidar com o estresse no momento presente*; **Meditação** *libera o estresse do passado*; e **Manifestação** *ajuda a criar os sonhos para o futuro*. Gosto de pensar nas três partes da Técnica Z como aperitivo, prato principal e sobremesa.

» Um Dia na Vida

É melhor fazer sua prática matinal sentado, logo depois de acordar, para que possa iniciar o dia totalmente descansado e com criatividade e produtividade máximas. Saia da cama (um pouco mais cedo do que o habitual), vá ao banheiro, escove os dentes e molhe um pouco seu rosto com água, se quiser. Mas é melhor começar a prática antes do café da manhã ou de ligar o computador. Sendo um estimulante, o café pode neutralizar os efeitos da porção de meditação e fazer você se sentir como se estivesse tendo um ataque de pânico. Apenas confie em mim e aproveite seu café depois de terminar sua sessão matinal.

A única exceção digna de nota à regra da primeira coisa ao acordar depois da higiene matinal é se você tem uma criança pequena (ou crianças). As prioridades são diferentes, e sua manhã definitivamente não é sua neste estágio da vida. Regras aqui são fluidas como na luta livre, então faça o melhor que puder para adaptar essa rotina matinal à sua agenda. Se a criança tiver um padrão de sono previsível, recomendamos colocar o despertador para tocar meia hora antes da hora em que ela normalmente acorda, para que você tenha esse tempo para si mesmo. Vale a pena. Garanto. Da mesma forma, há a questão de precisar alimentar os pets antes de se sentar — faz parte. Simplesmente saiba que o objetivo é fazer isso o mais perto possível do acordar, porque assim que o dia irrompe com todo o ímpeto de seus afazeres, é muito mais difícil chegar à cadeira.

A segunda meditação diária ocorrerá no meio da tarde ou no começo da noite — não imediatamente após o almoço, pois o triptofano contido em seu sanduíche de peru pode causar sonolência — mas a qualquer momento, depois de digerir o almoço e antes do jantar. Para a maioria das pessoas com horários de trabalho típicos, a segunda meditação fica entre meio-dia e 20h, idealmente antes do cair da tarde. O objetivo é dar proatividade ao cérebro e recarregá-lo para ficar em plena forma durante o dia *inteiro*, em vez de ficar de olhos vidrados na tela do computador às 17h ou buscar forças em uma terceira ou quarta xícara de café para tocar adiante seu mais recente projeto. Não é preciso estar rigidamente ligado à mesma agenda todos os dias. Se houver uma ligação previamente agendada para o mesmo horário normal de meditação, simplesmente a faça mais cedo, para terminá-la antes que sua atenção seja necessária em outro lugar. (Isso também o ajudará a ter poderes de negociação sobre-humanos durante a ligação.)

É importante lembrar-se de não adiar sua meditação até tarde da noite. Assim como não seria conveniente tirar um cochilo às 21h caso planeje ir para a cama às 23h, meditar tarde demais pode dificultar o sono, pois seu corpo já terá tido um descanso profundo e restaurador durante a meditação. Se você meditar muito perto da hora de dormir, pode se encontrar acordado com toneladas de energia e muitas boas ideias — mas ninguém com quem compartilhar isso além de seu gato.

Quando você estiver pronto para começar a Técnica Z, considere onde se posicionará fisicamente. Ao contrário da crença popular, não é necessário ter um espaço designado para isso em sua casa, decorado com velas, incenso, luzes brancas penduradas artisticamente no teto e Enya ao fundo tocando sem parar. Isso é adorável? Sim. Relaxante? Provavelmente. É necessário? Não! Há uma tecla na qual gosto de bater de novo e de novo: *a meditação é o melhor dispositivo portátil*. Pode ser feita no trem, em um parque, em sua mesa, no escuro — parece um livro infantil, mas a verdade é que você realmente pode meditar em qualquer ambiente. Em qualquer lugar em que se tenha condição de pensar e onde se sentar, você terá agora a habilidade (leia superpoder) de meditar.

Se houver possibilidade de escolha, opte por pouca luz e baixo ruído, simplesmente porque será mais agradável. Caso queira criar um espaço especial decorado à sua maneira, isso é sem dúvida bom, porém não é algo necessário para a eficácia de sua meditação. Meditar tem a ver com mudança interna que se estende à sua vida externa. ***Qualquer espaço pode se tornar um ambiente adequado à meditação, porque você leva esse significado*** *a ele apenas por sua intenção de ter um treinamento sólido em uma técnica projetada para alguém que não seja um monge.*

A única coisa necessária é um lugar para se sentar com as costas apoiadas e a cabeça livre. Pernas podem ser cruzadas, esticadas, puxadas para o peito — fundamental aqui é o conforto. Certifique-se de poder se apoiar em algo enquanto movimenta seu pescoço para a frente ou para trás. (Lembra-se de todas as palestras sobre postura que já leu ou ouviu? Agora é a hora de jogá-las pela janela.)

Isso pode ser confuso se você estiver acostumado a ver lindas fotos de iogues do Himalaia ou mulheres vestindo leggings sentadas de pernas cruzadas em um penhasco, sem nada apoiando a espinha muito ereta, os dedos posicionados de formas extravagantes. Não há nada de errado com isso, e com certeza ficam muito bem em uma foto, mas esse estilo de meditação é mais parecido com o de um monge. Pare um instante e se pergunte: *Eu sou um monge?* Se a resposta for não, não se preocupe com a postura perfeita ou com um ritual elaborado para ficar sentado. Lembre-se, a Técnica Z é sobre meditar para ficar bom na vida. Essa meditação é para pessoas ocupadas com mente ocupada, e projetada para ser integrada à sua vida corrente.

Agora, acomode-se confortavelmente. Começaremos com a parte de mindfulness de nossa prática — o primeiro dos 3 Ms. Lembre-se de que mindfulness é a arte de trazer sua consciência para o momento presente: não se inquiete tentando antecipar como se parecerá sua meditação daqui a pouco nem preparar seus desejos para o exercício da manifestação. Na Ziva, gostamos de usar o mindfulness como um canal para a meditação. É mais uma prática de estado de vigília do lado esquerdo do cérebro, e lhe dá algo para fazer no caminho rumo à rendição repousante que é a meditação.

» O Primeiro M: Mindfulness — Conscientize-se de Seus Sentidos

Comece com os olhos fechados, as costas apoiadas e a cabeça livre.

Desfrute por um instante do fluir tranquilo do ir e vir de sua respiração, e depois, aos poucos, dirija sua atenção para todos os sons ao redor. Escute o que está ouvindo. Ouça o som que mais se destaca no ambiente, talvez seja seu colega de trabalho ao telefone ou o ar-condicionado clicando. Então, após algumas respirações, mude suavemente sua consciência para o som mais sutil que você pode detectar — sua própria respiração ou o ruído ambiente do corredor. O "objetivo" é sintonizar-se com as sutis diferenças sonoras que o cercam, levando gentilmente sua consciência a todo som que está acontecendo no espaço agora.

Continue assim por mais algumas respirações, e depois, na próxima inspiração, traga sua consciência para a sensação tátil mais proeminente em seu corpo agora — talvez seja a sensação de seu traseiro na cadeira ou de um joelho dolorido. Reconheça isso e, em seguida, mude sua atenção para a sensação tátil mais sutil, seja seu cabelo levemente escovando o pescoço ou a sensação do ar entrando e saindo dos pulmões. Tome cuidado para não julgar as sensações como "boas" ou "ruins", simplesmente observe a mais prevalente e a mais sutil.

Após alguns momentos, mude sua consciência para seu sentido de visão. Sim, seus olhos estarão fechados, mas o que você pode ver? Escuridão? Um raio de luz vindo do espaço onde suas pálpebras se encontram? Talvez você até veja cores em sua mente.

Aos poucos, concentre sua atenção no paladar. Mesmo que você não esteja comendo algo (certo?), haverá sempre algum sabor na boca — pasta de dente, café ou geleia. Devagar, comece a notar o sabor mais sutil, quem sabe da salada do almoço ou o sabor da bala de menta que chupou depois, ou talvez apenas sinta a boca ácida ou seca.

Finalmente, o olfato. Enquanto continua a respirar facilmente, note o cheiro mais evidente. Sua própria colônia ou o incenso queimando? E qual o cheiro mais sutil na sala: flores ou simplesmente o da poeira no ar-condicionado? Talvez você não perceba cheiro algum.

Agora concentre sua atenção nos cinco sentidos simultaneamente. Observe as dicotomias: os sons mais altos e os suaves, as sensações táteis mais fortes e as mais gentis, luz e escuridão, um gosto e apenas a sugestão de um gosto, o cheiro mais intenso e o mais sutil. À medida que você une tudo isso ao mesmo tempo, está despertando sua simultaneidade de consciência — a completa consciência do ambiente e do eu.

Deixe sua respiração ser fácil e natural conforme começa a se permitir incluir tudo o que acontece ao redor nessa experiência de mindfulness. Dê-se permissão para estar no momento presente, no *aqui e agora*. Ignore a velha ideia de que o ruído é uma "distração" e simplesmente inclua tudo o que está acontecendo dentro dessa experiência. Flua através dos cinco sentidos algumas vezes até sentir que pode começar a manter todos os cinco em sua consciência ao mesmo tempo. Permita a si mesmo ser tão deliciosamente humano e presente. Seu estresse está no passado e no futuro; sua felicidade é sempre encontrada no agora. Este exercício simples, mas poderoso, o ajudará a usar seus cinco sentidos como uma ferramenta para entrar no corpo e no agora. Use-o para se mover em direção à sua felicidade, não para longe de seu estresse. Trata-se de uma distinção sutil, mas importante.

Uma boa ideia é praticar Conscientize-se de Seus Sentidos por conta própria. Isso ajudará a lidar com o estresse no momento presente. Aí então, quando estiver pronto, poderá adicionar a porção de meditação. Se você tem interesse em um áudio meu guiando-o na parte da técnica, pode acessar um vídeo do Conscientize-se de Seus Sentidos [em inglês, "Come to Your Senses"] em https://zivameditation.com/bookbonus/ [conteúdo em inglês].

Após completar o mindfulness, vá para a parte de meditação, o segundo M da Técnica Z, na qual você usará o mantra para desestimular seu sistema nervoso e facilitar o acesso àquele descanso profundo e curativo.

» O Segundo M: Meditação

À medida que você passa da porção mindfulness para a porção meditação, pode levar consigo a sensação de consciência ampliada e inclusão para se render à meditação. (Rendição, a propósito, às vezes carrega a conotação negativa de "desistir", mas o convido a pensar nela no sentido de confiar em seu corpo, confiar nesta prática, e finalmente confiar que sua intuição virá à tona, com o que sua confiança em si mesmo será ainda maior.)

RENDIÇÃO: Confiar que a natureza tem mais informações do que você; o ato de se liberar para algo maior, mais sábio e mais poderoso que você. Isso não significa desistir ou abandonar, mas confiar que um poder superior (Deus, natureza, o universo, qualquer termo que você use) está por trás de você!

A chave para tornar a transição o mais simples possível é deixar que seu mantra o alcance. Nada de "*muito bem, cérebro, hora do mantra*" e então entoar o mantra repetidamente para si mesmo. Em vez disso, deixe-o efervescer aos poucos na parte de trás do cérebro, sem esforço e inocentemente. Imagine que seu mantra é aquela pessoa superatraente no bar que você sabe que o está observando. Sem dúvida você quer estar ao lado dela, mas não quer simplesmente sair correndo e começar a falar pelos cotovelos. Seja mais recatado e deixe seu mantra vir até você.

Na verdade, não diga o mantra em voz alta; isso seria cantar, o que é uma prática completamente diferente. De fato, nem é preciso haver um andamento. Apenas imagine-o como o borbulhar suave do champanhe ecoando em meio a seus pensamentos, mais como um som ou um instrumento tocando do que palavras. Eu específica e deliberadamente escolhi o mantra ou "âncora da mente" que estamos usando, mas isso não tem a ver com as palavras em si.

» O Mantra

Mas afinal, o que é esse misterioso mantra de que tanto falo? Caso você esteja aguardando um som mágico e secreto capaz de transportá-lo por um buraco negro rumo a um abismo cósmico, lamento desapontá-lo: aquela é uma simples palavra. O fato, porém, é que a combinação do mantra com a técnica de fácil execução é o que torna a meditação tão eficaz. Quando as pessoas aprendem conosco presencialmente na Ziva, elas recebem seu próprio mantra personalizado. No treinamento online ensina-se a escolher seu mantra a partir de uma lista especial. Não há como emular isso por meio de um livro, e não tenho como garantir que você tenha apoio presencial ou termine de ler este livro para entender completamente o poder dessa nova ferramenta. Considerando que os mantras personalizados são muito poderosos, escolhemos propositalmente uma palavra universal mais gentil para você usar como sua âncora mental.

A palavra que você usará é simples e eficaz. Você ouvirá a palavra "Um" sendo dita gentilmente no fundo de sua mente para orientá-lo rumo aos estados mais sutis de consciência.

Lembra-se do que discutimos sobre mantras no Capítulo 1 — como eles são projetados para funcionar como "veículos da mente" para despertar seu sistema nervoso? E está lembrado de eu haver prometido que não cometeria o erro de considerar Mindfulness, Meditação e Manifestação como "pensamento mágico"? Bem, conto com seu comprometimento. "Um" como seu mantra é um exemplo perfeito do que estou falando. A palavra poderia significar uma dúzia de coisas diferentes: unidade; tornar-se o número *um* em seu campo; a *única coisa* que você está priorizando. Pode ter absolutamente qualquer um desses significados para você, mas não precisa. Você pode simplesmente desfrutar do som da palavra passeando indistintamente no fundo da mente. O que importa é permitir ao veículo da mente induzir um repouso profundo e restaurador enquanto desfruta de uma breve rendição — nada mais que alguns minutos de seu dia — e dos benefícios que ele traz. A questão é não ficar ruminando a palavra em um esforço para descobrir algum significado ou insight mais profundo. Fazer isso seria tentar direcionar sua meditação, o que o leva a um estado de "contemplação" ou o afasta do estilo de meditação *nishkam karma* inteiramente focada. Você começará a achar que a palavra ganha vida própria. Ficar mais débil e agradável ao longo do tempo.

Posso ouvir você dizendo agora: *Isso parece um tanto simples demais. Repito uma palavra um montão de vezes por dia, e isso não faz nada das coisas que liberam o estresse e aliviam o cérebro sobre as quais você falou durante os últimos sete capítulos.* Às vezes, as verdades mais profundas são as mais simples. E nunca queremos confundir simplicidade com fraqueza. O poder desta prática vem da simplicidade.

Você está absolutamente correto: a palavra não induzirá nenhuma mudança mental se for usada no estado de vigília do lado esquerdo do cérebro com a intenção de comunicar uma ideia. Na Técnica Ziva, você está usando a palavra como uma âncora e definindo seu corpo e mente para descanso profundo e rendição. Uma chave de carro também não faz muita coisa no balcão da cozinha. É preciso saber em qual carro serve e como acioná-la.

O melhor conselho sobre meditação que você pode ter ao mergulhar nela é: os pensamentos não são o inimigo. Lembre-se de que a mente pensa involuntariamente, assim como o coração bate involuntariamente, então, por favor, não tente dar à sua mente um comando para ficar em silêncio. Isso nunca funcionará e só causará frustração. Em vez disso, saiba que tudo bem com os pensamentos: na verdade, eles são uma parte útil desse processo, e agora você tem sua âncora fiel "um" para voltar quando perceber que fez uma viagem mental.

Seu período de meditação — a parte da técnica Z que você verá em breve — pode parecer um pouco com uma soneca — deve durar cerca de 14 minutos. Você precisará de somente cerca de um minuto do aperitivo mindfulness, totalizando os 15 minutos da prática. Defina seu alarme *interno* em 15 minutos — você pode se surpreender com a precisão de seu despertador natural se der uma chance de ele ser treinado. Não há problema se quiser verificar seu relógio. Eu encorajo isso. Mantenha-o nas proximidades e consulte-o quantas vezes quiser! Você pode até achar que tende a um certo padrão. Pessoalmente, vejo-me checando no meio do caminho e depois sinto-me sair da meditação bem no tempo final. Aconselho os alunos que estão iniciando suas práticas a programar um despertador de reserva para alguns minutos após o tempo de espera designado. Isso ajudará a aliviar a paranoia de perder tempo e um dia inteiro de reuniões caso adormeça acidentalmente. (Em dez anos de meditações duas vezes por dia, caí no sono apenas duas vezes, então é bem menos preocupante do que a maioria das pessoas pensam.) Essa é uma das razões pelas quais é tão importante sentar-se com as costas apoiadas, mas deixando a cabeça livre. Se a cabeça tiver um encosto, é muito mais provável que você acabe dormindo.

O ideal, entretanto, é ajustar seu relógio interno para dispensar o uso de qualquer tipo de alarme. *Mas por que não posso programar um despertador, Emily?* Bem, é que eles são muito "alarmantes". No lugar deles, basta checar um relógio convenientemente localizado. É melhor usar um relógio analógico ou digital e jogar seu celular pela janela, mas se você não tem outra forma de ver as horas e *precisa* usar o celular, há um aplicativo gratuito chamado The Clocks, que transforma seu telefone em um relógio digital gigante, para que você não precise tocar, deslizar ou inserir códigos para ver a hora. Se você está curioso sobre quanto tempo passou, apenas verifique. Se os 15 minutos ainda não terminaram, basta fechar os olhos e voltar ao mantra. Eu preferiria que você checasse seu relógio cem vezes a sair da meditação com o alarme soando (sim, até aquele suave zumbido de seu aplicativo de meditação). E a razão para isso é algo que chamo de "sequelas da meditação interrompida".

**AS SEQUELAS DA MEDITAÇÃO INTERROMPI-
DA:** Dores de cabeça, tensão ocular e irritabilidade ocasionadas por ir e voltar à meditação rapidamente.

No mergulho autônomo, se você emergir rápido demais, as bolhas de gás aprisionadas nos tecidos do corpo se expandirão, provocando uma sensação física dolorosa e até perigosa na qual as articulações se fecham. Na meditação, se você se retirar muito rapidamente, provavelmente lidará com dores de cabeça, tensão ocular e irritabilidade. O cérebro e os nervos óticos não têm receptores de dor, logo, estão impedidos de comunicar que estão sofrendo no instante em que você sai da meditação, mas uma transição repentina do estado de repouso para o estado de vigília pode ser chocante demais. Em vez disso, queremos um ajuste suave nessa mudança de estado. *Sem alarmes*, exceto em seu backup, e não dormir enquanto está aprendendo a meditar são uma apólice de seguro. Se você sair da meditação muito rapidamente e isso causar irritabilidade e dores de cabeça cerca de 30 minutos depois, você simplesmente desperdiçou seu tempo; e o fará em dobro se isso acontecer no segundo período destinado à meditação.

Tais sequelas podem ser evitadas adotando-se uma "parada de segurança" de dois minutos no final de sua meditação, na qual você corta a corda da âncora de seu mantra e se permite flutuar até a superfície da água para acordar, mantendo seus olhos fechados. Isso permite que seus olhos e seu cérebro se reajustem gradualmente. E é nesse período de dois minutos que você incorpora sua prática de manifestação.

» O Terceiro M: Manifestação

Começamos a porção manifestação com uma atitude de gratidão. Isso não precisa levar muito tempo. Simplesmente se pergunte: *Pelo que sou grato agora?* Pratique gratidão pelos relacionamentos de sua vida, por sua casa, saúde, família e oportunidades, pelo belo pôr do sol no fim da tarde de ontem ou por ter todos os dentes para escovar de manhã cedo. O que quer que esteja em seu coração que faça você se sentir agradecido, reconheça isso. ***Natureza/Deus/poder maior — seja lá como o chame — gosta de receber atenção, assim como todos nós.*** Sabe aquele amigo que todos temos e nunca parece agradecido por nada — ele apenas pergunta, pergunta e pergunta, e você acaba parando de fazer favores para essa pessoa porque ela não parece se importar o suficiente para lhe enviar uma mensagem ou oferecer ajuda em troca? Não seja essa pessoa. Reconheça os belos presentes em sua vida, não importa o quão insignificante ou clichê ou esotérico ou superficial isso possa parecer. Não há maneira errada de demonstrar gratidão por suas bênçãos, exceto não as reconhecer de forma alguma. Tal coisa pode parecer simples (você está se dando conta de que há um padrão de ferramentas simples, mas poderosas, aqui?), porém há algumas pesquisas neurocientíficas fascinantes sobre gratidão. Os cientistas estão descobrindo que mesmo nos dias em que você não sente que tem algo pelo que agradecer, fazer a pergunta "Pelo que sou grato?" basta para mudar a química de seu cérebro.[1] Essa prática simples o treina para procurar por tudo o que está dando certo em sua vida, a fim de que você possa começar a regar mais eficazmente as flores, e não as ervas daninhas.

Quanto mais se estimula esses caminhos neurais através da prática da gratidão, mais fortes e mais automáticos eles se tornam. Em um nível científico, este é um exemplo da Lei de Hebb, que afirma que "neurônios que disparam juntos permanecem conectados". Mas também é algo claramente perceptível na vida cotidiana: quando se está abrindo uma nova trilha no meio da floresta, a primeira viagem é a mais desafiadora e requer determinação. No entanto, quanto mais vezes a trilha é percorrida, mais definido se torna o caminho e mais fácil é seguir. O cérebro funciona de maneira análoga: quanto mais vezes uma determinada via neural for ativada (neurônios disparando juntos), menor será o esforço necessário para estimular a via na próxima vez (neurônios se conectando). Aquela pergunta simples, "Pelo que sou grato?", o treina para procurar por tudo o que está dando certo em sua vida e assim poder começar a regar mais eficazmente as flores, e não as ervas daninhas.

A gratidão está preparando o terreno para o terceiro M da Técnica Z: Manifestação. Todos os atletas medalhas de ouro, todos os ganhadores de um Oscar ou de um Emmy, todos os CEOs bem-sucedidos criaram primeiro um plano mental de como seguirão suas metas e o que *sentirão* quando as cumprirem. Tendo completado seus 15 minutos de mindfulness e meditação, você checará seu relógio, soltará a âncora do mantra e entrará na parada de segurança. A parada de segurança leva apenas dois minutos. Comece com um momento de gratidão, então o convido a pensar em um sonho, um objetivo ou um desejo e imaginá-lo como se fosse sua realidade atual. Este é realmente o truque para se manifestar: imagine o sonho como se estivesse acontecendo *agora*. Não o imagine como algo que acontecerá mais à frente, dê a si mesmo permissão para ver, sentir, ouvir, saborear e cheirar cada aspecto desse desejo como se estivesse acontecendo com você *agora mesmo*, em sua atual e imediata realidade. Explore isso em sua mente como se você fosse uma criança fingindo estar acontecendo. Reivindique-o como seu. À medida que você aproveita o tempo para marinar esse sonho, permitindo que sua imaginação vá colorindo os detalhes ao redor, preste atenção especial em como isso se passa. Todos pensamos que estamos perseguindo um objetivo, mas a realidade é que estamos perseguindo como assumimos que o objetivo nos fará *sentir*. Este exercício nos dá a graça de experimentar a alegria, a realização, a generosidade no agora.

Uma vez sentindo e vendo esse sonho acontecer ao seu redor, pergunte a si mesmo quem seria a primeira pessoa a quem telefonaria para compartilhar essa sensação. Imagine essa conversa. O que você diria? Você está chorando? Rindo? Agora imagine a resposta dela. Ela está rindo? Chorando? Demonstrando prazer? Dê-se um tempinho para receber o entusiasmo dela e deixe que isso acalente seu sonho.

E então, quando estiver pronto, abra os olhos devagar e volte. Parabéns! Meu amigo, você acaba de completar sua primeira Técnica Z!

Esta versão de meditação pode ser diferente de todas as que você já ouviu falar antes. Estou sugerindo que não é necessário clarear a mente, que está tudo bem em notar e até mesmo incluir todos os sons e experiências sensoriais acontecendo à sua volta; não há foco. Além disso, você não precisa programar um alarme ou usar um aplicativo de meditação para agendar sua sessão. Se tudo isso parece muito longe das tentativas disciplinadas e focadas de clarear a mente que você já usou antes, faça perguntas: *Como está sendo para mim? Percebo um retorno significativo de meu investimento de tempo? Tenho me comprometido com uma prática diária?* Caso esteja pronto para tentar algo diferente, eis o resumo do que aprendemos até agora:

Sente-se com as costas apoiadas e a cabeça livre.

Tenha um marcador de tempo próximo a você (programe seu alarme *interno* para 15 minutos).

Comece o mindfulness — Conscientize-se de Seus Sentidos: 1 a 2 minutos. Com gentileza, deixe o mantra flutuar até você: 13 a 14 minutos.

Solte o mantra, mas mantenha os olhos fechados para uma "parada de segurança": 2 minutos.

Pratique a manifestação: durante a parada de segurança de 2 minutos, imagine um sonho como se estivesse acontecendo agora.

Abra os olhos e entregue sua gratidão para o mundo.

Por favor, reveja este capítulo tantas vezes quanto precisar, até que o processo de transição de uma fase da Técnica Z para a próxima se torne uma segunda natureza. Eu odiaria que você se retirasse de uma meditação deliciosa só para vasculhar estas páginas tentando se lembrar do próximo passo. Mesmo que isso ocorra, no entanto, seja gentil consigo mesmo e lembre-se de que até mesmo uma meditação "ruim" é melhor do que nenhuma meditação. *Não deixe a perfeição ser inimiga do bom nem que o bom seja o inimigo do feito.* Se você não lembrar o que fazer a seguir ou o mantra continuar a dar voltas em seu cérebro ou se esquecer de colocar o telefone no modo silencioso e sua avó ligar para dizer olá no meio da sessão, tranquilo, seu curso de meditação não está arruinado. Você está progredindo e continuará a fazê-lo cada vez que se sentar na cadeira. Caso queira apoio extra, pode sempre me ouvir guiando-o por certas partes dessa prática em https://zivameditation.com/bookonus/ [conteúdo em inglês]. Lembre-se de que uma prática de meditação é apenas isso: uma prática. Não há perfeição.

» Uma Palavra de Advertência

Antes de prosseguirmos, é importante que eu me refira a algo levantado em todas as minhas aulas: "Posso usar esse estilo de meditação para me acalmar se estiver em uma situação 'estressante', como ficar preso no trânsito?" A resposta é um sonoro e retumbante não — ao menos para a porção meditação. Você pode usar com segurança a parte Conscientize-se de Seus Sentidos, com os olhos abertos. Existem vários exercícios de mindfulness calmantes no site da Ziva que podem ser ótimos para empregar nesses tipos de situação. Entretanto, dado que você vai querer ficar inteiramente acordado, alerta e totalmente consciente de seu entorno quando está conduzindo um veículo motorizado, supervisionando crianças pequenas ou em pé na frente de uma sala cheia de pessoas, com certeza *não* quer enviar a si mesmo a esse quarto estado de consciência.

O objetivo da Técnica Z é ajudá-lo a preparar seu cérebro e seu sistema nervoso de modo a estar mais preparado para responder a situações como aquelas de maneira saudável e produtiva, sem trazer uma sensação imediata de calma e tranquilidade. A Técnica Z na verdade ajuda a chegar à raiz do problema, tratando a causa, e não o sintoma.

» As Cinco Coisas Mais Comuns que Acontecem Quando se Está Sentado

Seria ridículo tentar mandar o coração parar de bater ou suas unhas deixarem de crescer. O corpo simplesmente não funciona assim, e não obstante, as pessoas têm a noção de que uma meditação "ideal" é aquela em que elas são capazes de desligar a mente. Eu medito há mais de 11 anos, e nunca tive uma meditação livre de pensamentos. Nem uma vez. Então, ou tenho um negócio que não ensina isso ou uma mente completamente quieta não é a questão. Após terminar este livro e ter algumas semanas de prática, você pode decidir por si mesmo. Nesse meio tempo, por favor, seja gentil consigo mesmo, mas vá além da gentileza: permita-se ser curioso. Eu o desafio a deixar de lado todas as suas noções preconcebidas do que a meditação *deveria* ser e simplesmente usar essa ferramenta e ver como se sente. É por isso que intitulei este livro *Menos Estresse, Mais Conquistas* — trata-se, em última análise, de resultados. Se você é alérgico à palavra *meditação*, tudo bem. Apenas tente a Técnica Z e veja como se sente. Não canso de dizer isto: se você já tentou a meditação e sentiu que estava falhando porque não conseguia "clarear a mente", *tal coisa não é um problema com este tipo de prática*. Dê a si mesmo a dádiva da mente de um principiante. Os novatos aprendem mais do que especialistas oito dias por semana.

Pensar durante a meditação é, na verdade, um indicador de que algum estresse está deixando o corpo. É assim que a cura acontece. Melhor fora do que dentro, certo? Quando você sentir os pensamentos indo e vindo, saiba que é o estresse deixando o sistema nervoso.

Se você se lembrar de apenas uma coisa deste livro inteiro, que seja: uma meditação profunda não é melhor para você do que uma meditação superficial. Para dar um efeito dramático, repito: *uma meditação profunda não é melhor para você do que uma meditação superficial*. Estou definindo meditação profunda como aquela em que o tempo passa rapidamente, você tem poucos pensamentos e geralmente gosta da sessão. Em uma meditação superficial, o tempo pode passar mais devagar, você pode sentir que está apenas sentado ali, tendo pensamentos o tempo todo, e pode não gostar da sessão em si. Ambas lhe são benéficas. Uma meditação profunda significa que o corpo está descansando profundamente; uma meditação superficial significa que o corpo está liberando o estresse na forma de pensamentos. Uma não é melhor para você do que a outra. Escreva em seu espelho, estampe em uma camiseta, faça uma tatuagem na testa. Sei que parece loucura e se opõe a tudo que já ouviu falar sobre meditação até agora, mas é verdade.

Como cada pessoa é única, é impossível dizer como será sua meditação em termos precisos. No entanto, as meditações geralmente se enquadram em uma de cinco categorias — três das quais são eficazes, duas não.

Por favor, saiba que estes exemplos não são cenários do tipo e/ou. Você provavelmente experimentará todos os cinco ao longo de qualquer meditação. Além disso, o exemplo a seguir não é um mantra real, por isso, não tente fazer isso em casa.

Ao se sentar para meditar, suas costas estão apoiadas, sua cabeça está livre e você estabelece o tempo final — 15 minutos para o mindfulness e a meditação, depois aproximadamente 2 minutos para a manifestação, e então você emerge do estado de repouso profundo. Então, feche os olhos e deixe que esse mantra venha até você como aquela pessoa atraente no balcão do bar.

EXPERIÊNCIA DE MEDITAÇÃO EFICAZ Nº1: O PENSAMENTO TREM

Você se prepara para a meditação, levando alguns segundos para simplesmente relaxar com os olhos fechados. Em seguida, pega seu mantra, pensa um pouco nele, ajusta-o para que soe no fundo de sua mente como um agradável e ligeiro sussurro, percebendo que ele pode ficar mais longo ou mais curto, mais alto ou mais suave, mais rápido ou mais lento por conta própria depois que deixá-lo ecoar algumas vezes. Eventualmente, pode se separar de todo o significado e simplesmente se tornar um som. Você começa a pensar no seu mantra:

> (Ziva.) [Sim, estou usando a palavra "Ziva" como um protótipo de mantra nestes exemplos]. (Ziva. Ziva. Ziiiva.) Esta é uma palavra estranha, Ziva. Estranha. Palavra. Palavra estranha. Por que não posso separá-la?! *Pá Lavra*. Faz sentido, a pá lavra a terra. Ou só a recolhe? Ziva não fica atrás. Zi, vá! Zi de Zileide. Vá embora, Zileide. Não, não, fique. Puxa, quanto tempo já passou? Vou dar uma olhada. Cinco minutos. É. Bem, não foi tão ruim. Acho que dá para fazer mais cinco.
>
> (Ziva. Ziva.) Diva. Ziva. Luz. Viva. Ziva luz viva. Ziva Las Vegas! Não, não, é "Viva Las Vegas". Viva. (Ziva). Hã. Ah, droga, deixei dinheiro no bolso da calça. Não se esqueça disso, dinheiro em minhas calças, dinheiro em minhas calças, dinheiro em minhas calças. Espere, como vou me lembrar disso? Um mnemônico, algo do gênero. Mas o quê? Só me lembro da Ellen DeGeneres. Ela se atrapalha no M e no P. Oh não, agora deu vontade de fazer xixi. Ei, a Ellen pratica meditação, não é? Será que sou tão boa como ela? Cara, estou me comparando com uma celebridade? Muita petulância (imagino ela se atrapalhando ao dizer isso). Acho que já foram outros cinco minutos. Vou ver. Um minuto. Bem, ok então. De volta ao mantra.

Mesmo que você tenha pensamentos, pensamentos, pensamentos e pensamentos, desde que tenha se sentado com a intenção de meditar e deixar seu mantra chegar até você como uma ideia fraca — e se você fizer a parada de segurança no final —, isso é a meditação correta. Você tem permissão para fazer viagens no campo mental e sair em trens de pensamento. Apenas flutue suavemente de volta para esse mantra quando perceber que está desligado. ***Lembre-se, pensamentos não são inimigos da meditação; o esforço é. Os pensamentos são um indicador de que o estresse está deixando o corpo.***

Além disso, lembre-se de que sempre que você estiver curioso para saber quanto tempo passou, abra os olhos e consulte o relógio ou o celular (se for o celular, verifique se está no modo avião e se baixou o aplicativo The Clocks; consulte a página 135). Se não é seu tempo final (15 minutos para mindfulness e meditação, e então um adicional de dois minutos para a manifestação), apenas feche os olhos e pegue o mantra de volta. Não se deixe consumir por sua curiosidade sobre a passagem do tempo. Passados alguns dias, você começará a se surpreender com a precisão de seu relógio interno caso dedique algum tempo para treiná-lo.

EXPERIÊNCIA DE MEDITAÇÃO EFICAZ Nº 2: A FESTA

Você se senta, suas costas estão apoiadas, a cabeça livre, você checa o relógio, faz as contas e fecha os olhos. E deixa seu mantra vir até você…

(Ziva. Ziva. Ziiiiivaaaa…) Minha nossa! Esta semana tenho que fazer meu Imposto de Renda! Só de pensar naquela papelada me dá ânsia. Bem, até que isso é uma boa oportunidade de ver quanto o estresse financeiro está me custando. Será que falta algum documento, preciso checar na pasta e… o que é mesmo que eu estava fazendo? Ah, claro. Meditando. Com licença, impostos, preciso falar com meu mantra… (Ziva… Ziva…). Será que fico bem de franja? Realmente gostei da franja que vi naquela mulher na loja no outro dia. Mas será que combina com o formato do meu rosto? Acho que sim, mas é uma mudança grande de penteado. Caramba, eu deveria estar meditando. Meditando! Com licença, preciso visitar meu mantra, que está sozinho na sala… (Ziva… Ziva…). Cachorros pensam? Que será que ele está pensando agora? Provavelmente em brincar. Cara, como ele é brincalhão! Eu gostaria de amar qualquer coisa tanto quanto meu cachorro ama brincar. Se ele tivesse um mantra, aposto que seria "Brincadeiras. Brincadeiras. Brincadeeeeeiras. Au, au!" Mas esse não é o meu mantra. Qual ele era mesmo? Ora, claro. (Ziva). Brincadeiras. (Ziva). Brincadeiras. (Ziva...).

Neste exemplo, seu mantra ficou um pouco mais fraco, mas você teve pensamentos ao mesmo tempo. Isso acontece a maior parte do tempo. Veja como deseja lidar com os pensamentos e o mantra acontecendo simultaneamente: trate-o como uma festa.

Nessa festa, seu mantra é a figura central, e seus pensamentos são os participantes. Os convidados são os pensamentos que você gosta de ter; os demais são os penetras, os pensamentos que você não gosta de ter. Os convidados são: "Acabei de receber um aumento no trabalho", "Estou namorando com uma nova e incrível pessoa", "Acho que sou o melhor praticante de meditação da face da Terra", e assim por diante. Os penetras são "Não sei se estou fazendo isso certo", "Não gosto deste mantra", "Acho que estou perdendo meu tempo", "Tenho milhares de e-mails para responder", "não sei se consigo pagar o aluguel este mês", e por aí vai. Esses são os participantes estúpidos, estressados e não convidados. *Mas veja*: nesta festa, você é o anfitrião, não o leão de chácara. Aposto que você é infinitamente capaz de ir a uma festa e dar as mãos a seu acompanhante — nesse caso, o convidado de honra, o mantra — e conversar com muitas outras pessoas ao mesmo tempo.

Essa analogia com uma festa é boa. Você usará muitas. De algumas delas você gostará muito: uma reunião com alguns de seus amigos mais próximos em um jantar requintado. Outras meditações serão mais como baladas superlotadas com música alta, luzes estroboscópicas e um bocado de caras bêbados dando vexame. Seja qual for o tipo de festa que sua meditação acabe sendo, lembre-se, você é o *anfitrião*, não o *leão de chácara*.

Eu quero que você tome essa analogia muito literalmente. Digamos que você está em uma festa conversando com certas pessoas e, depois de alguns momentos, percebe que elas são muito irritantes, sem nada de interessante para dizer e têm um pouco de mau hálito.

Em vez de simplesmente largá-las e ir embora rudemente, deixe-as terminar seu pensamento e então encontre uma maneira educada de sair: "Oh, perdoem-me, vou conversar com um velho amigo."

O detalhe-chave é que você se vira e vai em *direção* ao positivo, não para longe do negativo. A mesma coisa é verdade na meditação. Quando perceber que seus pensamentos o separaram do mantra, volte sua mente suavemente em direção a ele, em vez de afastar sua mente dos pensamentos.

EXPERIÊNCIA DE MEDITAÇÃO EFICAZ Nº3: CAMPO DA BEM--AVENTURANÇA

A terceira coisa que pode acontecer durante a meditação é o que gosto de chamar de "campo da bem-aventurança". Isso se afigura mais ou menos assim: você começa a meditar, escolhe seu mantra e...

(Ziva. Ziva. Ziva. Ziva. Ziva. Ziva... ...) (... ...) (... ...) Nossa, o que foi que aconteceu, eu achei que estava meditando. Ok, vamos lá então. (Ziva. Ziva. Ziva. Ziva. Ziva. Ziva) (... ...) (... ...)

Você tem um pensamento repentino de *Epa, esqueci o mantra*, mas seu último pensamento foi o mantra. Há um pequeno intervalo de tempo inexplicável. Talvez você estivesse à deriva ou quem sabe cochilando, ou talvez parecesse dormir. Um minuto parecia 100, ou 15 minutos pareciam 2. É fácil confundir isso no sono. O problema é que não se trata de sono. Esta é a meditação do homem preguiçoso; você, de fato, está adentrando o campo da bem-aventurança — aquele quarto estado de consciência sobre o qual tenho falado muito.

Agora, eis o macete sobre o campo da bem-aventurança: *quando* estiver lá, você nunca se dará conta disso. Por definição, você se moveu para além do reino do pensamento e entrou no reino do ser, então nunca terá um pensamento como: *Oh, sim, estou agora no campo da bem-aventurança, e isso é incrível.*

Normalmente, a consciência disso vem mais tarde: *Ei, espere aí. Eu estava lá, no campo da bem-aventurança! Quero voltar para lá! Ziva, Ziva, Zivaaaaaaaaa!* Daí então começa a perseguir o dragão um pouco, o que é normal nos primeiros dias. O que ficará mais fácil é apenas deixá-lo chegar quando quiser e deixá-lo durar o tempo que ele julgar necessário.

Esses três primeiros exemplos são todos coisas esplêndidas que têm acontecido durante a parte de meditação da Técnica Z, e você provavelmente experimentará as três durante uma determinada sessão.

Vamos agora passar para duas coisas que comumente surgem durante a meditação cuja correção de curso você desejará.

EXPERIÊNCIA DE MEDITAÇÃO INEFICAZ Nº1: CONTEMPLAÇÃO

A quarta coisa que pode acontecer durante a meditação é a contemplação:

(Ziva. Ziva. Ziva. Ziva). Devo ir para a academia depois do trabalho? Hã, sim, sempre. Você sempre se sente melhor quando vai. (Ziva. Ziva.) Ah, mas tenho um grande projeto de trabalho para amanhã. Oh, eu definitivamente deveria terminar esse projeto (Ziva). Realmente quero ir para a academia, mas odeio quando estou lá! Ah, se eu for para a academia, me sentirei culpado por não fazer esse projeto (Ziva. Ziva. Ziva). Espere, mantra. Preciso me decidir. Se eu fizer o projeto, vou me sentir culpado por não ir ao ginásio. Droga! Devo terminar meu trabalho ou ir ao ginásio? Trabalhar ou malhar? Trabalhar ou malhar? Epa, espere aí. Acho que deveria estar meditando. Qual é mesmo meu mantra? (Ziva). EU DISSE PARA ES-

PERAR UM MINUTO, MANTRA! Trabalhar ou malhar? Trabalhar ou malhar?

Neste exemplo, você percebe que está fora do mantra, mas *escolhe* essa situação porque precisa terminar de resolver o grande mistério de trabalhar ou malhar. Essa é uma das poucas coisas "erradas" que podemos fazer na mediação. Quando você percebe que está fora do mantra e escolhe ficar de fora, isso o leva da meditação para a contemplação, e você tem as outras 23 horas e meia do dia para contemplar. Você não precisa ler este livro para aprender a contemplar.

Durante esses 15 minutos, 2 vezes por dia, você meditará, e tudo o que isso significa é que, ao perceber-se fora do mantra, você flutua suavemente de volta para ele. Na contemplação, todos aqueles pensamentos que estão pipocando se sentirão super-relevantes, superimportantes e superespeciais; mas 99,9% das vezes não são. Na maioria das vezes, seu cérebro está simplesmente pondo para fora o lixo mental.

Não é necessário ter um diário a seu lado para escrever cada pensamento que surgir. Apenas deixe rolar e confie que ideias incríveis fluirão mais livremente em seu estado de vigília. Qualquer coisa que valha a pena saber ainda estará lá para você após a meditação no estado de vigília.

A única diferença real entre contemplação e pensamento é que, na contemplação, você percebe que está fora do mantra e ativamente *escolhe* permanecer desligado. No trem mental, quando você percebe que se afastou do mantra, simplesmente se permite voltar para ele. É 100% bom ter mil pensamentos girando em torno de seu cérebro, porém, quando seu mantra dá um toque em seus ombros, isso significa que é hora de voltar para a tarefa de se livrar do estresse. Não ignore nem adie.

EXPERIÊNCIA DE MEDITAÇÃO INEFICAZ Nº 2: O TACO DE BEISEBOL

Você se senta, fecha os olhos e escolhe seu mantra:

(Ziva... Ziva...) O que será que meu cachorro está fazendo agora? Provavelmente, brincando. Cara, ele adora brincar — Não! Pode parar, cérebro! Nada de brincadeiras de novo. ZIVA! ZIVA! ZIVA! Eu queria gostar tanto de alguma coisa como meu cachorro gosta de — ZIVA! ZIIIIIVAAAAA!

A quinta coisa que pode acontecer durante a meditação é usar o mantra como se fosse um taco de beisebol para rebater os pensamentos. Você começa pensando: *Ainda que Emily diga que medita há mais de 11 anos, e nunca teve uma meditação livre de pensamentos, aposto que, secretamente, ela vive o tempo todo no campo da bem-aventurança, então é só aparecer um pensamento quicando na minha frente que vou rebatê-lo para longe como se tivesse jogando beisebol. É assim que vai ser, mantra, mantra, mantra, mantra! Jogo para longe qualquer pensamentozinho que passe perto de mim.*

Essa experiência opõe-se diretamente ao conceito de união alcançada por uma ação arduamente tomada. Seu mantra não é um taco de beisebol com o objetivo de rebater os pensamentos. Assim como os convidados de um coquetel ficariam (com razão) perturbados se você os rodeasse balançando um taco de beisebol, tanto seu mantra quanto seus pensamentos merecem ser tratados como convidados. Ao perceber que fez uma viagem de campo mental (o que é permitido), volte suavemente para seu mantra.

É realmente tentador usar o taco de beisebol se você estiver em um ambiente barulhento e estiver julgando esses ruídos como algo ruim ou como uma "distração". É compreensível querer usar o mantra para afastar todo o barulho. Por favor, não faça isso. Apenas deixe o barulho ser parte da experiência. Tenha em mente que o ruído não é uma barreira para a meditação. Em qualquer lugar se pode ter um pensamento, se pode pensar no mantra. E se você pode pensar no mantra, pode meditar!

Uma descoberta que o espera é que quanto menos esforço você aplicar no mantra, mais poderoso ele fica. Algo que com toda probabilidade você já está percebendo que, ao começar a se concentrar ou a enrugar a testa, sentirá dores de cabeça no córtex pré-frontal: seu cérebro o está treinando com mais eficácia do que nunca. Mas se deixar que o mantra seja um sussurro ecoando no fundo da mente, ele passa a agir como uma âncora e começa a descomprimir o sistema nervoso.

Basicamente, quando você se concentra no mantra, seu cérebro o punirá com dores de cabeça. Se usá-lo como uma pena, como um sussurro para despertar seu sistema nervoso, o cérebro vai tratá-lo com dopamina e serotonina. Seu cérebro é ou não inteligente?

Eis algumas palavras sobre o taco de beisebol. Nós geralmente o usamos quando estamos *tentando* chegar ao campo da bem-aventurança. Quanto mais você tentar chegar lá, mais longe ele estará. Saiba que ele não é nem a questão e nem o objetivo. E seria terrível ter um objetivo desses, porque você nunca saberia se o tinha alcançado até estar de fora de novo. A boa notícia é que não importa quanto tempo se fica no campo da bem-aventurança porque você deixou para trás o reino do pensamento e está no reino do ser, o que significa estar além do tempo. Aquele não é o lugar para ser competitivo. Não se ganha nenhum troféu por permanecer no campo da bem-aventurança por mais dois ou três minutos. Isso não é para você. O campo da bem-aventurança é apenas uma das coisas que podem acontecer durante o ciclo que é a meditação. Não é a questão, a meta ou a única vez em que você está se beneficiando. E, paradoxalmente, quanto mais tentar acessá-lo, mais longe ficará dele. Tão fácil, amigos. Dê a si mesmo permissão para ser desleixado, até mesmo preguiçoso, com sua prática. Isso o deixará muito menos preguiçoso no resto da vida.

» Uns Poucos Pensamentos Finais...

Da mesma forma como não se pode mandar o coração parar de bater ou sua mente parar de pensar, você não pode deixar seu cérebro no controle da prática de meditação. Seu corpo e sua mente trabalharão em conjunto com seu mantra para orientar o processo de desestruturação na direção que seu corpo precisa seguir. Quanto mais tentar controlar a experiência, menos eficaz ela será; mesmo que isso contrarie todo o instinto de alcançar as metas que você possui, quanto mais rápido aceitar isso, menos "trabalho" terá no ato de meditar, e melhor será para você. Lembra-se de quando falamos sobre rendição? É aqui que isso se torna a chave: seu trabalho não é fazer nada, além de manter o cronograma de meditações duas vezes por dia dentro da estrutura que expus. Simplesmente acomode seu traseiro na cadeira duas vezes por dia todos os dias — e acredite em mim, isso é bastante desafiador. Ao se sentar, deixe o mantra assumir. Confie que seu corpo sabe como se curar e que você sabe como lhe dar o resto de que precisa. Isso é *nishkam karma yoga*, meu caro. União alcançada pela ação *árdua*. Este é seu novo programa — duas vezes por dia todos os dias.

O Programa Diário da Técnica Z

1. Programe seu alarme para acordá-lo 20 minutos mais cedo que o de costume.
2. Refresque-se e escove os dentes.
3. Sente-se na cadeira:
   - Costas apoiadas, cabeça livre.
   - Deixe um marcador de tempo perto de você.

- Não se preocupe se o ambiente não está silencioso.
- Antes de iniciar, saiba a que horas quer entrar e sair da meditação. Faça as contas para terminar em 15 minutos.
- **MINDFULNESS:** Comece com um ou dois minutos de Conscientize-se de Seus Sentidos.
- **MEDITAÇÃO:** Deixe o mantra vir até você, gentilmente. Esta não é uma ferramenta de foco, e pensamentos não são o inimigo – a falta de esforço é fundamental. Se o mantra não surgir forte sozinho, lide com ele como uma ideia débil. Se desvanecer, deixe que se vá. Outros pensamentos virão, e isso é ótimo. Quando estiver curioso sobre quanto tempo se passou, abra os olhos e cheque o relógio tão rápido quanto lhe parecer. Não defina um alarme; comece a treinar seu relógio interno. (Se desejar, pode definir um alarme de reserva por 22 minutos como uma precaução extra, para não se preocupar em dormir durante todo o dia.)
- **MANIFESTAÇÃO:** Na parada de segurança de dois minutos após colocar seu mantra, tire um momento de gratidão e faça uma transição suave para a visualização de um sonho ou meta como se estivesse acontecendo agora. Dê a si mesmo o dom de sentir como você quer se sentir para além da meta.

4. Aproveite o resto de seu dia nos níveis máximos de desempenho.

5. Repita tudo isso no meio da tarde/começo da noite. Até que se torne uma segunda natureza, programe sua segunda meditação como faria com seu advogado ou um almoço com seu melhor amigo.

6. Não deixe que o perfeito seja o inimigo do bom. Não deixe que o bom seja o inimigo do feito. Apenas ponha seu traseiro na cadeira duas vezes por dia e deixe o mantra fazer o resto.

LIÇÃO DE CASA: Em seu celular ou agenda, marque seus próximos 21 dias de meditação. Sério. Levará apenas cinco minutos, mas dará sequência ou abortará sua carreira de meditação. Se não estiver agendado, não será concluído. Programe seu alarme matinal para 20 minutos mais cedo do que você costuma acordar, para que tenha tempo de fazer seu treino matinal antes do café da manhã. Então olhe para cada dia e decida em que ponto de seu sobrecarregado calendário você priorizará a si mesmo, seu cérebro e seu desempenho.

Você não pode verter nada de um copo vazio, então tenha o hábito de se tornar uma prioridade. Confie em mim, todos lhe agradecerão.

» 9 «

O MELHOR KARMA PARA ESTACIONAR

PARABÉNS! VOCÊ FEZ SUA PESQUISA, COMPROMETEU-SE COM ESTA JORNADA E está pronto para melhorar seu desempenho em cada aspecto da vida. Agora as coisas começam a ficar especialmente interessantes: após algumas semanas de sessões duas vezes por dia, e com as fases iniciais da desintoxicação mental e física ficando para trás, você provavelmente notará os efeitos da Técnica Z começando a se estender além do local de trabalho e transbordando em sua vida cotidiana. Trata-se de um fenômeno que carinhosamente chamei de "o melhor karma para estacionar", e é real. Não se assuste com o súbito aumento nas "coincidências" em sua vida — isso significa simplesmente que os efeitos de sua disciplina diária e ação de sentar-se na cadeira estão começando a permear seu corpo, sua mente e seu desempenho.

» Bandas Sonoras na Estrada da Vida

Convém deixar claro o que quero dizer com "karma". No Ocidente, o conceito geralmente é usado para fazer referência a uma espécie de conta bancária cósmica, em que o bem que você faz para os outros lhe é creditado e volta para você, e qualquer coisa ruim que lhe aconteça é reflexo de ações negativas de seu passado que precisam ser eliminadas para redefinir o equilíbrio. Trata-se, porém, de um equívoco; uma tradução literal da palavra do sânscrito *karma* é "ação". Quando falo sobre melhorar seu karma de estacionamento, não estou me referindo ao retorno de boas ações em sua alma, ou que o universo lhe deve alguma coisa, ou de qualquer tipo de punição por algo feito no passado. Karma é simplesmente as ações que você toma e o efeito cascata delas em sua vida.

KARMA: Traduzido literalmente, KARMA significa simplesmente "ação".

DHARMA: Seu caminho ou jornada na vida.

(Esses termos se relacionam com a antiga sabedoria contida nos Vedas. Os Vedas são uma interpretação humana das leis da natureza, e não são um dogma ou doutrina religiosa.)

Dharma, por outro lado, é a palavra em sânscrito para descrever seu caminho ou maior propósito na vida. O modo como o karma e o dharma se relacionam entre si pode ser ilustrado ao se pensar em dirigir por uma rodovia de seis pistas bem pavimentada. O dharma é o trajeto de sua viagem, enquanto o karma é o fluxo suave do tráfego que permite chegar a seu destino com facilidade e elegância, sem bandas sonoras de alerta sobre os ombros.

Interpretando o karma dessa maneira — como solavancos gentis nos avisando de que estamos fora do curso, ou afirmações do acaso de que estamos no caminho certo —, poderemos entender melhor como os efeitos da inclusão de uma prática de meditação em seu dia podem se espalhar além dos limites de sua vida profissional ou pessoal. À medida que sua consciência se expande, é provável que voce comece a notar mais e mais "coincidências" felizes em sua vida, seja encontrando a vaga para o carro na hora certa ou se conectando com pessoas que combinam perfeitamente com desejos que você (ou elas) queira fazer cumprir. Essa bela sinfonia de serendipidade e sincronicidade resulta de sua intuição aprofundada, que o faz confiar cada vez mais em seus próprios instintos e em sua voz interior: você começa a perceber que suas ações se tornam mais decisivas e significativas, mesmo que nem sempre tenha certeza do raciocínio por trás delas. Chamo isso de fortalecimento de sua intuição sobre o GPS da natureza.

Revisitemos o conceito de simultaneidade da consciência. Conforme você continua a se comprometer com suas sessões duas vezes por dia, sua maior capacidade de manter várias coisas na consciência lhe permitirá captar pistas sutis e quase imperceptíveis, que por sua vez darão margem a interpretar as situações de maneira mais rápida e precisa. Você pode inconscientemente começar a reconhecer e internalizar padrões para quando seus negócios favoritos estiverem menos desgastantes, o que significa menor necessidade de tempo e linhas de ação mais ágeis. Seu diretório mental de fatos sobre a vida das pessoas pode começar a se aprimorar, e de repente você descobre que conhecidos aparentemente não relacionados na verdade têm recursos e metas que se alinham, permitindo que cada um realize mais. Em outras palavras, uma vida de nível superior pode não se restringir somente a você.

» Siga o Encanto

O melhor conselho que posso dar às pessoas que percebem estar sendo beneficiadas por uma série de acasos felizes é simplesmente "seguir o encanto"; em outras palavras, ***deixe-se levar***. Essa é a beleza de aperfeiçoar sua intuição: sua confiança nela e aonde ela o leva só faz crescer. Esse "sexto sentido" lhe permite ler as situações como elas são e agir de acordo, em vez de tentar forçar o curso dos eventos. Ao deixarmos de mirar o resultado, permitimos que as coisas sejam como são, e não como as forçamos a ser. De maneira nenhuma estou advogando passividade em relação à vida, ser um mero observador; em vez disso, quero que você se dê permissão para agir com autenticidade e direcione sua satisfação às necessidades reais às quais está singularmente posicionado para atender. Quando as coisas parecem vir do simples acaso, isso é karma, um indicador de que você está posicionando sua satisfação exatamente onde deveria. E graças à sua capacidade cada vez maior de reconhecer a sutileza, você também terá uma capacidade cada vez maior de providenciar soluções e conexões.

Deixe-me compartilhar um exemplo pessoal. Em um dia ensolarado, alguns anos atrás, caminhando em Nova York rumo ao trabalho na Ziva, de repente me vi tendo uma compulsão por chocolate. Sei bem como se parece um vício por chocolate, mas aquilo foi diferente; era a natureza baixando um desejo. Parei por um momento para me maravilhar com a estranha, repentina e forte sensação — eu não estava grávida, já não sentia tanta gula assim, porém não conseguia me livrar da compulsão por ter um chocolate o quanto antes fosse possível. Voltei para a padaria pela qual acabara de passar, achando que talvez alguma coisa ali aplacasse aquele desejo, e me encontrei cara a cara com uma velha amiga chamada Pam. A emoção foi grande, pois havíamos perdido contato nos últimos anos e acabamos conversando para resgatar um pouco o tempo perdido. Pam e eu tínhamos feito uma turnê nacional juntas do musical *The Producers*, da Broadway, e ela agora era uma massoterapeuta licenciada. Ela comentou que tinha feito recentemente um treinamento para professora de ioga e estava pensando em combinar massagem e ioga de alguma forma. Pam queria encontrar o jeito certo de fazer isso, e eu sugeri o aiurveda, pois há ramos dele que incorporam ambos os elementos. Ela foi receptiva à sugestão e disse que era exatamente o que queria, mas não tinha certeza do caminho certo. Imediatamente a coloquei em contato com meu médico aiurvédico, e ela agora está treinando para ser uma profissional na área.

Nós nos despedimos, cada uma seguiu seu caminho, e então percebi que meu desejo por chocolate havia desaparecido, e eu não tinha nem mesmo dado uma mordida em um brownie. Foi quando me dei conta de que a compulsão nunca fora sobre obter chocolate, tinha sido simplesmente um modo de o cérebro me chamar a atenção, ou o jeito de a natureza de me dizer onde queria me usar para compartilhar um presente. Talvez eu tenha visto Pam pela janela quando passei, mas como fazia tanto tempo que não nos víamos, não registrei conscientemente que a conhecia. Ou quem sabe houvesse algo maior em jogo. A fim de acionar meu corpo para se virar, minha mente despertou um desejo avassalador de me colocar dentro daquela padaria, para que eu pudesse reconhecer e me reconectar com a velha amiga. E como resultado daquele encontro "fortuito", pude oferecer meu conhecimento sobre a medicina aiurvédica e ajudar Pam a chegar à estrada suavemente pavimentada de seu dharma. O que parecia ser nada mais do que uma ânsia por chocolate era, na verdade, minha intuição abrindo uma oportunidade de entregar minha satisfação a uma amiga para que ela pudesse encontrar sua própria satisfação. A chave aqui é uma mudança de percepção.

Em tempos difíceis, a reação habitual é se perguntar "Por que isso está acontecendo* para *mim?" O que eu gostaria de encorajá-lo a pensar, em vez disso, é "Por que isso está acontecendo* por *mim?" Voltando à imagem das bandas sonoras na rodovia, qual é a melhor reação: lamentar o fato de estar dirigindo sobre coisas barulhentas ou acidentadas ou reconhecer o aviso que estão emitindo e fazer a devida correção? O mesmo princípio está em ação aqui. Ao mudar seu foco das coisas que acontecem *para* você (colocando-se no papel de vítima) para reconhecer que elas estão acontecendo *por* você (para seu crescimento, desenvolvimento e fortalecimento final), você não somente retoma seu poder na vida, mas também passa a reconhecer as implicações e os ecos muito maiores de suas ações. No evento que você está vivenciando agora, há tanto uma causa quanto uma lição a ser aprendida — passado, presente e futuro, todos juntos para ajudá-lo a avaliar sua realidade atual. (Ainda bem que seu cérebro direito está ficando forte o suficiente para manter sob controle o do lado canhoto, não?) Enquanto continuar a crer que as coisas estão acontecendo *por* você — que Deus, a natureza, o universo ou qualquer poder superior em que acredita está do seu lado e usando o karma como uma maneira de guiá-lo rumo a seu propósito mais elevado —, você descobrirá que fica mais fácil descobrir a lição e a direção em quaisquer circunstâncias. Quando vemos as dificuldades na vida como orientação, em vez de punição, começamos a fazer perguntas melhores. E como você "segue o encanto" (isto é, ouve seu instinto) enquanto ele o leva para as belas surpresas que a vida lhe reserva, seja algo aparentemente insignificante como uma mesa livre em um restaurante popular ou tão importante quanto um encontro casual com o executivo com quem você tem tentado fazer uma reunião por seis meses, você descobrirá que é um ***influenciador no mundo, e o mundo que você influencia é muito maior do que imagina***.

» Estado de Fluxo

Um conceito que nos últimos anos vem ganhando crescente importância é o de "estado de fluxo". O termo foi cunhado pelo psicólogo Mihály Csíkszentmihályi para descrever o estado mental no qual uma pessoa aparenta ter uma intuição sobrenatural, às vezes até o ponto de perder a noção do tempo, que resulta em desempenho extraordinário em um nível muito alto. Atletas chamam isso de "estar iluminado". Você provavelmente já experimentou algo assim — começou a trabalhar em um projeto, desempenho ou proeza física, e o tempo pareceu parar ou diminuir a velocidade e seus instintos se tornaram finamente ajustados. Pode até ter se sentido como se estivesse fora de si mesmo, pois conseguiu ter êxito várias vezes, superando de forma recorrente sua performance imediatamente anterior. O estado de fluxo geralmente dura apenas alguns minutos, no máximo algumas horas, mas as realizações nesse curto espaço de tempo tendem a diminuir suas conquistas quando está fora do estado de fluxo.

A ideia não é nova, tem sido parte integrante do pensamento oriental por milhares de anos — o cérebro humano pode gerar resultados tremendos quando vai além da vigília e acessa estados superiores de consciência. Nesse modo de operação mais elevado, o cérebro produz ideias e executa movimentos sem o obstáculo da autoconsciência ou da dúvida. Lembra-se no Capítulo 4 quando discutimos as ondas alfa e teta que ajudam a transição do cérebro da vigília para o sono? Estudos descobriram que as ondas alfa e teta também assumem as rédeas quando uma pessoa entra no estado de fluxo. Você já se maravilhou com a criatividade de seus sonhos, ou acordou pensando: *Isso seria uma bela jogada/romance/produto/ideia?* Quando se está nesse estado intermediário, não sonhando completamente, não há aquela voz crítica inibidora do lado esquerdo do cérebro fazendo-o duvidar de si mesmo ou lhe dizendo que tudo não passa de um sonho e não pode ser feito.

Mas como acessar o estado de fluxo? Existem duas maneiras. A primeira é simplesmente começar a trabalhar em algo, cruzar os dedos e esperar que ele dê o ar de sua graça. Entretanto, como meu brilhante marido muitas vezes me lembra, a esperança não é uma estratégia. Se esperar fosse o bastante para alcançar o estado de fluxo, todos entraríamos nele cada vez que pisássemos no palco, sentássemos para trabalhar, corrêssemos ou tentássemos qualquer coisa. O cérebro, para a maioria de nós, não é treinado para mergulhar nesse estado intermediário sem recuar para a plena consciência ou então cair direto no sono.

A segunda maneira de acessar o estado de fluxo é treinar corpo e mente para entrar facilmente nesse estado de consciência dentro do estado de vigília. E a maneira de fazer isso é — veja você — por meio de uma prática regular de meditação. (Ora, vamos lá. Não foi nenhuma surpresa.)

A meditação produz as mesmas ondas alfa e teta no cérebro que o quase-sono e o estado de fluxo produzem. Quanto mais você cultivar uma prática de meditação, mais inocentemente começará a acessar esse lugar de extraordinária criatividade, inovação e execução. E quanto mais lhe for confortável chegar a ele, permitindo ao cérebro explorar esse espaço, mais cômodo e natural será aproveitá-lo, mesmo sem estar praticando a meditação. Caso opte por buscar formas ainda mais profundas de meditação como parte de sua jornada pessoal, provavelmente descobrirá que o estado de fluxo se torna sua nova norma.

Uma das formas de aprofundar sua prática, se lhe aprouver, é mergulhar em nosso treinamento online de 15 dias, zivaONLINE, em https://zivameditation.com/online [conteúdo em inglês]. Um dos formandos do treinamento online compartilhou comigo que seu corpo parece um novo carro autônomo da Google e que ele não precisa dirigir mais. É o domínio do fluxo!

Eis o que outro aluno do zivaONLINE, Larry Sark, comentou a respeito de sua experiência com o fluxo, oferecendo a você algumas palavras de estímulo quando começar sua jornada:

> *Sou um perfeccionista e workaholic em recuperação, e o zivaONLINE mudou minha vida. Comecei há alguns meses e coloquei a prática dos 3 Ms duas vezes por dia como parte inegociável de minha vida. Passei por momentos emocionalmente desafiadores desse momento em diante. No entanto, estou muito mais em fluxo, paciente e flexível na vida. Eu sou mais focado e produtivo no trabalho. Faço mais em menos tempo, o que significa que o trabalho não ocupa mais minha vida inteira. Agora sou capaz de aproveitar ainda mais a vida. Se você está apenas começando, este é um divisor de águas. Por favor, dê a si mesmo o tempo necessário para se acostumar com isso e faça da meditação uma parte de sua rotina diária. As pessoas ao redor agradecerão.*

De que maneira, contudo, sua capacidade de explorar mais facilmente o estado de fluxo afeta o mundo ao redor? Atingir algo maior que a gente não apenas permite atuar em um nível mais alto, mas também libera mais tempo e energia para ajudar outras pessoas e inspirá-las a aprimorar seu próprio desempenho. O que a maioria de nós realmente deseja é a experiência que pensamos que teremos ao atingir nossos objetivos: liberdade, satisfação, conforto. A pergunta que precisa ser feita é se é mais satisfatório perseguir esses sentimentos buscando coisas vazias ou ganhá-los mediante seu desempenho no trabalho e na vida, e como, por sua vez, se pode converter esse sucesso em melhores decisões que afetarão sua família, sua empresa, sua comunidade e até mesmo o planeta em geral.

» Mude o Mundo, 15 Minutos por Vez

Sei que você pode estar a prodigiosos dois dias de sua carreira de meditação, então curar o mundo pode parecer que está a poucos passos de distância, mas eu quero lhe dar uma prévia do que vem por aí. Como sentar-se quieto em uma cadeira duas vezes por dia afeta o mundo? Em pequena escala, posso dizer com confiança que, quando você começa a meditar, se torna muito mais intuitivo sobre o que seu corpo está realmente pedindo para executar com eficiência máxima. Algo tão simples como estar mais sintonizado com as demandas de seu corpo pode mudar sua maneira de se alimentar, comprar, movimentar-se, pensar e se conectar com outras pessoas. Em uma escala maior, é importante notar que a mesma conexão que torna você mais compreensivo também o torna mais generoso. A meditação ilumina algo chamado córtex pré-frontal dorsomedial, que é a parte do cérebro que processa informações sobre pessoas que percebemos como diferentes. Há também um fortalecimento da conexão entre o córtex pré-frontal dorsomedial e a ínsula, que é o centro de empatia do cérebro. Em consequência, você se torna mais empático com as pessoas que você percebe como diferentes. Isso também pode ter o efeito de torná-lo mais generoso. Quando os neurotransmissores que ajudam essas partes do cérebro a se comunicar são fortalecidos, as pessoas se tornam mais capazes de sentir e se doar. Se você sair do "serei feliz quando..." e permitir que a meditação o lembre de que sua felicidade nunca pode ser encontrada externamente, então o relacionamento com seus desejos mudará. Talvez você ainda queira ganhar muito dinheiro, mas não mais se iludirá de que pilhas de dinheiro o farão feliz. Em vez disso, permitirá que seus desejos sejam indicadores de como a natureza está usando você para colocar a plena realização ao longo do caminho para seus desejos. Isso ajuda a transição a partir de velhos sentimentos de ganância e falta de abundância e generosidade.

De fato, em um estudo científico,[1] ficou provado que praticantes de meditação agiam com mais generosidade do que não praticantes. Quando abandonamos nosso enfoque principal de obter dinheiro e nos centramos na realização plena, ajudamos a afastar pouco a pouco o pensamento cultural do pensamento de escassez, alimentador da ganância, para uma mentalidade de abundância que incrementa a generosidade.

Muitos de nós estamos familiarizados com o velho ditado de Gandhi: "Seja você a mudança que deseja ver no mundo." Mas esta outra, também de Gandhi, porém menos conhecida, resume perfeitamente o que desejo enfatizar: "Como seres humanos, nossa grandeza está não tanto em poder refazer o mundo [...] mas em sermos capazes de refazer a nós mesmos." Quando aumentamos nossa empatia e capacidade de amar, reduzimos nossa capacidade de fazer qualquer coisa que se oponha a essa empatia.

Segundo o Dalai Lama, "Se ensinássemos cada criança de oito anos a meditar, acabaríamos com as guerras dentro de uma geração". Sua decisão de começar a praticar meditação significa que alguém a milhares de quilômetros será inspirado a fazê-lo também? Não. Contudo, sua decisão de aumentar a capacidade de empatia do mundo, mesmo que apenas por uma pessoa, é relevante. Ao se curar, você ajuda a curar o coletivo.

Você escolhe começar sua jornada de meditação por razões que lhe são próprias, e as consequências disso afetarão sua vida acima de tudo. No entanto, o que você escolhe fazer com os resultados dela — diminuição do estresse, aumento da saúde e energia criativa, consciência expandida e crescente empatia, intuição em desenvolvimento e senso de realização — têm o potencial de criar um legado impactante que ressoará muito além de sua própria vida e potencialmente até mesmo de seu próprio tempo de vida.

Exercício de Olhos Fechados

Postura de Superpoder

Ao escrever este livro, imagino o estresse como o vilão, e você como o herói cujo novo superpoder são aquelas poderosas técnicas mentais. Neste exercício, ativaremos o cérebro, a respiração e o corpo para entrar logo de cara no espaço mental do sucesso. A linguagem corporal é afetada pelo estado mental, e vice-versa, então criaremos a postura física da vitória para podermos entrar nesse estado mental. Comece levantando seus braços sobre a cabeça em forma de um V gigante. Suas palmas devem estar abertas e de frente uma para a outra.

Mantendo essa postura, começaremos algo chamado "sopro de fogo", uma respiração rápida pelas narinas. Relaxe sua mandíbula; deixe os lábios separados. Suavize a testa; inspire e expire rapidamente pelas duas narinas ao mesmo tempo. Pode começar devagar, mas por fim adote um ritmo veloz, tal como um cachorrinho ansioso e ofegante. (Mas ofegue pelas narinas, não pela boca.)

Faça isso por 30 segundos, suavizando o rosto e deixando o impulso para a respiração começar na barriga, que deverá estar rapidamente subindo e descendo. Seus braços podem começar a doer um pouco; tudo bem. Se você está de pé e começa a sentir a cabeça leve, pode querer se sentar. (Isso tudo ficará mais fácil quanto mais você praticar.)

Agora abaixe os braços, feche os olhos e tire um momento para fazer o check-in. Qual a sensação corporal mais predominante acontecendo neste momento? Como se sente agora em relação a antes de começar? Você pode sentir o sangue fluindo de volta para os braços? Reserve um momento para assimilar esse sentimento de alegria e vitória em todas as células do corpo.

Comece de novo. Levante os braços sobre a cabeça em forma de V, com as palmas das mãos abertas e voltadas uma para a outra. Comece a respirar de novo, desta vez por 45 segundos.

Permita-se ser um instrumento de trabalho da natureza. Imagine-se como um canal de energia, ideias e intuição para fluir. Deixe seu ego, suas dúvidas e seu apego ao resultado fora do caminho. Você é simplesmente o maestro. Imagine-se como uma antena gigante com energia penetrando no corpo através de seus braços e do topo da cabeça, viajando pelo seu corpo e aterrando tendo seus pés como veículo. Aproveite a simultaneidade de leveza e firmeza acontecendo em seu corpo agora, então termine o sopro de fogo e solte os braços.

Tome um instante para consubstanciar essa sensação e veja como você se sente diferente de quando começou. Faça este exercício conforme necessário, quando desejar um aumento de confiança ou à frente de um grande evento.

Para uma demonstração e orientação sobre isso, visite *WWW. ZIVAMEDITATION/BOOKBONUS/* [conteúdo em inglês].

» 10 «

SUA VERSÃO MAIS INCRÍVEL

FAREI UMA PERGUNTA BEM DIRETA: O QUE MAIS IMPORTA EM TERMOS DE SEU desempenho no trabalho? Você é avaliado e potencialmente promovido com base em como *se sente sobre* seu trabalho ou em como realmente o *executa*? Em minha opinião, trata-se de uma das questões mais importantes a considerar quando você decide se vale a pena ou não se comprometer a praticar diariamente a Técnica Z.

Ouço de inúmeros alunos em potencial que eles são curiosos, mas relutam em tentar porque estão "ocupados demais" ou simplesmente não gostam da ideia de se tornar "um desses tipos de gente que medita". Isso é bom, porque na Ziva nós também não estamos nessa. Na verdade, a maioria de nossos alunos nos procura em busca de uma ferramenta para melhorar seu desempenho, em vez de uma maneira de se tornar um "um desses tipos de gente que medita". Realmente não importa como você se sente em relação à meditação em si. Considere isto: alguém se importa como se sente durante os minutos se exercitando em uma esteira? Alguém realmente pensa duas vezes se está ou não gostando dos oito copos de água que bebe por dia? Claro que não! Para as pessoas, o que *importa* é se a pressão sanguínea está baixa e se elas têm mais energia; se suas roupas se ajustam melhor, se a pele está mais radiante, e a mente, mais afiada. Em outras palavras, como você *se sente* sobre o processo de buscar a saúde física não importa; tudo o que importa são os resultados reais que vêm dessas mudanças no estilo de vida.

Ocorre o mesmo com a meditação. Se você decidir que tudo o que realmente precisa para melhorar sua vida é uma rotina de exercícios diferente ou um curso para falar em público ou uma dieta mais saudável ou mesmo se decidir que toda esta conversa sobre menos estresse e melhor desempenho não faz sentido, não saberei a diferença.

Mas você sabe.

Existe apenas uma pessoa obrigada a conviver todos os dias com as decisões que você toma: você mesmo. Talvez aquelas outras mudanças realmente sejam a solução para você, e se esse for o caso, lhe desejo toda a felicidade do mundo — de verdade. Mas se já as tentou antes sem um sucesso duradouro, talvez seja hora de experimentar outra coisa.

Quando sua vida profissional está estagnada ou a rotina tomou conta de sua vida familiar ou, ainda, se simplesmente se sente incapaz de superar um bloqueio mental, você pode esperar… mas para quê?

Não dá para descartar que novas oportunidades caiam em seu colo. Talvez aquela ideia brilhante surja de repente em um lampejo de genialidade. Pode acontecer de sua saúde melhorar magicamente: talvez seu tônus muscular ganhe vigor e seu nível de colesterol diminua, tornando-o instantaneamente um modelo de condicionamento físico. Quem sabe seus anos de estresse acumulado se dissolvam um dia como por magia. Talvez, esperando, as coisas melhorem. Talvez… mas provavelmente não.

Você pode desejar uma versão nova e melhorada de você para viver uma versão nova e melhorada de sua vida, ou você pode fazer algo novo. Como se diz por aí, "insanidade é sempre fazer a mesma coisa, mas esperar resultados diferentes". Você não é insano — você é assombroso. Apenas tem de estar disposto a confiar em si mesmo para cultivar esse assombro. Uma de minhas outras citações favoritas é de Albert Einstein, que teria dito: "Nenhum problema pode ser resolvido no mesmo estado de consciência com o qual foi criado." Caso esteja às voltas com alguns problemas persistentes que não consegue resolver por ora, talvez tenha chegado à ocasião de tentar uma prática cientificamente comprovada para aumentar seu desempenho cognitivo e elevar seu nível de consciência. Agora é a hora de decidir e se comprometer. Faça uma promessa para si mesmo e a mantenha. Toda vez que a cumpre, constrói integridade pessoal.

» O que É Preciso Saber sobre "Subir de Nível"

No mundo dos videogames, "subir de nível" ["leveling up"] significa que um personagem de alguma forma ganhou, obteve ou alcançou um patamar mais alto de sucesso no mundo eletrônico, o que se traduz na conquista de novas habilidades, novas ferramentas ou entrada em outras fases do jogo. Em outras palavras, o personagem se torna uma versão mais avançada de si mesmo.

Na vida real, esse mesmo processo recentemente passou a ser conhecido nos EUA como "up-leveling". Um "up-leveler" (como dizemos na Ziva) é simplesmente alguém que quer ser melhor a cada dia — alguém que está comprometido em aprender, crescer e cultivar seu conjunto de habilidades ou competências a ponto de ser capaz de acessar escalões superiores de desempenho, contribuição e realização.

Percebo daqui o muxoxo. *Fala sério, Emily. Isso não é um novo termo para autoajuda?* Não é, não. "Subir de nível" não é apenas aprimorar a si mesmo, é tornar-se melhor na *vida* — e não se restringe à própria vida, mas estende-se para a vida das pessoas ao redor. Como diz a velha expressão, "Uma maré alta eleva todos os barcos". Quando você começa a elevar sua vida, as pessoas em volta não podem deixar de se beneficiar de sua maior produtividade, discernimento, sabedoria, confiança e empatia. Com isso, inspirados e aprimorados, por sua vez, elevam o patamar da própria vida.

Enfim, quem não gostaria de aproveitar os benefícios de subir de nível? Aprimorar-se literalmente em tudo e ao mesmo tempo tornar-se uma pessoa melhor? *É, verdade; por favor, levo dois.* Mas isso não acontece *por acidente*, é preciso estar disposto a estabelecer a base que o torna viável. Não ocorre por geração espontânea, é necessário vestir a camisa do processo para auferir os benefícios. **Subir de nível não é um golpe de sorte, é uma escolha.** Quando uso o termo "subir de nível", não estou me referindo a pessoas que tropeçam no sucesso (todos conhecemos ao menos um deles). Falo de pessoas que ativa e deliberadamente fizeram a escolha de aumentar seu desempenho na vida para galgar um novo e mais elevado patamar. Estou falando de pessoas que se dedicam a perseguir não apenas metas de curto prazo, mas também a aperfeiçoar a qualidade de todos os aspectos de sua mente, corpo, relacionamentos e interação com o mundo.

Não à toa, portanto, insisto em bater recorrentemente nas teclas do Mindfulness, Meditação e Manifestação. Essas técnicas mentais oferecem o maior rendimento com o mínimo de esforço entre, literalmente, quaisquer práticas comportamentais que conheço. Se quiser elevar sua vida e desfrutar de todos os benefícios que isso traz para você e aqueles que o cercam, precisa estar disposto a realizar o trabalho de se livrar de alguns padrões antigos. Todos nossos hábitos têm de ser reexaminados periodicamente para garantir-lhes a consistência com relação às nossas atuais crenças, prioridades e metas. Esta é uma das marcas que caracterizam um indivíduo de sucesso em qualquer área: a disposição de adaptar práticas em um esforço contínuo para melhorar. Você pode ficar onde e como está, não alterar nada sobre si mesmo, e ficar à espera de que as coisas de alguma forma mudem para melhor. Ou pode fazer adaptações pequenas, mas com propósito — apenas alguns ajustes ou rearranjos em sua agenda diária — e começar a ver mudanças profundas e fundamentais, e melhorias em seu modo de pensar, em como percebe o mundo e em quem você é como ser humano.

Em última instância, a escolha é coisa sua, mas, como diz o ditado, daqui a um ano você desejará ter começado hoje.

» O Gênio em Seus Genes

Falando em Einstein, ele era apenas um de uma lista impressionante de gênios que pareciam compreender o significado de períodos curtos e programados de descanso durante o dia. Leonardo da Vinci seguia um padrão de sono bastante estranho: em vez de dormir à noite, como é a norma cultural atual, ele optou por cochilar por 15 ou 20 minutos a cada 4 horas, 24 horas por dia. Às vezes seus intervalos de descanso eram um pouco mais longos, mas nunca ultrapassando duas horas.

Essa prática, conhecida como sono polifásico, é uma abordagem radical — quase maníaca — do sono. Mas Aristóteles, Albert Einstein, Thomas Edison, Nikola Tesla e Salvador Dalí também adotaram breves períodos programados de descanso durante o dia como um meio de rejuvenescer a mente e desbloquear sua engenhosidade. Einstein supostamente fazia "cochilos" de 20 minutos quando não conseguia resolver um problema, e depois voltava para olhá-lo de um novo ângulo. Isso me sugere que, embora ele não tenha tido acesso a essas técnicas específicas provenientes da antiga Índia, estava trilhando seu próprio caminho para alcançar o *turiya*, ou o quarto estado de consciência. Já os escritos do visionário inventor Nikola Tesla demonstram que ele estava muito familiarizado com os Vedas e a sabedoria contida neles.[1]

Não, não estou afirmando que todos esses visionários praticaram meditação (pelo menos que se saiba) e nem estou insinuando que você também será capaz de espiar por trás da cortina do espaço/tempo apenas seguindo a Técnica Z. (Embora, caso isso aconteça, seria fantástico se você pudesse nos citar em seu discurso de aceitação do Prêmio Nobel!) Mas *estou* dizendo que os anais da história estão repletos de homens e mulheres extraordinários que entenderam a importância de períodos curtos de descanso restaurador durante o dia como parte do processo criativo. Modos de pensamento fora do comum requerem preparação fora do comum. Mais recentemente, o professor de psiquiatria da Harvard Medical School, Srini Pillay, sugeriu que precisaríamos de um tempo todos os dias para que nosso cérebro *des*focasse a fim de que pudéssemos nos concentrar melhor quando necessário.[2] Sua pesquisa indica que o cérebro, submetido aos nossos horários modernos, experimenta a fadiga do foco. Embora Pillay sugira tirar um cochilo, eu sugeriria que a Técnica Z é exatamente o tipo de atividade restauradora que não tem agenda para o foco e proporciona um descanso bem-vindo à fadiga do foco, sem o efeito colateral da ressaca do sono pela qual os cochilos são famosos.

Entre um e dez minutos após você se deitar para descansar, quando a mente começa a desligar, há explosões súbitas de atividade neural. Na marca de 20 minutos, o cérebro começa a produzir ondas teta, indicador de que ele está totalmente envolvido em sonhar. A meditação, embora diferente do cochilo, funciona com esse mesmo padrão de atividade cerebral, permitindo que seu corpo descanse profundamente enquanto a mente mergulha nesse lugar que está além da plena consciência desperta, mas ainda não no sono.

Se a ideia do sono polifásico lhe parece tão inconveniente quanto para mim, talvez valha a pena explorar alternativas que operam sob princípios comparáveis, mas muito menos extremados. Esta, acredito, é a beleza dessa prática: é uma ferramenta de produtividade e criatividade que permite que você desbloqueie níveis mais altos de funcionamento sem interromper todo seu modo de ser, bem como os de sua família, vizinhos, colegas de trabalho e clientes. ***A meditação permite sobrelevar sua vida sem subvertê-la.***

Os gênios que mencionei reconheciam o valor de cultivar períodos curtos e praticados de repouso. Claro, é impossível provar que seus padrões de descanso contribuíram diretamente para seu brilhantismo, mas por certo parece mais do que coincidência que alguns dos mais extraordinários pensadores da história tenham seguido variações desse padrão de comportamento.

Quando olhamos para essa impressionante lista de nomes, é fácil pensar, *Ah, tá bom, mas eles são gênios. Quer dizer, posso ser mais esperto que um boi ou o tonto do meu cunhado, mas de jeito nenhum sou como esses caras.* A boa notícia é que não importa se você é o próximo da Vinci ou Tesla, sua posição é única para impactar o mundo com seu próprio conjunto de competências, experiências, instintos e ideias. Provavelmente você é excepcional em alguma coisa. E se quiser desenvolver seu próprio gênio e impulsionar seu sucesso pessoal, que maneira melhor do que estudar os hábitos de grandes gênios do passado para ver se há algo que vale a pena imitar?

Em 2016, o *Biological Psychiatry Journal* publicou um estudo conduzido por uma equipe liderada por J. David Creswell, professor assistente no Department of Psychology and Center for the Neurological Basis of Cognition da Universidade Carnegie Mellon.[3] Eles descobriram que a meditação diminuía a inflamação sistêmica em candidatos a emprego altamente estressados enquanto, ao mesmo tempo, aumentava a atenção estendida e melhorava os fatores mentais que controlam como uma pessoa se comporta ao tentar atingir uma meta. Em outras palavras, a meditação realmente mudou a maneira como as pessoas pensavam e se dedicavam a alcançar o sucesso, além de melhorar sua saúde física.

Para aqueles que já ocupam posições de autoridade e influência, os benefícios da meditação também são notáveis. Após uma meditação de 15 minutos, as pessoas tomavam decisões de negócios mais confiantes e sólidas, de acordo com uma série de experimentos conduzidos por uma equipe internacional de pesquisadores, que incluía um professor da Wharton School of Business.[4]

Tanto as evidências dos casos observados na Ziva quanto as evidências científicas apontam para o fato de que o repouso meditativo parece ter uma correlação direta com uma melhora em nossas capacidades e competências mentais, bem como um efeito amplificador em nossa engenhosidade e habilidades criativas de resolução de problemas. Mas *por quê*?

» Insight e Intuição

Um dos maiores benefícios da meditação é algo sobre o qual não falamos muito em razão de que soa profundamente "hippie": a expansão da consciência.

Antes de pôr este livro de lado, pensando, *poxa, até agora eu estava com você, mas a coisa está ficando ridícula*, eu gostaria que me desse um momento para falar sobre o que a consciência é em termos que não rescendam a vender incensos aromáticos na parte de trás de uma kombi à luz do luar.

CONSCIÊNCIA: A força interior que nos anima a todos; a qualidade ou estado de estar ciente, especialmente de algo dentro de si mesmo.

Todo ser vivo, em graus variados, está expressando consciência. Para meu cão, a consciência expandida pode parecer uma percepção de que, enquanto há uma pessoa oferecendo um petisco, há uma segunda oferecendo uma massagem na barriga — então depois a questão é decidir a qual pessoa ir. Nenhuma grande implicação moral aí. Mas para os humanos, quando falo em expandir a consciência, o que quero dizer é a nossa consciência de como nos conectamos com o mundo e o nosso lugar nele. Quanto mais consciência a pessoa tiver, mais alegria, paz, equanimidade e conexão ela terá. Menos consciência pode criar mais sofrimento e mais sentimentos de isolamento.

São três os sinais reveladores de quanta consciência você tem:

1. A capacidade de percepção de várias coisas— ou seja, estar mentalmente envolvido em múltiplos níveis sem esforço

2. A capacidade de detectar sutilezas

3. A capacidade de detectar temas

A maneira como você atua em cada um desses itens tem um impacto direto em suas conquistas pessoais e profissionais. Considere, por exemplo, sua capacidade de manter, e trazer de volta, muitas coisas em mente. Você é capaz de gerenciar um projeto enquanto busca clientes e desenvolve ideias para o próximo? É capaz de realizar uma reunião de diretoria e estar bem ciente dos aspectos vitais das negociações, ao mesmo tempo em que percebe a dinâmica emocional em jogo? Se disser que sim, é provável que estará se mudando para uma sala de canto no escritório com mais rapidez do que a pessoa que congela diante de uma simples pergunta sobre a tarefa a seu encargo. Você é capaz de conduzir seu carro, beber seu café, colocar o endereço dos campos de futebol em seu GPS e manter seus filhos e acompanhantes no banco de trás sob alguma aparência de ordem enquanto reflete mentalmente sobre suas tarefas para esta semana? Sim? Bem, você é o superpai com o qual todas as outras mamães e papais se maravilham.

Agora, pense em um daqueles dias em que você mal conseguia administrar uma ou duas dessas tarefas de cada vez sem enlouquecer, derramar seu café ou esquecer algo importante que deveria estar fazendo. Todos nós temos dias ruins, quando nada parece dar certo, mas quando você tem por padrão manter diversas coisas em mente sem esforço, porque tem o espaço mental para erradicar o estresse inútil, seu destino é um tipo diferente de sucesso.

E como a meditação faz isso? Quando os hemisférios direito e esquerdo do cérebro estão se comunicando um com o outro com facilidade e eficácia, sua capacidade de trabalhar no presente enquanto também lida com seja o que for do passado ou do futuro também está batendo à sua porta. Não importa qual seja seu trabalho, essa capacidade de ser eficaz em trazer as coisas de volta ao escopo de percepção é uma habilidade altamente benéfica.

E no que tange à capacidade de detectar sutilezas? Por que isso importa? Em palavras simples, trata-se de um elemento de sua intuição. Aquelas reações instintivas e julgamentos automáticos que de modo inexplicável, mas inegável, sussurram em seu ouvido qual o caminho a seguir não vêm do nada — são o resultado de sua mente detectar e registrar, às vezes, informações extremamente sutis que agem como indicadores apontando na direção certa.

Não há duas coisas iguais. Não são iguais dois potenciais relacionamentos, dois candidatos a uma vaga, duas ideias, duas propostas para um cliente e nem mesmo duas laranjas na mercearia. Deparamo-nos na vida com um fluxo constante de decisões a serem tomadas. Como discutimos no Capítulo 7, quanto mais meditamos, menor a probabilidade de cometermos um erro. Errar é tomar uma coisa por algo que ela não é. Erros acontecem por negligência ou julgamento obscurecido por um anseio.

Em ambientes profissionais, a intuição afiada pode ser a chave para o sucesso. Os líderes verdadeiramente excepcionais parecem saber perfeitamente quando arriscar e quando jogar na retranca; quando convencer alguém de sua sinceridade e quando blefar; quando confiar em alguém e quando encerrar um relacionamento. Para algumas pessoas, a intuição é um dom; para outras, é uma habilidade a ser ativamente cultivada. De qualquer forma, a capacidade de detectar diferenças sutis de maneira mais precisa e acurada é sempre um elemento crucial na melhora do desempenho. Ao usar a meditação para acessar sua plena satisfação interna, você apaga aquele anseio nebuloso e abre espaço para que sua percepção se torne mais aguçada e mais consistentemente certeira.

Por fim, consideremos a capacidade de detectar temas. Quão conscientes somos dos temas nos quais submergimos todos os dias? Um tema é simplesmente um padrão: pessoas, famílias, organizações, a natureza, todos estão atuando sob padrões o tempo inteiro. É muito fácil detectar padrões em outras pessoas. Somos todos especialistas quando se trata de nosso companheiro de quarto ou da vida amorosa de nosso melhor amigo. Todos nós temos amigos que nos ligam às 23h pela quarta vez naquele ano, chorando porque passaram por mais um rompimento ou fizeram outra escolha terrível de vida. De onde você está, pode ver claramente como a série de ações e decisões em que seus amigos têm se envolvido os colocou nesse mesmo lugar mais uma vez (ou até mais fundo no mesmo buraco).

Mas e a capacidade de detectar nossos *próprios* temas? Até que ponto somos bons, sem a ajuda de muitos aconselhamentos e uma ou duas descobertas importantes, em captar os padrões — nas escolhas que fazemos, nas ações que tomamos, nas relações que desenvolvemos ou descartamos — em nossa própria vida? Talvez mais do que qualquer um dos outros dois atributos de estados superiores de consciência, este é o que tem as maiores implicações em nosso sucesso profissional e pessoal.

Conforme você se dedica a meditar, relaxar o sistema nervoso, fortalecer o equilíbrio entre os lados direito e esquerdo do cérebro e aguçar sua intuição, começará a sentir sua visão mental ampliando seu raio de ação, englobando todos os detalhes sutis que exigem sua atenção simultânea. Em outras palavras, você começa a ver a floresta, e não as árvores. À medida que sua consciência se expande, você será mais capaz de reconhecer, identificar e nomear os padrões que ajudaram a criar seu atual modo de vida. Essa compreensão lhe permitirá dedicar seu tempo e atenção aos temas construtivos e retirar sua energia e recursos dos temas destrutivos.

Como se pode ver, consciência expandida não tem a ver com viagens mentais com visões cósmicas ou dançar nu na floresta para se tornar um com a natureza — ao menos, não da maneira como estamos tratando neste livro. (E se isso for uma coisa sua, seja você mesmo.) O que a Técnica Z o ajudará a alcançar é uma percepção elegante das intermináveis demandas de sua vida profissional, doméstica, social e amorosa à medida que elas acontecem. Você se encontrará lidando com sua multiplicidade de responsabilidades com mais graça e maior eficácia. Estará mais finamente sintonizado com as pequenas pistas que apontam para as melhores decisões, e mais apto a detectar e eliminar padrões prejudiciais enquanto reforça os positivos. Tal capacidade de ver o mundo através de ambas as extremidades do telescópio — a visão de conjunto e os menores detalhes — é a chave definitiva para se tornar a versão mais incrível de você.

» Abandone o Vício de Pedir Desculpas

Antes de encerrarmos este capítulo, vejamos como a expansão de consciência proporcionada pela meditação pode lhe ser útil no sentido de deixar de minimizar suas próprias habilidades para celebrar a melhor versão de si mesmo sem nenhum sentimento de culpa, pedido de desculpas ou retrocesso. Quando você começa a meditar, seu "poder de merecimento" aumenta, e o poder que merece é o que secretamente acredita que merece. Como se sabe, não conseguimos o que queremos na vida — temos o que acreditamos que merecemos. Com o tempo, esse aumento no poder de merecimento irá ajudá-lo a se livrar do vício da desculpa.

PODER DE MERECIMENTO: O que você acredita que merece.

Não faz muito tempo, uma amiga me convidou para jantar. Ela me pediu para levar uma garrafa do meu vinho favorito para acompanhar uma refeição especial que estava preparando. Ela estava ansiosa para testar uma nova receita e pensou que eu seria a cobaia perfeita.

Cheguei pontualmente às 19h, empolgada para experimentar a deliciosa novidade culinária que minha amiga estivera preparando com *tanto* carinho. Ela me convidou a sentar à mesa e abriu o vinho — caro demais para um com tampa de rosca — que eu havia trazido. O cronômetro do fogão disparou, e quando ela se apresentou com seu prato incrivelmente trabalhado, colocou-o sobre a mesa dizendo: "Poxa, sinto muito. Não ficou como eu queria. Provavelmente deu tudo errado. Sem problemas, pode me dizer se está ruim. Não ficarei ofendida. Eu não sou muito chef mesmo."

Eu nem sequer havia tido a chance de experimentar o prato que ela tinha trabalhado tão duro para preparar, e ela já se sentia como precisando pedir perdão caso ele estivesse menos do que perfeito.

Eu tinha mania de agir assim o tempo todo. Passei a maior parte de minha adolescência e até quase os 30 anos de idade me desculpando toda hora por coisas que não eram culpa minha ou mesmo pedindo desculpas preventivamente por algo que eu havia criado para outra pessoa. Essa é uma característica comum em filhos de alcoólicos. Não gosto de estereótipos de gênero, mas sei por experiência pessoal e por tratar com milhares de alunos que isso tende a ser algo contra o qual as mulheres lutam mais do que os homens. Felizmente, com o crescimento pessoal fruto da minha prática de meditação, pude frear esse comportamento, mas sei que ainda é um problema sério para muitos.

Quando criamos algo — um jantar para um amigo, uma apresentação no trabalho, um livro de memórias autopublicado ou uma nova empresa —, estamos, por definição, trazendo algo do não manifesto para o manifesto. Ao colocar em termos concretos algo cultivado em nossa mente, adentramos o desconhecido e nos tornamos vulneráveis: nossas ideias e nós mesmos estamos sujeitos ao julgamento de outras pessoas. Isso pode ser incrivelmente assustador e nos infectar com a praga da autoconsciência e dúvida. Muitas vezes acabamos nos desculpando pelo nosso trabalho, nossas escolhas e até mesmo nossa própria existência quando alguém esbarra em nós no supermercado.

Eis a realidade: confrontados com um prazo, projeto importante ou desafio criativo, nenhum de nós se sente dispondo de tempo ou recursos suficientes. Não conheço uma pessoa criativa que tenha dado algo à luz e depois silenciado a voz interior sem pensar duas vezes. A maioria de nós está constantemente tentando descobrir o quanto estamos carentes e como podemos melhorar da próxima vez. Isso pode, de fato, levá-lo a se sentir vulnerável, mas não lhe dá permissão para pedir desculpas por seu trabalho. Então, aqui está seu desafio, se optar por aceitá-lo: não prefacie suas realizações futuras (de qualquer tipo) apontando e ficando obcecado com cada pequena falha. Você pode julgar algo como imperfeito, mas outros podem não ver dessa maneira. Ao se desculpar preventivamente, está dando aos demais permissão para liderar com desaprovação. E isso pode até insultá-los se eles gostaram da criação que você preventivamente diminuiu.

Ah, sim, a refeição? A preocupação e o estresse da minha amiga revelaram-se desnecessárias: tudo estava divino, delicioso. Mas mesmo que não tivesse sido ótimo, isso não deslustraria a noite maravilhosa de amizade e risos que desfrutamos juntas. Por si só, aquela experiência teria compensado qualquer imperfeição na comida. E creio que se ela não tivesse se desculpado preventivamente por algo que não precisava de perdão, talvez houvesse sido ainda mais prazeroso. Quando criticamos nossas criações enquanto as apresentamos, na verdade estamos ofendendo aqueles a quem elas se destinam, se eles apreciaram. É grosseria nossa.

Todos sabemos que um dos elementos mais importantes do sucesso é a confiança, real ou projetada. Ninguém quer seguir um líder instável que critica suas próprias decisões e habilidades. Quando aprendi a meditar, encontrei um novo e muito diferente sentido de confiança e de acreditar em mim mesma. Com isso pude eliminar rapidamente meu vício em pedir desculpas. E quando aprendi a ter várias coisas em mente, me tornei muito melhor em cumprir todas as minhas obrigações com um grau mais elevado de proficiência, algo que me deu um senso mais forte de minhas próprias capacidades. Ao aprender a confiar em minha intuição, vi a confiança em minhas escolhas fortalecendo-se diariamente. E à medida que me tornava mais hábil em detectar padrões, tanto em mim quanto nos outros, sentia minha percepção e minha criatividade crescerem com as novas soluções e ideias que me vinham, as quais levaram minha vida e minha carreira em uma direção que eu sabia que teria um impacto poderoso.

Há um segundo aspecto nisso, contudo, que se trata do vício do *tentar*. Nas célebres palavras de Yoda: "Faça ou não faça. Sem essa de tentar."

Tentar é um esforço para realizar alguma coisa. Você está *tentando* ser bem-sucedido? *Tentando* ficar em forma? *Tentando* guardar dinheiro? *Tentando* meditar? Se a resposta for sim, parabéns! É algo que fez. Algo que está acontecendo agora. Você está tendo sucesso *em tentar*.

O problema é que tentar não é o bastante. Árvores não *tentam* crescer, apenas crescem. Flores não *tentam* se abrir, apenas se abrem. Não tente, *faça*.

Os verdadeiros detentores de poder nunca dizem "Estou tentando". Deles se escuta "Estou fazendo". Oprah não disse que *tentaria* fundar uma rede de televisão. Ela apenas colocou mãos à obra. Ou você faz uma coisa ou não faz. O cobertor de segurança que o *tentar* nos dá é enganador, estagnante e perigoso.

Não estou sugerindo preguiça — na verdade, exatamente o oposto. O trabalho é importante e necessário. Eleja algo em conformidade com o que seus desejos o inspiram a fazer e *ponha-o* em ação todos os dias. Ninguém quer pagar para vê-lo fazer algo com *esforço*, mas todos vão querer que você faça seu trabalho com uma sensação de facilidade, confiança e certeza. Queremos trabalhar em algo porque amamos esse trabalho e amamos criar pelo prazer de criar. Fazemos o trabalho para nos proporcionar o luxo da falta de esforço. Isso vale também para sua nova prática. Você teve bastante trabalho: para agendá-la, para percorrer corajosamente o desconforto da desintoxicação emocional, e para colocar o traseiro na cadeira duas vezes por dia todos os dias. Ao fazer isso, você se permite o luxo da falta de esforço quando está lá sentado, sozinho.

A continuidade da prática, dia após dia, leva-o a cultivar a confiança na capacidade de captação e execução de seu cérebro com base em suas próprias observações, insights, educação, preparação e experiência. Você tem tudo de que precisa para realmente fazer algo acontecer. A maioria de nós passou um longo tempo fortalecendo o músculo do "tentar", porque isso nos dá uma saída fácil para o caso de não conseguirmos exatamente o que nos propusemos a fazer. Livre-se dessa rede de segurança. Vá em frente e *faça* com elegância e confiança. Você pode "falhar". Mesmo assim, faça.

Depois de se livrar do vício de pedir desculpas e da armadilha do tentar, você pode se encaixar em sua versão mais incrível. Idealmente, trabalhamos com paixão na tarefa em mãos e fazemos o melhor possível com nossas habilidades e nossa compreensão atuais. Como podemos encontrar paz com uma mudança tão ousada na forma de pensar? Etapa 1: Agendar e compromissar-se com seu novo hábito duas vezes por dia. Isso lhe permitirá cultivar um nível de facilidade que resulta da confiança em si mesmo e de sua crescente capacidade cognitiva.

Exercício de Olhos Abertos

Livrando-se do Vício de Pedir Desculpas

O vício de pedir desculpas tem variados graus, desde o negligente "desculpe" quando alguém esbarra em você, até a maneira de qualificar seu trabalho quando você o apresenta. Então, lhe proponho um desafio:

Durante uma SEMANA INTEIRA, fique no firme propósito de não se desculpar. Para fins de monitoramento, reserve um espaço especial em um diário ou em seu smartphone, no qual possa registrar cada vez que você se pegar desculpando-se desnecessariamente. Veja quantas vezes você faz isso em uma semana.

Dica de uma profissional: não se torne um pesadelo ambulante. Se você realmente prejudicou ou feriu alguém, ou se um pedido de desculpas é de fato relevante e necessário, então não se exima de pedir perdão. O que quero que você acompanhe por uma semana é quantas vezes você cai no velho hábito de aceitar a culpa por algo que não tem nada a ver com culpa. Observe como sua autopercepção muda quando você deixa de se envolver nesse comportamento por apenas uma semana e, em seguida, decida se quer continuar com o desafio.

Ziva: Estudo de Caso 6

Menos Estresse, Mais Conquistas
CHRISTIE ORROS, CORRETORA DE IMÓVEIS

Procurei a Ziva porque ouvi que Emily proporcionava uma prática altamente procurada voltada para grandes realizadores. Pensei que isso poderia ser exatamente o que, e de quem, eu precisava aprender.

Minha intenção era obter alívio do estresse, da ansiedade e da depressão moderada induzida em parte pela hereditariedade e em parte pelas armadilhas diárias de ser uma corretora de imóveis em tempo integral. Até então, eu estava trabalhando cerca de 60 a 70 horas por semana, dependendo da época. Eu estava exausta, para dizer o mínimo. Quando você se sente preso ao trabalho o dia todo e todos os dias, isso afeta toda a sua vida: os eventos sociais lhe parecem um aborrecimento porque estão roubando tempo que poderia ser gasto trabalhando; você desconta seu estresse em cima daqueles à sua volta; a depressão surge quando se usa adrenalina para manter o pique exigido pela alta carga de trabalho; você deixa de fazer qualquer coisa que não seja relacionada à produção; em dias raros, fica na cama, meio acordado, por mais de 12 horas seguidas, tentando "recarregar" de alguma forma.

Pois é... sim, eu precisava de ajuda.

Passei três anos à base de um antidepressivo leve e decidi que mascarar os sintomas não estava resolvendo nada. Eu precisava ir mais fundo e mudar alguma coisa. Cair fora das pílulas e ir para a meditação.

Eu participo do curso da Ziva e tenho praticado meditação duas vezes por dia há mais de dois anos agora.

Emily tem esse ditado em seu estúdio: "Menos estresse... mais conquistas." Cética, pensei: *Sério? Ora! Estou adorando essa coisa de Mindfulness, Meditação e Manifestação, mas acho um pouco demais.* Sete meses depois, no auge da movimentada temporada de vendas de imóveis na Flórida, me vi trabalhando apenas de 40 a 45 horas por semana. No começo entrei em pânico, pensando: *Será que estou falhando como corretora de imóveis? Por que não estou trabalhando direto? Ouvi de uma colega de profissão que ela trabalhou 20 horas neste fim de semana, mas eu só trabalhei 6h. Vou passar fome no mês que vem e perder tudo porque não estou trabalhando tanto quanto ela?* Então olhei para meus números — e tive de checá-los duas vezes, porque eu não acreditava no que estava vendo! Na verdade, tinha vendido mais imóveis nos primeiros seis meses deste ano de meditação do que em todo o ano anterior, sem dispensar os 15 preciosos minutos, 2 vezes por dia, da minha agenda lotada. Isso mesmo, trabalhei menos... e realizei mais. E também percebi que estava dormindo melhor, não sentia a nuvem escura da depressão que se abatera sobre mim por meses. Até me encontrei ouvindo mais e falando menos.

As mudanças que você terá podem ser semelhantes ou bem diferentes, mas lhe garanto que o processo vale o investimento de muitas formas. Não posso recomendar essa prática o suficiente.

Ziva: Estudo de Caso 7

Do Bom ao Excelente

ARI WHIT TEN, AUTOR BEST-SELLER, PAI E COACH DE SAÚDE

Minha vida estava longe de ser ruim quando comecei na Ziva. Na verdade, era danada de boa. Eu tinha um negócio próspero, uma companheira maravilhosa e um filho lindo de 1 ano de idade.

Nem tudo, no entanto, era perfeito. Com as exigências de administrar um negócio, sete dias por semana, de um empreendedor, além de ser um pai de primeira viagem, a vida certamente era agitada às vezes. Tantas coisas para fazer, constantes interrupções, somadas à privação de sono que veio com o bebê, tornaram difícil fazer as coisas acontecerem. Como os projetos começaram a se acumular, a certa altura eu estava me sentindo cronicamente sobrecarregado, sempre me sentindo como se houvesse mais a fazer do que o tempo disponível. Minha mente estava envolvida em permanente preocupação, tentando acompanhar tudo o que eu precisava fazer. Isso levou a um estresse e ansiedade de baixo nível permeando meus dias. Ficava mais difícil fazer as coisas e encontrar motivação para trabalhar, e eu não conseguia relaxar e simplesmente aproveitar o tempo de inatividade com minha família ou estar de fato presente no momento em que surfava ou escalava. Meu sono era perturbado porque eu não conseguia desligar minha mente à noite. Meu corpo estava em constante estado de tensão, incluindo achaques e dores devido ao estresse. Ele começou a drenar minha energia e prejudicar o desempenho cognitivo, a motivação e o desempenho físico durante a prática de esportes. Isso tudo se transformou em um círculo vicioso.

Em algum momento durante esse ciclo, percebi que estava perdendo a capacidade de estar presente e relaxado – apenas rir, brincar e aproveitar o momento. Então tomei a decisão de que era hora de começar a meditar novamente.

Eu digo "de novo" porque tinha me envolvido em muitos tipos de meditação esotérica anos antes de começar meus negócios, mas nada nunca realmente "me pegou" ou se tornou uma prática diária.

Então me deparei com Emily em uma conferência. Ela guiou o grupo inteiro em uma meditação, e pensei: *Caramba, essa mulher é ótima! Quero aprender seu estilo de meditação!*

Tomei a decisão de fazer esse curso há uns oito meses, e estou muito contente com isso.

O que eu experienciei foi um relaxamento profundo, no qual tudo se aquieta, deixando para lá toda aquela tensão e ansiedade acumuladas ao longo do dia, e depois dessa verdadeira limpeza, sinto-me relaxado e revigorado o dia inteiro.

Nenhuma das demandas cotidianas mudou de alguma forma. Mudaram, isso sim, meu cérebro e minha capacidade de lidar com essas demandas.

É possível passar pela vida e fazer o que é preciso fazer enquanto se está estressado, com pouca energia, sem motivação, ansioso, de mau humor, e não tendo um bom desempenho mental ou físico. Mas você poderia fazer todas as mesmas coisas que precisa fazer todos os dias com a sensação de relaxamento, serenidade, alegria e até na brincadeira.

Graças à Ziva, agora usufruo desse modo de ser, e deixei para trás os muitos anos em que não me sentia assim. Sou muito grato por isso!

Tudo isso por causa desses dois pequenos blocos dos 3 Ms. É como limpar o quadro branco duas vezes por dia. Assim que faz isso, você volta a esse lindo lugar de relaxamento.

Estou ficando mais completo do que nunca: com minha família estou presente e relaxado, meu sono é fenomenal, meu surfe e minha escalada nunca foram melhores (nunca fui tão corajoso ou tive desempenho tão bom quanto agora) e, mais importante, vivo meus dias com um sorriso no rosto.

Essa prática realmente mudou meu cérebro, e se tivéssemos feito exames de ressonância magnética antes e depois, não tenho dúvida alguma de que isso seria verificado. Esta é uma prática que me comprometo a fazer todos os dias pelo resto da vida.

» 11 «

DO MANTRA AO CLÍMAX!*

UMA VEZ SUPERADA A PERCEPÇÃO ERRÔNEA DE QUE DEVEM, MAGICAMENTE, ser capazes de "clarear a mente" durante a meditação, as pessoas começam a acreditar que, se tiverem pensamentos, eles devem ser apenas puros, iluminados, de bem-aventurança. A ironia é que essa mentalidade muitas vezes impede que as pessoas falem sobre um dos maiores benefícios da meditação: sexo melhor. Na verdade, este capítulo pode ser o motivo número um que o fez pegar este livro. Se for esse o caso, gostaria de ir logo dizendo: *seja bem-vindo*.

Cabe um comentário: à primeira vista, pode parecer um pouco fora de lugar ter um capítulo sobre como a meditação o torna melhor na cama em um livro projetado para grandes realizadores — afinal, esse não é exatamente o tipo de coisa que normalmente o ajudará a fechar um contrato. Contudo, você já sentiu como se sua vida sexual estivesse em uma espécie de rotina? Eis aí algo que torna tudo na vida um pouco mais enfadonho, não é? Por

---

* Nota do tradutor: O título original, "From OHM to OMG", faz um jogo de palavras entre OHM, o mais conhecido mantra do hinduísmo, e o acrônimo OMG (Oh, My God!) — em português, "Oh, Meu Deus!" —, popular nas mensagens de texto na internet para expressar admiração, espanto ou surpresa. Dado o contexto deste capítulo, faz menção à sensação provocada pelo clímax/orgasmo.

outro lado, na manhã seguinte, após abalar o mundo de seu parceiro (e talvez até com sua própria mente chacoalhada no processo), você sai pelas ruas caminhando com um pouco de arrogância extra e um pouco mais de confiança de ser capaz de fazer qualquer coisa, não é? É disso que estou falando. Melhorar seu desempenho entre quatro paredes, além de ser um benefício fantástico em si, também pode ajudá-lo a melhorar seu desempenho na sala de reuniões. (Além disso, nós, grandes empreendedores, tendemos a ser um tanto competitivos e queremos nos sentir seguros, sabendo que somos os melhores em *tudo*.) Como diz o ditado, seu jeito de fazer qualquer coisa é seu jeito de fazer tudo. Então falaremos especificamente sobre como a meditação pode melhorar seu desempenho no quarto.

Sexo assombroso pode parecer um benefício improvável da meditação, mas a Técnica Z pode realmente fazer muito mais por você no quarto do que o Viagra. Por muito tempo, a meditação tem sido associada ao ascetismo e aos monges, e é por isso que levamos tanto tempo para explorar seus efeitos sobre o sexo (para o caso de precisar de mais um lembrete de que essa prática definitivamente *não* é para monges).

» Primeiro, o Óbvio...

Um de meus estudantes, advogado em Nova York, procurou a Ziva porque estava lidando com ansiedade. Um ano após ter iniciado a prática, juntou-se a uma meditação em grupo e disse: "Certa vez, você, brincando, disse que a meditação torna o sexo melhor, mas o que está acontecendo comigo é uma loucura. Parece não meditativo dizer, mas minha vida sexual é impressionante agora." *Selvagem, com muita pegada e alucinante* foram os adjetivos mais memoráveis que ele usou para descrever suas recém-descobertas façanhas sexuais. Ele me disse que, desde a primeira semana no curso, notou não só que o intercurso sexual era muito mais longo, mas também que se sentia controlando mais seus orgasmos e tinha muito mais energia e um impulso sexual mais forte.

Outra aluna atestou o fato de que, depois de apenas uma semana após estar totalmente comprometida com uma prática regular de duas vezes por dia, teve um orgasmo *literalmente todas as vezes* que ela e seu parceiro tinham brincadeiras de adultos, algo que definitivamente não ocorria antes de ela vir para a Ziva.

Obviamente a meditação não foi o único fator contributivo nesses cenários — afinal, é preciso uma dupla para dançar um tango —, porém, com base no que se ouve com regularidade dos alunos da Ziva, experiências desse naipe não são incomuns.

Então, por que os 3 Ms melhoram sua performance sexual? Bem, consideremos o contexto primeiro. Muitos de nós estão estressados, seja devido ao trabalho, relacionamentos, dinheiro ou qualquer uma de nossas muitas responsabilidades. Muitas vezes, estamos tão mentalmente envolvidos, que nosso corpo fica em segundo plano. Também estamos frequentemente ocupados analisando o passado e ensaiando o futuro, que nos deslocamos do momento presente. Nada disso se constitui em ingredientes de uma ótima vida sexual. E, além de tudo, o aumento dos níveis de cortisol e adrenalina causados pelo estresse diminui tanto o desejo sexual quanto o desempenho sexual. O trauma sexual também pode ter um papel aqui. Lembre-se: não devemos nos perguntar como a meditação pode fazer tanto bem, mas como o estresse pode atrapalhar tantas coisas.

Há, entretanto, algumas outras razões, além da biologia básica da liberação do estresse, que ajudam a transformar essas técnicas mentais em ferramentas poderosas para melhorar seu desempenho sexual.

» 1. Repouso profundo do corpo, o que significa mais energia para o sexo.

Quantas vezes estar "cansado demais" foi sua desculpa para não fazer sexo? Você não está sozinho nessa: o esgotamento é uma das razões mais comuns pelas quais os casais não fazem tanto sexo quanto gostariam. Segundo um estudo recente da National Sleep Foundation, cerca de um em cada quatro casais norte-americanos casados ou que coabitam afirmam que são tão privados de sono, que muitas vezes estão cansados demais para ter relações sexuais.[1] É muito difícil sentir-se excitado quando se está exausto, e, infelizmente, muitos de nós nos sentimos tão esgotados após um dia atarefado, que a última coisa que imaginamos são travessuras altamente energéticas no quarto.

Convém aqui lembrar que, ao meditar, você excita o sistema nervoso e dá um descanso ao corpo mais profundo que o sono; em consequência, você se sente mais acordado depois. Esse choque de energia pode ser exatamente o que você precisa depois do trabalho para revitalizá-lo para uma noite apaixonada com seu parceiro. Chega daquelas desculpas tipo "estou com dor de cabeça". Mais descansado, você se sente melhor, e com isso seu corpo tem muito mais chances de estar pronto, disposto e capaz de corresponder ao que você quer. (Um *bônus*: se enxaquecas o impedem de ficar ocupado, temos 90% de taxa de sucesso no combate a enxaquecas na Ziva).

» 2. Os 3 Ms diminuem o estresse, o que significa melhor desempenho.

Seu novo hábito pode ajudar muito mais do que apenas entrar no clima de antemão; pode ajudá-lo também *durante* o sexo. A meditação fortalece a conexão mente/corpo, tornando-o mais consciente de seu corpo e das sensações físicas. Ao experimentar o mundo por meio de todos os cinco sentidos, em vez de apenas através de seu cérebro, você é mais receptivo a todas as sensações — o que é obviamente muito útil quando você está fazendo sexo. Esse é outro grande motivo para se certificar de que você já está agendando e se comprometendo com seu tempo diário da Técnica Z, especialmente o primeiro M: Mindfulness. O exercício Conscientize-se de Seus Sentidos ajudará com isso.

O ato de relaxar o sistema nervoso também ajuda a relaxar cérebro e corpo, o que facilita a excitação. Não à toa, em quase todas as civilizações desde o começo dos tempos sempre houve algum tipo de ritual de acasalamento. Um bom jantar, champanhe, ostras, chocolate e música podem ajudar a instaurar um clima propício e deixá-lo disposto para o sexo. Quanto mais relaxado você estiver no ato em si, maior a probabilidade de desfrutá-lo e, portanto, maior a probabilidade de você chegar ao clímax.

Eis algo bastante sério: o aumento dos níveis de cortisol pode impedir completamente o orgasmo feminino! De acordo com um estudo recente, as mulheres cujos níveis de cortisol excedem um certo montante podem tornar-se fisicamente incapazes de alcançar o orgasmo.[2] Pense nisto: você se sente excitado quando está estressado? Provavelmente não. E os homens estão no mesmo barco. De acordo com Nelson E. Bennett, M.D., especialista em disfunção erétil na Lahey Clinic: "Estresse, medo, ansiedade, preocupação e frustração levam o corpo a liberar adrenalina, a qual contrai os vasos sanguíneos, o que é prejudicial para uma boa ereção."[3]

A meditação o afasta do "lutar ou fugir" e o leva para o "ficar e brincar". Poucos dias depois de começar uma prática de meditação, os níveis de adrenalina e cortisol declinam por todo o corpo. A meditação, em combinação com o mindfulness e a manifestação, ajudará seu cérebro a naturalmente começar a produzir aquelas maravilhosas substâncias químicas da felicidade, dopamina e serotonina, mesmo durante as horas do dia em que você não estiver na cadeira. Essa química da bem-aventurança fica no corpo e ajuda a aumentar seu apetite sexual e até a aumentar a intensidade do orgasmo.[4]

A meditação também ajuda a fortalecer seu sentido de união com seu parceiro — ou a se sentir conectado ao próprio corpo, caso esteja usufruindo de um "tempo seu". Em vez de se distrair com o que aconteceu no trabalho hoje ou com sua lista de tarefas para amanhã, você estará mais bem capacitado para permanecer no aqui e no agora. Além disso, a meditação aumenta o funcionamento do neurônio-espelho, aumentando sua propensão a se sintonizar com o que seu parceiro está sentindo (mais sobre isso em breve). Isso, aliado ao fato de você estar relaxado e presente, lhe dá o potencial de ser um amante muito mais intuitivo e generoso.

» 3. Menos distração, mais presença.

A maioria de nós tem um cérebro esquerdo superdesenvolvido, e, como você sabe, a função do hemisfério esquerdo é rever o passado e ensaiar o futuro. Isso pode nos manter presos em um ciclo de pensamento passado/futuro, roubando-nos a capacidade de estar presentes por inteiro no aqui e agora, exatamente quando um orgasmo pode acontecer.

O cérebro direito é responsável pela consciência do momento presente, e é ele a parte do cérebro que a meditação leva à academia de ginástica. Conforme mantemos a prática diária, criamos mais coesão e neuroplasticidade, equilibrando os hemisférios direito e esquerdo do cérebro. O resultado disso é um aumento na atenção, conscientização e capacidade de computação para a tarefa em mãos... e dependendo do que você está fazendo, isso pode ser interpretado de forma literal! Ninguém aprecia um parceiro amoroso distraído. A experiência é melhor para cada um quando você está totalmente comprometido com o momento.

» 4. Pare de procurar um parceiro que o complete.

"Você me completa" talvez seja a frase mais danosa de Hollywood. Ninguém pode completar ninguém. Como aprendemos no capítulo sobre "serei feliz quando...", nenhum parceiro, emprego, diploma ou número de zeros em sua conta bancária pode completar você. A Técnica Z contribuirá para sua vida sexual, pois o ajuda a acessar a satisfação internamente, que é a chave não tão óbvia para um relacionamento bem-sucedido com outra pessoa ou até com você mesmo. A meditação lhe dá um meio de acessar a felicidade dentro de você, tornando-o menos propenso a olhar ou procurar um parceiro que o complete. (Além disso, desde quando a privação é atraente?) Quando você consegue acessar sua satisfação e felicidade internamente, é possível estar 100% presente em um relacionamento, tornando-se um parceiro melhor. Se você está 80% satisfeito, o relacionamento será um lugar para *entregar* essa satisfação, e não um lugar para obter os 20% que faltam. Imagine quão mais agradável seria seu relacionamento se ele fosse um canal para sua realização, em vez de um lugar para tentar (e falhar) preencher a si mesmo?

» 5. Seu parceiro pode achar que você é clarividente.

Se você ainda não ouviu falar sobre neurônios-espelho, prepare-se. Os cientistas dizem que eles farão pela psicologia o que o mistério do DNA fez pela biologia.[5] Pense nos neurônios-espelho como pequenos bumerangues emitidos de seu cérebro que vão e ficam de braços dados com os neurônios-espelho de seu parceiro amoroso e depois lhe fazem um relatório. Eles permitem que você "intua" o que seu parceiro está sentindo. É por isso que você se assusta quando vê alguém se machucar e sorri automaticamente quando alguém sorri para você. Os neurônios-espelho são uma das razões pelas quais a pornografia é uma atividade multibilionária; simplesmente observar alguém tendo prazer pode criar prazer em seu cérebro. Eles são, em essência, a base biológica da empatia.

Veja isto: à medida que a meditação desenvolve novas sinapses e vias neurais no cérebro, também aumenta o funcionamento dos neurônios-espelho. Isso ajuda você a receber mais prazer ao ver seu parceiro ter prazer, o que o tornará um parceiro muito mais intuitivo e generoso.

» Meditação como Preliminares

Aqui está a cereja em cima de todo esse bolo sexy: você pode incorporar elementos da Técnica Z nos momentos que antecedem o sexo em si para ajudá-lo, em tempo real, a evitar pensamentos fixos nos relatórios cujo prazo fatal é amanhã ou se preocupar com toda aquela parafernália de coisas que estão longe da perfeição que gostaria que estivessem, e trancá-las todas no melhor cofre mental possível (que, basicamente, inexiste).

Lembra-se do exercício Conscientize-se de Seus Sentidos que você aprendeu como o elemento mindfulness da Técnica Z? Bem, aqui é outro lugar onde você pode usar essa ferramenta para se colocar de modo decisivo no momento presente.

Seja no chuveiro, antes de um encontro com alguém, ou enquanto se prepara para algo, simplesmente faça algumas respirações profundas e percorra cada um de seus sentidos: ouvindo, sentindo, vendo, provando e sentindo o aroma das coisas, tudo isso ao mesmo tempo, realmente permitindo-se ser, por inteiro, tão deliciosamente humano, tão incrivelmente presente em seu corpo. Quanto mais praticar esse ritual, mais natural ele se tornará, e mais fácil ficará quando você estiver escovando os dentes, dobrando as cobertas e colocando — ou tirando — sua lingerie mais provocante. Na verdade, sexo bom, afinal, apela a todos os sentidos. (Ora, no fim das contas, ser "sensual" significa envolver vividamente todos os sentidos). Na hora em que você chegar ao final dessa rápida chamada e estiver mantendo em mente todos seus sentidos simultaneamente em um só feixe, estará tão profundamente instalado no momento presente, que seu cérebro esquerdo lógico estará pronto para se sentar, ficar calado e afivelar o cinto para um passeio alucinante.

» Energia Criativa e Energia Sexual

Beleza, Emily, gostei muito das dicas de sexo e tudo o mais, mas peguei este livro para me ajudar a progredir na carreira. Estou na escuta, senhor desmancha-prazeres. Então, tudo bem, traremos esta conversa de volta ao lado extremamente prático das coisas, ou seja, como seu novo e aprimorado fortalecimento sexual o auxiliará a galgar novos patamares de criatividade e inovação na sala de reuniões tanto quanto no quarto.

Já parou para pensar por que Taylor Swift, Adele e praticamente todas as estrelas country construíram suas carreiras compondo canções após uma experiência amorosa frustrante? Essencialmente, é porque energia criativa e energia sexual são a mesma coisa. Você começou a trabalhar logo depois de haver sofrido uma decepção amorosa? Já escreveu um poema ou foi fazer uma aula de pintura ou culinária após um rompimento? A energia sexual/criativa precisa de uma forma de escape, e quando um relacionamento termina, a energia sexual pode começar a se manifestar de outras maneiras, seja compondo músicas, escrevendo poesia ou repintando seu quarto. É importante estar ciente disso, pois deixar de direcionar essa energia sexual represada para algo criativo poderá fazer com que ela se torne destrutiva (por exemplo, passar semanas de bebedeira atrás de bebedeira, maratonar no Netflix ou estourar o limite máximo de compras online de seus cartões de crédito).

É verdade, claro que o sexo pode subordinar parte dessa energia criativa, o que pode parecer uma desvantagem quando você procura aumentar sua inovação no trabalho — ao menos no começo. Mas considere o fato de que o aumento do desempenho sexual na verdade cria mais energia sexual (queremos continuar fazendo aquilo em que somos bons, certo?). Isso significa que um grau mais elevado em nossa vida sexual pode levar nossa produtividade profissional a um patamar acima. Digo isso com uma ponta de cautela, no entanto; energia sexual e criativa são recursos, pode-se dizer que são uma espécie de moeda energética, e você deve estar consciente de como está escolhendo gastá-la. Provavelmente não é recomendável dedicar 100% dessa energia intensa ao sexo, assim como não é saudável canalizá-la toda para o trabalho. (Só trabalhar e nada de brincar tornam qualquer pessoa uma companhia bastante aborrecida, não é mesmo?) Você deve ter certeza de que está aplicando esse capital da maneira que melhor atende às suas prioridades atuais.

A boa notícia, contudo, é que eles são recursos renováveis — aqueles que podem voltar mais fortes após se exaurirem e recomporem. Quando você sentir que está se dando bem sexualmente em um relacionamento no qual há reciprocidade, a confiança em suas outras habilidades aumentará. Analogamente, quando o desempenho de sua carreira está em franco progresso, você provavelmente se sentirá mais energizado em todas as áreas de sua vida, incluindo a sexualidade. Afinal, não é preciso muito para que você fique no clima para "celebrar" quando obtém um grande sucesso, contrato ou promoção. Promova a harmonia entre trabalho e lazer, o que ajuda a alimentar o ciclo de confiança e capacitação, e colha as recompensas!

O vínculo mais importante entre mindfulness e sexo realmente bom é que aquele nos torna mais presentes — o que significa que você pode aproveitar cada mínimo instante, em vez de olhar para o sexo como uma tarefa orientada para o resultado. Ao manter a rotina de levar seu cérebro para a academia, especificamente fortalecendo o lado direito dele, você verá que os belos benefícios de estar totalmente no presente começam a preencher todos os cantos de sua vida… incluindo o quarto.

Estar presente não significa viver alienado, a todo momento no aqui e agora, às custas de suas responsabilidades. Significa simplesmente que você não permite mais que o estresse dite o rumo de sua vida ou defina suas experiências — nem sua carreira nem objetivos pessoais nem relacionamentos nem sexo.

Pense nas pessoas mais "sexy" que puder. Quais atributos delas vêm à mente? Confiança, inteligência, humor? Elas usam o corpo bem (seja lá o que isso signifique para você)? Fazem você se sentir o único habitante do planeta quando lhe dirigem a palavra?

Sabe quem você provavelmente não incluiu nessa lista? Alguém que está a ponto de enlouquecer, exausto, confuso, desleixado, para baixo, pálido ou de aparência doentia. O *estresse* não é sexy, nem seus efeitos em nosso cérebro e corpo. Mas alguém dinâmico e de corpo saudável — de músculos trabalhados e esculpidos ou curvas suaves e convidativas ou um delicioso meio termo — incorpora os elementos que estamos biologicamente programados para achar atraentes em um companheiro.

Por outro lado, saúde, inteligência e autoconfiança são geralmente as características que todos desejaríamos para nós mesmos também. Somos sempre melhores amantes quando nos sentimos confiantes e sexy. Você quer ser considerado atraente e envolvente? Vibrante e vigoroso? Adote uma prática que permita se afastar do que for prejudicial a seu bem-estar físico e psicológico e a seu melhor eu. Isso é o que esta prática pode fazer por você. *Isso* é sexy. Isso faz você querer fechar os olhos e ir com tudo, não é?

Ziva: Estudo de Caso

Uma Primeira Vez para Tudo
ANÔNIMO

Gosto de pensar em mim como estando em contato comigo mesma em um nível sexual e nunca fui de ter medo de expressar minhas necessidades a um parceiro. Dito isso, fiquei muito frustrada nos primeiros seis anos da minha vida como adulta sexualmente ativa, porque nunca consegui alcançar o orgasmo apenas por causa do sexo. Nem cheguei perto. Como tinha uma vida sexual gratificante (eu pensava) fora disso, decidi ser "apenas uma daquelas mulheres" para quem isso não aconteceria. Muitas de minhas amigas estavam em situação semelhante, então praticamente desisti do orgasmo interno como possibilidade. Escrever isso agora me deixa bastante constrangida.

Mais tarde, quando fiz meu curso na Ziva, não prestei muita atenção quando Emily falou sobre os benefícios sexuais da meditação. Pensei nisso mais como algo aliviador do estresse/desempenho cognitivo, sem perceber que ESTÁ TUDO CONECTADO. Pensava que, no máximo, significava orgasmos mais fortes e prazerosos – não necessariamente mais deles ou um tipo diferente. Eu também não estava com ninguém na época, então isso não se incluía entre minhas maiores preocupações. (Eu estava, no entanto, "meio que encostada" no trabalho. Faz sentido.)

Alguns meses depois, comecei a ver alguém e notei quase imediatamente que meus orgasmos externos eram muito mais fortes, apesar de uma experiência razoavelmente previsível. Então um dia, transando, fui pega completamente de surpresa por um orgasmo! Parei o que estava fazendo imediatamente e disse: "Bem... isso foi estranho", e expliquei a ele que era a primeira vez que algo assim acontecia comigo. Para ele foi uma massagem no ego, embora eu soubesse a verdadeira razão por trás daquilo!

A partir daí, ter um orgasmo exclusivamente por estimulação interna é uma ocorrência muito mais frequente. Também percebi que quando não sou tão regular com minha prática diária, eles se tornam mais fugidios. Tornaram-se um dos principais motivadores para manter firme minha prática de meditação duas vezes por dia (quem não quer mais orgasmos?), já que quase sempre posso contar que vêm se eu estiver em meu estado mais relaxado e presente.

Isso tem sido um grande argumento de vendas para a meditação para meus amigos também. Uma vez contei às minhas amigas que também achavam ser "apenas aquelas mulheres" para as quais isso não aconteceria, e todas começaram a acreditar em mim. Até consegui levar uma delas para fazer o curso zivaONLINE, e quando Emily perguntou na comunidade online por que ela estava lá, a resposta foi: "Estou aqui pelos orgasmos!"

Exercício de Olhos Abertos

De Coração para Coração

Este exercício permite estabelecer um laço com seu parceiro, criando aquele senso de generosidade e abertura que inevitavelmente leva a uma maior intimidade e conexão. Trata-se de um exercício que pode estar fora da norma para a maioria dos casais, então eu recomendo perguntar primeiro. Você poderia tentar algo como: "Ei, quer tentar algo novo que acabei de aprender que pode melhorar nossa vida sexual?" Caso seu parceiro concorde, então siga os passos a seguir.

1. Olhe seu parceiro de frente, coloque sua mão direita no coração dele e faça-o fazer o mesmo com a mão direita sobre seu coração.

2. Agora, ambos colocam sua mão esquerda no alto de seu coração e olham nos olhos um do outro. Pode ser (leia-se: provavelmente será) desconfortável, mas continue a manter contato visual mesmo através do riso e do nervosismo que surgem. Quando isso passar (garanto que vai), peça a seu parceiro para dizer seu maior sonho ou objetivo. Então você compartilha o seu.

3. Agora fique de dois a três minutos imaginando esse sonho de seu parceiro como se estivesse acontecendo agora. Imagine-o entrando em todo o seu potencial, a confiança e sensualidade que vem com isso. A manifestação é um trabalho poderoso para você mesmo, e é ainda mais poderoso para outras pessoas.

4. Imagine capturar toda a energia desse sonho e dê a seu parceiro como um presente. Inspire profundamente e, ao expirar, imagine sua respiração preenchendo esse sonho, além de envolvê-lo com amor. Agora mudem de papéis, abrindo-se para receber aquele sonho respirando em você. Deixe ser um ciclo, aproveitando o dar e receber. Você está mantendo contato visual esse tempo todo. Se possível, fixe seu olhar no olho esquerdo de seu parceiro e faça com que ele faça o mesmo com o seu.

5. Depois de dois ou três minutos, ou quando parecer que as coisas chegaram a uma conclusão natural, agradeça ao parceiro, abrace-o, se você se sentir inspirado, e deixe as coisas progredirem como quiserem com esse novo e profundo senso de intimidade e generosidade.

» 12 «

CUIDADO COM O VÃO

Poucos meses após fazer o curso, um estudante chamado Warren estava no metrô, com sua bagagem, tentando chegar ao aeroporto para pegar um voo. Não estou falando de uma maleta jeitosinha, mas de uma verdadeira equipagem com três malas enormes, uma de mão e uma mochila. Já havia sido uma façanha e tanto ele ter conseguido passar aquilo tudo em qualquer uma das catracas do metrô, mas ao tentar chegar até o trenzinho do aeroporto, de repente, se viu não apenas com uma quantidade desproposital de bagagem, mas também com um cartão que não escaneava. Parado na catraca, deslizando repetida e inutilmente seu cartão, com uma fila de uns 20 passageiros impacientes atrás dele, deu-se conta de que seu cartão esgotara os créditos e que a hora do voo estava perigosamente próxima. A única maneira de recarregar o cartão era chegar às máquinas localizadas na outra extremidade da estação, o que exigiria arrastar suas malas enquanto cortava uma linha de dez catracas, cada uma com sua própria fila de pessoas tentando passar. Resumindo, aquela era uma viagem digna de um pesadelo.

Não obstante a reação de longa data de Warren fosse amaldiçoar, chutar alguma coisa ou gritar de frustração, dessa vez ele respirou fundo e percebeu o risível de tudo aquilo. Deu então um passo para o lado e moveu sua bagagem o melhor que pôde para deixar os outros passarem enquanto tentava calmamente estabelecer a melhor estratégia para atravessar a estação lotada. Foi um ato de rendição simples, quase involuntário, mas fez uma enorme diferença na maneira como o resto do dia se desenrolaria.

Antes mesmo de Warren ter tempo de pensar em uma maneira de atravessar a estação, um homem atrás dele, notando a difícil situação em que ele estava, gentilmente perguntou: "Ei, posso liberar para você?" E com um movimento rápido, passou o cartão no leitor, e o portão se abriu para permitir que Warren e sua bagagem passassem.

Warren lembrou-me mais tarde de como ficou impressionado não só por sua resposta muito diferente e muito calma a uma situação que, antes de praticar regularmente a meditação, teria exaurido instantaneamente a energia de adaptação de um dia e potencialmente levado a um voo perdido e muito dinheiro em bilhetes e hotéis jogado fora, além dos aborrecimentos. Ele também ficou impressionado com a atitude gentil do estranho, que de bom grado o ajudou a sair de uma situação complicada. "Acho que ele não teria feito isso se eu estivesse gritando ou gesticulando com raiva", disse ele. "Porque *eu* estava calmo, *ele* se dispôs a ajudar."

Há um vão entre o estímulo e a reação — aquele brevíssimo intervalo de tempo no qual menos estresse permite escolher a resposta a uma determinada situação —, o qual pode afetar o rumo de seu dia inteiro, bem como o das pessoas ao seu redor. Pode até afetar sua reputação e eficácia como líder. Sua capacidade de pausar, ponderar e *escolher* intencionalmente sua resposta, em vez de se deixar ser lançado involuntariamente no modo lutar ou fugir, é um reflexo direto de sua própria resiliência e de sua capacidade de liderar. Ao lidar com cada situação de alta demanda que lhe vem pela frente, agora você tem uma escolha: vitimização ou domínio?

> **RESILIÊNCIA:** A capacidade de se recuperar rapidamente das dificuldades. Quanto mais resiliente você for, mais liberdade terá para escolher como quer reagir a uma dada situação.

» Mártir ou Mestre?

O papel de mártir é aceito facilmente por você? Não pretendo culpar ou envergonhar ninguém com essa pergunta. Se esse for o caso, eis uma boa notícia: somente se pode ser um mártir quando os recursos disponíveis são limitados. E agora que você terá duas vezes por dia a prática que lhe dará acesso à fonte de energia, essa limitação deixará de existir. Quando nos sentimos como um mártir ou ficamos estressados, não estamos *escolhendo* o modo lutar ou fugir; trata-se de uma reação corporal involuntária que herdamos de muitos milênios sendo ameaçados por tigres. Agora que a maioria de nossas demandas já não são ataques predatórios e estamos cultivando o hábito diário de nos estressarmos menos e explorar a fonte da criatividade, estamos ganhando a liberdade de escolher como responder às demandas.

Veja, não estou sugerindo que você nunca se estressará — às vezes essa é a reação mais apropriada e pode ser questão de sobrevivência. Lembre-se, não é ruim *ficar* estressado, mas é terrível *permanecer* estressado. O que mudará passados alguns meses de prática regular é que você começará a ter o poder de escolher como deseja responder às demandas — lutar ou fugir é realmente relevante em determinado cenário, ou é preferível dar um passo em direção ao novo agora e interagir com as circunstâncias de uma maneira diferente. É aí que a disciplina diária entra em ação quando você se compromete a administrar seu estresse, em vez de deixá-lo gerenciar você.

Percorrer os 3 Ms duas vezes por dia constitui-se em um treinamento visando acessar a intuição em seu lado direito do cérebro a fim de apresentar a percepção do momento como padrão. Conforme você fortalece esse lado do cérebro, deixando-o mais em linha com sua contraparte esquerda, provavelmente se encontrará respondendo a situações de alta demanda de uma maneira mais calma e deliberada. A razão é bastante simples: quando você tem a capacidade de estar verdadeiramente presente em cada momento durante situações que são particularmente de alta demanda, então pode identificar com mais facilidade a ação mais relevante a ser tomada agora... e agora... e agora. Sua mente já não está avançando oito passos à frente rumo a um dos cinco resultados potenciais distintos e nem é consumida pelo que deveria ter feito de forma diferente, gerando esse momento de pânico. Você simplesmente reconhece a situação pelo que ela é, renuncia à sua ilusão de controle e procura o melhor próximo passo para resolvê-la. Há um tempo e um lugar para o pensamento estratégico, sem dúvida, porém, somente após as circunstâncias imediatas terem sido avaliadas e o mecanismo de lutar ou fugir de seu corpo estar atuante ou for desativado. É assim que evitamos uma dúzia de pequenas vitimizações todos os dias, nas quais culpamos outras pessoas e as circunstâncias, em vez de escolhermos assumir a responsabilidade e fortalecer nossa resiliência.

Considere este cenário: você está indo de carro para o trabalho, e quando alguém tenta cortá-lo, seu sangue ferve, isto é, os hormônios do estresse estão sendo bombeados em seu sistema circulatório. Você tem duas opções:

› Você pode dar um instante a si mesmo, respirar e reconhecer que não está de fato em perigo mortal naquele momento. Isso o faz desligar sua resposta de lutar ou fugir automaticamente acionada e simplesmente permitir que aquele carro o ultrapasse; ou

› Você pode buzinar e mostrar o dedo do meio para o outro condutor, o que ativa nele o modo lutar ou fugir, então ele acelera e bate em seu para-choque. Você consegue dar uma guinada e ficar à frente dele, mas ao disparar, se esquece de estar passando por um radar de velocidade a 100km/h em uma zona de 60km/h, e a próxima coisa que percebe é aquele motorista passando por você, rindo e o apontando ao vê-lo flagrado e levando uma multa.

Quanto esse (aparentemente pequeno) momento lhe custou, seja em tempo, reparos, penalidades ou puro constrangimento? Reagir com uma resposta baseada no estresse, fazendo um gesto obsceno para aquela pessoa, realmente vale a pena em longo prazo? E mesmo que você não termine com um para-choque amassado ou pontos na carteira, será que apontar o dedo médio para aquela pessoa realmente resolve alguma coisa? Em retrospecto, você não teria se dado bem melhor mantendo as duas mãos no volante, os olhos na estrada e sua mente sintonizada com as armadilhas do trânsito à frente ou, melhor ainda, simplesmente curtindo o interessante podcast tocando no som de seu carro?

Eis como são as coisas. Todos sabemos como devemos agir: coma mais verduras, faça exercícios todos os dias, vá para a cama antes da meia-noite e ligue para sua mãe com mais frequência. Não é tão difícil... todavia, a maioria de nós não faz isso. Por quê? Porque não agimos de acordo com o que sabemos; agimos de acordo com um certo nível base de estresse em nosso sistema nervoso.

Não estou dizendo nada de novo nem tenho o mínimo interesse em lhe dizer como agir. Estou simplesmente encorajando-o a desenvolver uma disciplina diária capaz de ajudá-lo a agir de maneira mais coerente com o que já sabe ser verdadeiro. A meditação livra você do estresse que embaça sua mente e onera seu corpo. E mais: facilita o acesso ao eu ideal que já existe dentro de você. Lembre-se, a meditação é como uma atualização de hardware para o cérebro, para que você possa executar qualquer software que já tenha — cristianismo, judaísmo, islamismo, budismo, hinduísmo —, todos podendo ser executados de forma mais eficaz em uma máquina cerebral otimizada. Não causa surpresa alguma constatar que a meditação é praticada por muitos dos principais empreendedores em tantas atividades econômicas e crenças diferentes.

» O Líder Natural

Pense por um minuto no pior chefe com quem já trabalhou. Agora pense no melhor. Não importa a área de atuação, é muito provável, noves fora, que as diferenças se reduzam ao nível de autodomínio de cada um. Um líder cronicamente estressado, imprevisível, desorganizado, desmotivado, sem inspiração e sem capacidade de inspirar, estourado, que culpa outras pessoas ou apenas parece descontrolado é alguém que provavelmente deixa as circunstâncias ditarem seu desempenho e não é realmente um líder, seja qual for seu título. Por outro lado, um líder sereno, seguro de si, que, pressionado, mantém a compostura, pensa claramente mesmo quando as demandas são urgentes, tem instintos aguçados e parece ter um relacionamento saudável com o estresse é alguém em quem você confia e que age no melhor interesse da equipe.

Que tipo de pessoa outras pessoas querem seguir, contratar, fazer parceria, colaborar, eleger ou com quem se casar? Mais importante, que espécie de pessoa você quer ser?

No documentário *Jim & Andy*, sobre o trabalho imersivo de Jim Carrey para interpretar o comediante Andy Kaufman no filme *O Mundo de Andy*, Carrey falou de seus primeiros dias como comediante de stand-up. Inicialmente experimentou uma forma de apresentação na qual tentava interagir com o público, mas a estratégia não funcionava bem. Ele começava com brincadeiras, perguntando às pessoas sobre si mesmas ou sobre o dia delas, e precisava que elas se empenhassem para que sua atuação fosse em frente, o que fez o público sentir que parte do peso do show estava nos ombros deles. Finalmente, uma noite, Jim fez a mesma pergunta, mas não contou com o público. Em vez de esperar por uma resposta, ele respondeu sua própria pergunta com seu breve bordão: "Então tá, tuuuuudo bem!" Foi uma histeria geral. Ele percebeu naquele momento que seu papel como artista não era fazer as pessoas se sentirem na obrigação de se apresentar, mas fazê-las se sentirem absolvidas da responsabilidade. Seu trabalho era deixar o público saber que ele estava no comando. Assim que adotou essa postura, o público pôde relaxar e aproveitar o espetáculo. Isso nada tem a ver com o estilo de comédia de Jim Carrey, o importante aqui é a lição: os líderes se tornam muito mais eficazes e conquistam o resto da equipe quando deles irradia um sentido de autodomínio em qualquer cenário, o que permite que todos a seu redor se sintam mais à vontade.

Ainda que eu ache que todos possamos concordar que um obcecado por controle ou alguém cujo discurso se dá em monólogos sem obter contribuições de outros provavelmente não seja um bom líder, a ideia subjacente aqui é sólida. Ao assumir seu papel com confiança e autocontrole, lidando com as mudanças nas expectativas, as pessoas naturalmente gravitam em sua direção, porque a confiança que você transmite lhes dá o conforto de relaxar em seus próprios papéis com relação a você. Na natureza, o cão alfa de uma matilha afirma sua liderança por sua presença mais do que por qualquer demonstração de força, então bons treinadores de cães aconselham os seres humanos a tentarem estabelecer um relacionamento saudável com seu cão para usar a mesma estratégia. Há uma força magnética em direção a alguém cuja energia é calma e confiante, especialmente em meio a situações incertas ou caóticas. Seja qual for seu papel — CEO, pai, professor, gerente, supervisor —, quando você entra em sua esfera de influência com uma mentalidade de domínio, e não de vitimização, está transmitindo para todos ao redor que tipo de pessoa você é e que tipo de líder pode ser.

Quando você usa a Técnica Z, 2 vezes por dia, 15 minutos por vez, *aprimora a capacidade do corpo de adaptar sua resposta automática ao estresse a um nível adequado às circunstâncias reais que está enfrentando*. Ao tornar essa fonte interna de felicidade e realização mais facilmente acessível, sua prática passa a reprogramar seu cérebro, deixando-o mais disciplinado e deliberado, o que permite a você lidar melhor com cada situação ao longo do dia. Não se esqueça: render-se *não* é desistir, mas confiar que existe um poder maior atuando e que você pode se fiar em sua intuição para ajudá-lo a navegar, em vez de manipular seu ambiente. Se você está se debatendo em meio a diversas constrições, reserve um momento para reformular sua perspectiva com respeito a essa questão, a qual discutimos anteriormente. Em vez de "Por que isso está acontecendo *para* mim?", pergunte-se "Por que isso está acontecendo *por* mim?". No momento em que decide mudar o roteiro, você retira o poder de suas respostas reativas e o coloca de volta em sua própria resiliência. É assim que você se reconhece um mestre, não um mártir. E quando você se torna um mestre de si mesmo, se capacita a atuar em seu mais alto nível.

» A Coisa Menos Egoísta que Você Pode Fazer

Relembre a história que abriu este capítulo. Quando meu amigo Warren se manteve no domínio de sua reação à situação no metrô, outra pessoa também reagiu positivamente. Essa interação mudou todo o rumo de seu dia. Mais tranquilo e largando as rédeas, pôde chegar ao portão de embarque a tempo. (E se você viajou de avião ultimamente, sabe que não é pouca coisa!) Coloque-se no lugar dele por um minuto: em vez de acordar tarde, correr para o aeroporto e começar sua viagem já estressado, acorde um pouco mais cedo, percorra os 3 Ms e inunde seu cérebro e corpo com dopamina e serotonina, e leve consigo esse estado de satisfação ao longo do caminho. Então, à medida que o dia vai passando, você responde a cada situação de acordo. O motorista de táxi, o atendente da companhia aérea, o comissário de bordo, o transfer, todos eles têm uma interação positiva com você em meio a outras mil neutras e negativas. Ao tornar seu dia melhor, você também melhorou o deles, o que, por sua vez, afeta as pessoas com quem *eles* interagem.

Agora pense no impacto que suas interações positivas causam quando acontecem dia após dia com as mesmas pessoas. Quando seus filhos têm a melhor versão de você — o pai tranquilo e receptivo que ouve e responde de forma resoluta, em vez de perder a paciência —, eles vão para a escola carregando consigo esses sentimentos de segurança e afirmação e, na sala de aula, mostram o melhor de si mesmos, o que afeta seus professores, que, por sua vez, ao irem para casa, levam esses bons sentimentos para sua própria família. Quando seu parceiro tem a melhor versão de você — aquele que é aberto, ama apaixonadamente e projeta um sentimento de satisfação —, ele leva esses sentimentos de respeito e amor para seu próprio ambiente ou local de trabalho todos os dias, e em casa os reflete de volta para você. Quando, no local de trabalho, seus colegas, empregados ou patrões interagem com sua versão mais incrível — o você inovador, criativo e que não se intimida ante os desafios —, eles entronizam os sentimentos de entusiasmo e energia sobre os projetos em andamento, e em conjunto motivam-se a produzir mais, o que estimula e inspira seus clientes.

Você está no centro de sua própria esfera de influência, depende de você que tipo de energia quer irradiar. Sim, você pode usufruir pessoalmente a felicidade e a satisfação com seu próprio autodomínio, mas também pode vir a descobrir que há uma experiência de doação de alto nível quando a felicidade é transmitida de uma pessoa para outra. Às vezes ouço dos alunos que a meditação parece egoísta porque eles estão fazendo uma pausa no dia para se concentrar inteiramente em si mesmos. Meu trabalho é ajudá-los a entender que o efeito cascata provocado por manter a força e a calma em meio a circunstâncias de vida desafiadoras pode mudar para melhor o dia de três, cinco, dez pessoas dentro ou fora de seu círculo habitual, na medida em que todas elas são tocadas por sua decisão deliberada de responder em vez de simplesmente reagir. O próprio dia dos alunos é um pouco melhor em função do compromisso diário consigo mesmos. O trabalho pessoal de cura dos efeitos do estresse é a coisa menos egoísta que você pode fazer, porque sua cura afeta cada pessoa com quem você entra em contato. *Ao se curar, você ajuda a curar o coletivo.*

Agora, existem algumas almas raras com as quais tenho entrado em contato durante minha carreira docente que afirmam não carregar estresse em seu corpo e que não precisam se curar de quaisquer efeitos em longo prazo. Como eles obviamente se conhecem melhor do que eu, não questionarei sua autopercepção, porém, ainda encorajo esses indivíduos a considerarem a adoção de uma prática devido aos benefícios que ela traz no aspecto coletivo. Com apenas 30 minutos por dia (no total), eles podem melhorar o impacto que têm sobre as pessoas ao redor, o que, por sua vez, afeta a maneira como essas pessoas veem o mundo. Mesmo não achando que precisam se estressar menos, ainda assim podem meditar pelo bem maior. Há beleza nisso, também. Vocês podem pensar em tal atitude como sua contribuição para lavar a consciência coletiva.

De fato, se isto ajuda, vocês podem considerar a prática de duas vezes por dia da Técnica Z como um ato diário de altruísmo. Claro, os benefícios próprios são inúmeros, mas *o mesmo acontece a todos ao redor e no resto do mundo*. É difícil não ver o lado bom disso.

» O Futuro da Autoajuda

Recentemente, em muitos círculos de autoajuda, muito se tem falado de que o conceito de "autoajuda" está se desvanecendo por inteiro, sendo substituído pela ideia de ajudar o coletivo. De minha parte, não consigo pensar em uma tendência mais bonita para nós do que transitar para um sentido de comunidade nem em uma explicação mais perfeita sobre por que a meditação tem se propagado tanto nos EUA.

"Nenhum homem é uma ilha", escreveu John Donne em 1624. Quanto mais de verdade há nisso hoje, quando a tecnologia nos conecta de maneiras antes imaginadas apenas como ficção científica! Naturalmente, muita gente boa tem apontado que, apesar de nossa interconectividade, não são poucos os que se sentem mais sós do que nunca, porque parcela significativa de nosso tempo é gasta olhando para telas ou vivendo em mundos virtuais. Que paradoxo: estamos sozinhos juntos e estamos juntos em nossa solidão. Não importa, porém, o quão conectado ou desconectado você se sente do resto do mundo: nós ainda somos um "nós". De acordo com os Vedas, há apenas uma coisa, e nós somos *tudo*. Nossa sociedade e nosso mundo ainda são construídos mediante interações, quer seja com a pessoa que prepara seu café da manhã, com aquela que atende sua ligação telefônica ou responde seu e-mail, ou com aquela outra que fala com você presencialmente ou por uma tela de computador. A vida é feita de relacionamentos. Alguns são constantes, como os que temos com nossos entes queridos, colegas de trabalho, clientes ou alunos; outros duram apenas um momento ou dois, mas podem acontecer centenas de vezes por dia. O "você" que você traz para cada uma dessas interações tem o tremendo potencial de colorir tudo ao redor. **Um você melhor é igual a um nós melhor.** Quando você se ajuda a ficar mais forte, mais calmo, mais saudável e mais resoluto, está literalmente ajudando o coletivo a se tornar melhor. Ao escolher se importar com o vão entre o reflexo e a ação, você está terminando o ciclo de estresse, e não apenas para aquela ocasião, mas para o efeito cascata não quantificável que se seguirá. E esse efeito cascata pode não se limitar simplesmente a esta vida ou esta geração. Os geneticistas estão começando a entender que estresse e trauma podem ser transmitidos de uma geração para outra por intermédio de mudanças epigenéticas no DNA. Então, ao se curar, você não está apenas ajudando a curar as pessoas ao redor, mas potencialmente encerrando ciclos de trauma que foram passados de geração em geração. Isso, sim, é evitar desperdício de tempo!

Autoajuda *é* ajuda social. Seu aprimoramento não se restringe exclusivamente à sua pessoa. Sua diminuição do estresse, melhor desempenho, capacidade de inovar e intuição mais apuradas e maior senso de domínio e satisfação necessariamente terão efeitos colaterais em todas as áreas de sua vida e nos relacionamentos que existem lá. Pense nisso como benefícios colaterais de sua busca pelo aprimoramento pessoal, ou, se preferir, pense em seu próprio patamar mais alto como um efeito colateral de seus esforços para salvar o mundo. Isso mesmo, você está ajudando a salvar o mundo, 15 minutos de cada vez.

Ziva: Estudo de Caso 8

De Lutar ou Fugir para Ficar ou Jogar
CIARAN BYRNE, ATOR

Nascer em uma época em que onde você mora é uma zona de conflito não costuma levar ao desenvolvimento da paz interior. Nasci durante o Conflito da Irlanda do Norte, ou "The Troubles" ["Os Problemas", em tradução livre], como aqueles de nós que o viviam o conheciam. Sou de County Down, na Irlanda do Norte, e nasci no final do ano em que o Bloody Sunday [Domingo Sangrento] começou, 1972. Naquela década ocorreram as recessões britânica e da Irlanda do Norte e a contínua agitação civil dos anos 1980. E, ademais, eu era maltratado quando menino, então passei minha juventude, literalmente, em uma constante situação de lutar ou fugir. É difícil deixar de formatar seu corpo e mente com base nesse tipo de pensamento quando ele é tudo o que você conhece na maior parte de seus anos formativos. Os anos como adolescente e até os 20 e tantos passei em brigas ou me rebelando contra figuras de autoridade.

Em dado momento, me apaixonei por uma nova-ior-quina e me mudei para Manhattan no outono de 2008, em meio a outra recessão, mas agora com uma nova esposa e nova família. Eu realmente adoro ser ator, no entanto, do jeito que estava a economia, as oportunidades de atuar eram poucas e distantes entre si. Na Irlanda do Norte eu havia aprendido com meu avô a rebocar, então comecei a trabalhar com drywall e como bartender para cuidar de minha esposa e filhas. Os anos vivendo em meio a conflitos pesavam em minhas costas. Era difícil impedir a reação automática de lutar ou fugir de meu cérebro em todas as situações, e com isso estava sempre estressado, entrando em lutas com mais frequência do que gostaria de admitir, o que, acredito, contribuiu bastante para o meu coração desenvolver arritmias que levaram a uma ablação quádrupla aos 42 anos.

Enquanto me recuperava daquela cirurgia, ouvi uma palestra sobre a Técnica Ziva. Conforme escutava Emily explicar como a meditação libera o estresse do passado, a mindfulness o auxilia com o estresse no presente e a manifestação ajuda com seus sonhos para o futuro, percebi que era exatamente isso que eu estava procurando sem nem mesmo saber. Sou marido e pai e precisava ser o homem que minhas filhas poderiam ver como uma constante em sua vida. Já tinha prazer com minha arte e propósito com minha família. Mas eu não tinha paz. Quando confrontado com situações de alta demanda, meu padrão era lutar. E esse não era o exemplo que eu queria dar para minhas filhas. A Ziva me ajudou a encontrar meu caminho para ser o homem que eu precisava ser para minha esposa e minhas meninas. Para a paz. Para minha melhor vida. E para o futuro. Sou um marido, pai e artista melhor e mais completo hoje por dois motivos. Primeiro, trabalho duro para ser o marido, pai e artista que quero ser; e em segundo lugar, medito duas vezes por dia, que é o que acredito que me dá a capacidade de fazer esse trabalho.

A Irlanda do Norte encontrou agora a paz (em sua maior parte), e graças à Ziva um filho da Irlanda do Norte finalmente se encontrou em um caminho rumo à paz.

Exercício de Olhos Fechados

Bomba de Amor

Para começar, sente-se em uma cadeira com as costas apoiadas, cabeça livre, olhos fechados (depois de ler isto e o que se segue, é claro). Agora comece com o 2xBreath (veja a página 000 para rever), contando até dois para inalar e até quatro ao soltar o ar, ou seja, o tempo de expiração é o dobro da inspiração. (Quando você começar a desenvolver esta prática, poderá realmente elevar esses números para três e seis.) Faça isso por quatro ciclos de respiração.

Comece o Bomba de Amor imaginando que alguém que você ama muito está sentado cerca de três metros à sua frente. Não se preocupe muito em escolher a pessoa certa; geralmente a primeira pessoa que vem à mente é a mais poderosa. Se você não consegue pensar em alguém que lhe inspira um intenso sentimento de amor agora, pode até usar seu cachorro ou gato — qualquer coisa ou alguém que lhe permita desfrutar da sensação de amor.

Agora olhe bem para o rosto dessa pessoa. Como são seus olhos? E o cabelo? O que ela está vestindo? Como o simples fato de você estar se conectando a altera?

Ela convive com você? Quer ser vista? É tímida? Está se escondendo?

Ao se dar conta desse alguém à sua frente, alguém a quem você tanto ama e que trouxe alegria à sua vida, deixe que a sensação de amor comece a permeá-lo e a se irradiar de todo seu corpo na próxima inspiração. Permita que essa pessoa desperte um sentimento de amor dentro de você. Curta essa onda de amor e oxitocina lavando seu corpo e, ao inspirar, deixe-se inundar por esse sentimento amoroso. Agora, ao expirar, imagine envolver essa pessoa com o máximo de amor possível, preenchendo-lhe cada célula do corpo.

Repare agora nos olhos dela. Suas transmissões de amor mudaram seus olhos? Eles parecem mais brandos? Mais gentis? Em sua percepção, eles se sentem mais conectados a você?

Ao inalar o ar, permita que o amor que flui dessa pessoa permeie cada célula de seu corpo e agradeça por isso amorosamente. E ao expirar, imagine-se envolvendo o quarto inteiro com esses fluidos de amor. Onde quer que esteja agora, bombeie amor por todo o lugar. Para algumas pessoas, isso se parecerá com uma luz dourada irradiando do corpo, ou uma luz branca, ou até mesmo uma onda real feita de amor.

Em cada inspiração, você está oxigenando a chama dessa sensação de amor no âmago de seu corpo, e a cada inspiração, ela se torna maior, mais forte e mais brilhante, já não podendo limitar-se ao cômodo em que você está, e começa a se esparramar por toda sua casa — e todas as pessoas nela estão agora cobertas de amor a cada expiração sua.

Agora, ao inalar, imagine o amor vibrando cada vez mais forte no mais íntimo de seu corpo, e quando expirar, envie amor para toda a cidade. Cada pessoa, lugar e coisa – toda a sua família, amigos e até mesmo todos os inimigos. Eu quero que você os sobrecarregue de amor. O amor é um desses belos recursos que quanto mais damos, mais recebemos.

Em sua próxima respiração, deixe essa sensação de amor intenso derramar, abrangendo todo o país. Todos os diferentes partidos políticos, todas as religiões, todas as diferentes raças, enviando-lhes todo o amor que puder – para cada um no país inteiro.

Se lhe parecer estar perdendo essa sensação de amor internamente, volte para aquela pessoa que você ama muito e imagine ver seu rosto ali, sentada a poucos metros de você, e deixe que a sensação de amor interna se revigore.

Agora imagine envolver todo o planeta com esse maravilhoso sentimento de amor. Isso pode parecer um pouco extravagante ou coisa de hippie, mas, na verdade, o único antídoto para o medo é o amor. Não se pode combater o medo com medo; só podemos fazer isso com amor. Então, quando inalamos, damos uma supercarga de amor em cada célula de nosso corpo, e então explodimos isso para todo o planeta Terra, deixando-o criar um espaço de união e conexão. Imagine que, por um momento, alguém que você conhece ou ama ou até mesmo um estranho pode realmente sentir esse amor que você está enviando, que permite circum-navegar o mundo. Talvez alguém esteja se sentindo um pouco triste ou sozinho; talvez agora ele comece a sorrir ou de alguma forma se sinta menos só.

Em sua próxima respiração, inspirando e sentindo a sensação de amor em cada célula do corpo, do alto da cabeça à sola dos pés, envie esse amor para todo o universo enquanto expira. Além do Sistema Solar, além das galáxias, além dos aglomerados de galáxias, até abranger tudo o que é – permitindo que sua imaginação se expanda tanto quanto possa conceber, lembrando a si mesmo que você é uma parte do universo, e este, uma parte de você.

De acordo com os Vedas, há apenas uma coisa, e nós somos tudo. Pense nisso por um momento. *Há apenas uma coisa, e nós somos tudo.* Isso significa que exatamente a mesma matéria e energia que compõem todas as estrelas, em todas as galáxias do universo inteiro, são exatamente a mesma matéria e energia que compõem todas as células de seu corpo. Então, tire um instante para se render àquela sensação de expansão e conexão, e saiba que quando lança uma bomba de amor para o universo inteiro, ele faz o mesmo, simultaneamente, para você.

Agora, desse local de expansividade, entrega e conexão, comece a trazer sua consciência de volta para todo o seu corpo. Permita-se ondular entre a consciência de todo o corpo e o universo inteiro, apenas jogando com a simultaneidade da individualidade e totalidade, do cérebro esquerdo e direito, do corpo e do universo, imaginando por um momento que você é uma onda em um oceano gigante de consciência. A onda é uma parte do oceano, e o oceano é uma parte da onda.

Determine-se a levar esse sentimento com você durante o resto do dia. Caso comece a ficar frustrado ou irritado com alguém, apenas volte àquele sentimento e lembre a si mesmo: *Já lhe enviei amor hoje, então posso voltar a fazer isso mesmo quando as coisas começam a ficar frustrantes ou opressivas.* Inspirando profunda e deliciosamente, desperte seu corpo, mova as mãos, movimente os pés e, a seu tempo, comece a abrir os olhos devagar e gentilmente.

É como uma brincadeira, certo? Explodir o planeta inteiro com amor. Eu acho que isso realmente ajuda em situações de conflito. Se eu começar a ficar com raiva de um motorista de táxi, ou alguém atrás do balcão, eu me lembro: *Sabe de uma coisa? Já mandei amor a essa pessoa hoje. Ela é realmente parte de mim e eu faço parte dela.* Trata-se de um jeito muito bonito de voltar a um senso de conexão. Se você gostar de se sentar, relaxar e me apreciar guiando-o pela Bomba do Amor, pode ouvir aqui: https://zivameditation.com/bookbonus/ [conteúdo em inglês]. E também pode fazer uma gravação de você lendo este exercício e ouvir sua própria voz guiando-o.

» 13 «

FAÇA SEU DESEMPENHO SUBIR DE NÍVEL

TENHO MUITA ESPERANÇA DE QUE VOCÊ SE SINTA ESTIMULADO E FORTALECIDO com o que leu até agora e decidido a embarcar nessa jornada de menos estresse e mais conquistas.

Conheço o estereótipo de que praticantes de meditação são contemplativos, vivem nas nuvens e conversam em tons artificialmente suaves. Existem pessoas assim? Claro. Mas agora, com a meditação difundindo-se na sociedade em geral, há muito mais pessoas pragmáticas que abraçaram a prática e que continuam a ser e agir como pessoas comuns, que não falam com "voz de ioga" e têm a capacidade de *não* dar ares de cerimônia a tudo — elas apenas tocam a vida com muito mais eficiência e eficácia do que antes. A meditação não transforma você em uma pessoa sedada e passiva; basta ver todos os exemplos que vimos de muitos dos melhores artistas do mundo — alguns dos quais tive a honra de ensinar — que experienciaram exatamente o oposto! Na verdade, o que a meditação realmente faz é permitir que você acesse e aprimore as melhores partes de quem você é — e de quem deseja ser. Ela não o muda, mas faz com que você seja mais você, seja sua versão mais incrível, e não aquele seu "eu" doentio, triste e estressado. Como a Técnica Z concentra-se em três práticas distintas para uma experiência mental multifacetada, ela o ajuda a estar plenamente no presente (mindfulness), a se curar do passado (meditação) e a criar conscienciosamente seu futuro (manifestação). A Técnica Z oferece uma revisão completa de todos os aspectos de sua vida, experiências e ambições que precisam "subir de nível".

É incrível a lista de vantagens e benefícios que uma prática de duas vezes por dia pode proporcionar:

> Já não valeria a pena meditar se isso oferecesse nada mais além de reduzir o estresse armazenado em seu corpo e elevar a capacidade de lidar elegantemente com as demandas diárias? Ao se comprometer com uma prática de duas vezes por dia, você se abre para incontáveis novas oportunidades, até então ignoradas em decorrência da barreira imposta pelo estresse.

> Já não valeria a pena meditar se isso oferecesse nada mais além de uma noite de sono melhor? Se você começasse todos os dias com uma mente renovada e mais energia, e só precisasse de duas sessões de 15 minutos para manter esse nível de energia, imagine quanto mais seria possível conseguir em 24 horas.

> Já não valeria a pena meditar se isso oferecesse nada mais além de um sistema imunológico mais forte e alívio dos sintomas de condições crônicas de saúde? Pense em quanto você deixa de produzir a cada ano devido a doenças, dores, incômodos e outros males físicos. Quanto pagaria para reduzir drasticamente — ou mesmo eliminar — muitos desses problemas?

> Já não valeria a pena meditar se isso oferecesse nada mais além de neuroplasticidade para manter seu cérebro jovem e adaptável? Acrescente o fato de que isso também pode ajudar a diminuir os reflexos do envelhecimento em sua aparência corporal (pense em quanto você gasta todo ano em cremes antirrugas e tingindo o cabelo). É preciso procurar muito para encontrar quem discorde que apenas isso já valeria a pena.

› Já não valeria a pena meditar se isso oferecesse nada mais além de reconectar suas sinapses neurais para tornar seu cérebro mais bem equipado para gerenciar muitas demandas simultâneas? Pense no quanto isso, sozinho, contribui para seu papel no local de trabalho. Se 2 sessões de 15 minutos por dia podem efetivamente transformá-lo na versão humana de um canivete suíço, quem não gostaria disso?

› Já não valeria a pena meditar se isso oferecesse nada mais além de uma aguçada intuição? Considere a quantidade de tempo que você leva se debatendo entre várias alternativas. Ao capacitá-lo para reconhecer mais facilmente as sutis diferenças e temas das opções, a Técnica Z pode ajudar a poupar horas e horas de debate interno — e talvez até anos de arrependimento.

› Já não valeria a pena meditar se isso oferecesse nada mais além de um acesso mais fácil ao estado de fluxo natural do seu cérebro? A capacidade de explorar sua criatividade e inovação inerentes sem se deixar inibir pela insegurança é um dos melhores presentes que você poderia dar a si mesmo e à sua carreira.

› E, finalmente, já não valeria a pena meditar se isso oferecesse nada mais além de acesso a um profundo sentimento de realização pessoal? Não é isso, no fim das contas, o que todos buscamos — um sentido de propósito e um meio de tornar esse propósito uma realidade?

» Tornando a Meditação Algo Inegociável

Sei que, não importa o quão inestimável a meditação possa parecer, pode ser um pouco intimidador pensar em se comprometer com algo que alterará permanentemente sua rotina diária, ainda que por apenas meia hora. Porém, lembre-se de que a meditação é agora uma parte essencial de sua higiene mental diária. Assim como você nunca sairia de casa sem escovar os dentes (espero), a meditação agora se tornará uma parte igualmente inegociável de sua rotina. A maneira como tratamos e respeitamos o que é não negociável em nossa vida plasma também o modo como os outros lidarão com tais coisas. Ao não dar prioridade zero ao tempo destinado à Técnica Z — quando você permite interrupções, respondendo a "apenas uma pergunta rápida" de um colega de trabalho ou atendendo a pedidos de petiscos das crianças ou jogando a bola de volta para seu cachorro —, está demonstrando para aqueles a seu redor que não há problema em eles atrapalharem as meditações deles também. Quando você deixa claro que essa nova fração de 2% de seu dia é inegociável — que você não será interrompido a menos que haja uma situação de vida ou morte —, tudo o que está pedindo são 15 minutos para si mesmo 2 vezes por dia — colegas, familiares e até mesmo animais de estimação aprenderão rapidamente a respeitar e até mesmo proteger esse tempo. Se você agir como se aqueles momentos não fossem importantes, ninguém mais acreditará que eles são. Se priorizá-los, os demais começarão a ser seus guardiões. Você pode até começar a ouvir seu filho dizer coisas como: "Mamãe é muito mais legal depois de meditar" ou "Não fez sua segunda meditação ainda, papai? Você parece um pouco nervoso."

Talvez você já tenha visto alguma versão de uma palestra sobre como priorizar o tempo ilustrada com pedras, areia e um jarro. Caso comece enchendo o pote com a areia para em seguida colocar as pedras maiores em cima, o espaço não será suficiente: você nunca conseguirá colocar tudo dentro. No entanto, se começar com as pedras maiores e derramar a areia sobre elas, preenchendo os cantos e frestas, tudo se encaixa no jarro com facilidade. As rochas são suas posições não negociáveis — as principais peças de seu dia que precisam ter prioridade. Assuma o compromisso de considerar a meditação como uma dessas rochas. Não comece o dia com café, mídia social ou reclamações; comece com algo cujo único propósito é tornar você melhor, e então veja como seu dia progride a partir daí. O jarro de todos nós tem o mesmo tamanho, o mesmo número de minutos em um dia, cabe a você escolher como preencher o seu.

Quando você está iniciando sua prática, uma das maneiras pelas quais pode transformar seus horários em um hábito é agendá-los estritamente todos os dias. Para isso, programar seu telefone para lembrá-lo de começar sua sessão é recomendável. Isso não só o mantém nos trilhos, como o alarme tocando também pode indicar para seus amigos, familiares ou colegas de trabalho que você tem um compromisso não negociável para cumprir. Lembra-se do que eu disse sobre não usar um alarme para o Ziva? Isso se aplica ao final da prática, não é um lembrete para iniciá-la. Eu ainda não quero que você use um alarme para trazê-lo de volta da meditação, mas *faço questão* que você programe um alarme para lembrá-lo de mergulhar em seu novo hábito duas vezes por dia. De fato, caso não tenha concluído o dever de casa no final do Capítulo 8, gostaria que você pegasse seu celular ou agenda diária agora mesmo — vá em frente, esperarei enquanto vai atrás disso. Agora dê uma olhada em seus encontros marcados, reuniões e outros compromissos para os próximos 21 dias. Encontre uma janela pela manhã e outra à tarde para agendar sua hora Z. Registre esses horários. Programe um lembrete para não correr o risco de esquecer e respeite esse alerta quando ele tocar. Como minha querida amiga e estudante Laura Benanti diz: "Eu marco uma reunião comigo mesma e compareço a ela porque tenho respeito por mim." Feche a porta do escritório, desligue os alertas de e-mail e deixe essa higiene mental cuidar de você.

» Encontrando o Lugar Onde Se Sentar

Seu ambiente funcional é uma estação de trabalho ou em meio a uma área de vendas ou algo similar que o impede de ter a privacidade de uma sala só sua? Medite em seu carro. Vai de metrô, em vez de dirigir? Medite em um banco na plataforma de embarque ou em um cantinho da estação. A única coisa mais fácil do que este estilo de meditação é encontrar uma desculpa para não fazer nenhuma meditação — e então você está de volta onde começou ou, pior, está ficando para trás. É preciso programar esses alarmes em seu celular para induzi-lo a tornar esses compromissos duas vezes por dia, todos os dias, em sua segunda natureza, não importa o quão ocupado seja o dia ou o quão ocupada esteja sua mente. Aqueles dias em que sua lista de tarefas continua crescendo ou sua mente está preocupada com um milhão de outras demandas são, na verdade, os dias em que você mais precisa dos 3 Ms, não menos.

Quando você está no início da prática de meditação, pode haver a tentação de pular a sessão regular por se sentir muito ocupado, cansado demais ou muito estressado. *Seja como for, não faça isso.* Quer saber de uma coisa? Oprah também é ocupada, mas consegue meditar duas vezes por dia. Muitas vezes sou criticada por dizer isso, com as pessoas argumentando que Oprah tem a quem delegar responsabilidades, mas eu sempre replico perguntando o que elas acham que veio primeiro: o sucesso ou a disciplina? Dizer que você está ocupado demais para meditar é como dizer que está ocupado demais para encostar no posto e abastecer seu carro; isso simplesmente não faz sentido. Você tem tempo para se sentir lerdo, estressado e estúpido? Tem tempo para dar uma parada em sua vida enquanto fica doente? Sim, há necessidade de um pequeno investimento de tempo, mas a recompensa será exponencial: aplique 2% de seu dia para melhorar dramaticamente os outros 98%. Uma lista de afazeres que lhe tomaria cinco ou seis horas agora pode levar apenas duas ou três, porque sua energia aumentada, o estresse reduzido e sua intuição melhorada estão contribuindo para aumentar a produtividade, a exatidão e a criatividade. Em breve você descobrirá que não está apenas realizando mais em menos tempo, mas que está realmente operando em um nível mais alto. Seja se conectando com os clientes, inovando no local de trabalho, administrando sua família ou simplesmente aproveitando as coisas boas de sua vida diária, não demorará muito para você perceber que tudo está começando a se desenrolar de maneira mais elegante e que você está explorando seu pleno potencial de desempenho.

» Isto Não É um Tratamento de Beleza para o Cérebro

A primeira coisa que gosto de dizer àqueles que querem incluir a meditação no rol de outros itens de luxo é esta: *não é um luxo se lhe der mais tempo*. Luxos são, por definição, indulgências — coisas agradáveis, mas desnecessárias. Estou convicta de que após poucas semanas de prática regular da Técnica Z, duas vezes por dia, os resultados positivos produzidos em sua mente e corpo e em seu desempenho profissional terão um impacto tão significativo em sua qualidade de vida, que não haverá como serem considerados um mero luxo. Em nosso mundo acelerado e altamente competitivo, a água de pepino e afins são luxos, o desempenho otimizado é uma necessidade.

Convém lembrar, entretanto, que o "desempenho otimizado" será diferente para cada pessoa. Começar uma prática de meditação não o transformará em alguém diferente, com todo um novo conjunto de habilidades e aptidões. Na superfície, pode parecer que todos nós temos os mesmos objetivos: ganhar mais dinheiro, ter mais tempo livre, estreitar nossos relacionamentos pessoais, e assim por diante. Mas as razões por trás desses objetivos são exclusivas de cada um. Ganhar mais dinheiro para fazer o quê? Caminhar nos Andes. Financiar pesquisas para uma alternativa ao plástico. Comprar uma casa para meus pais. Construir um abrigo para cães de rua. Ter mais tempo livre para quê? Ser voluntário na minha comunidade. Ler aquele monte de livros que um dia anotei. Finalmente escrever aquele livro de que venho falando há anos. Curtir mais minha família. Plantar aquele jardim que eu sempre quis. Viajar. Não desejamos o dinheiro nem o tempo nem os relacionamentos, o que queremos são os sentimentos que essas experiências proporcionam. Nossas destinações e ambições são tão individuais quanto nós.

A meditação o ajudará a livrar seu sistema nervoso do variado conjunto de tensões acumuladas ao longo de sua vida altamente individualizada, deixando-o mais descansado, mais intuitivo, fisicamente mais saudável e mais capaz de amealhar energia para que você possa usar sua expertise na obtenção de respostas inovadoras às demandas específicas de sua vida. Em suma, a meditação ajuda você a fazer... *melhor*.

Por favor, lembre-se de que começar esta jornada não resolverá em um piscar de olhos todos os seus problemas e o fará sentir-se feliz 100% do tempo. Não deixe o "serei feliz quando..." encontrar uma porta dos fundos para entrar em sua vida, anexando-se à meditação. Você ficou feliz um milhão de vezes antes de começar a meditação e ficará feliz um milhão de vezes em sua jornada. Sua felicidade não depende de quão bem executa essa prática. Na verdade, lembre-se de que suas primeiras semanas com a Técnica Z podem realmente trazer à tona velhos sentimentos de tristeza, raiva, confusão mental ou fadiga enquanto você corajosamente percorre o caminho da desintoxicação emocional e física inicial. Porém, não se esqueça: "Melhor lá fora do que dentro." De verdade. Essas coisas podem ser postas para fora ou ficar presas em seus tecidos *físicos*, redundando em doenças e enfermidades ao longo do tempo. Portanto, escolha atividades que o ajudem a trazer e expelir esse estresse antigo, sem deixar que esse processo afete seus entes queridos e as pessoas próximas. Eu quero repetir isso para enfatizar. Ao iniciar sua prática diária, você poderá notar uma vida inteira de estresse vindo e saindo. Isso pode parecer intenso, e você pode não gostar. E pode até ser confuso se você pulou o Capítulo 3 e não tem ideia do que estou falando e espera flutuar em uma nuvem de bem-aventurança desde o primeiro dia. A Técnica Z não o deixará entorpecido ou imune a sentimentos. Pense nisso mais como uma depuração, e quanto mais deliberado você for quanto ao agendamento de atividades que o ajudem a mudar as coisas, mais fácil será não descontar em cima de seu parceiro, companheiro de quarto, cachorro ou do barista da lanchonete. Embora essa depuração possa não ser o que você estava esperando quando pegou este livro, conforte-se em saber que é exatamente isso que cria mais espaço mental para o aumento do desempenho.

À medida que se passa por esse período de superação do estresse, há uma técnica avançada que às vezes compartilho com meus alunos mais experientes para usar alguns minutos após a prática, no intuito de reformular os eventos do passado. Convido-os a refletir sobre um período particularmente difícil ou penoso na vida deles e a vê-lo por intermédio das lentes do tempo e da experiência que têm agora. Sabendo que tudo está funcionando exatamente como desejado, eles consolam ou encorajam essa versão mais jovem de si mesmos, comunicando-lhe qualquer coisa que traga força. Obviamente, não estou sugerindo a meditação como um tipo de viagem no tempo, mas simplesmente que esse estado mais sutil de consciência pode impactar sua percepção e experiência com relação ao tempo, e levar alguns minutos para revisitar eventos importantes do passado pode ajudá-lo a responder à pergunta: "Por que isso aconteceu *por* mim?" Isso o ajudou a abrir uma nova perspectiva? Fez com que ficasse mais forte? Preparou você para um trabalho futuro? De uma forma indireta, foi o primeiro passo na jornada que o levou até onde está hoje? Observando como os desafios do passado o colocaram rumo às atuais circunstâncias, você pode elevar sua *percepção* e atitude em relação ao passado e, finalmente, ser capaz de liberar qualquer estresse ligado a ele de forma definitiva.

Há uma velha história que os professores de meditação frequentemente compartilham que diz respeito à maneira como os monges do Himalaia pintam seus mantos amarelo-açafrão. O tecido não fica tão brilhante no primeiro mergulho no tanque de tintura ou no segundo, no terceiro ou no quarto. A operação tem de ser repetida várias vezes até o tecido atingir seu tom característico. O tecido não pode ser largado no recipiente e deixado de molho por semanas a fio; deve ser embebido no corante por um período específico de tempo e depois colocado ao sol para secar, caso contrário, mofa. Por outro lado, não pode ser deixado muito tempo ao sol, porque pode ficar desbotado e quebradiço. Em vez disso, o tecido deve ser revirado inúmeras vezes, do corante ao sol, do sol ao corante, até finalmente absorver tinta suficiente para ficar totalmente colorido.

O objetivo da meditação não é eliminar suas demandas; elas não estão impedindo você de alcançar a iluminação. O objetivo desta técnica tampouco é o de ficar apenas no campo da bem-aventurança durante todo o dia, enquanto o resto do mundo continua a girar. Você precisa ter tanto o tingimento quanto a secagem. A meditação e a atividade. É no encontro constante dos dois — as demandas e a satisfação que você entrega para eles, o sol e a tintura — que você consegue a melhor e mais brilhante versão possível de si mesmo.

Inspirado para Aprender Mais?

Você quer ser orientado pessoalmente durante sua jornada de meditação?

Para visualizações guiadas e versões em áudio de alguns dos exercícios deste livro, acesse https://zivameditation.com/bookbonus [conteúdo em inglês].

Você pode aprender a Técnica Ziva completa cursando nosso treinamento online de 15 dias, o zivaONLINE. Acesse https://zivameditation.com/online [conteúdo em inglês].

Para se juntar à nossa comunidade global Ziva Meditators e obter respostas para suas questões relativas à meditação, solicite acesso ao nosso grupo no Facebook, zivaTRIBE, em https://www.facebook.com/groups/zivaTRIBE/ [conteúdo em inglês].

» Sobre a Meditação Ziva

» https://zivameditation.com [conteúdo em inglês]

Ziva é uma escola de alta performance. Nosso objetivo é proporcionar às pessoas as ferramentas que lhes permitam atuar em alto nível, tanto pessoal quanto profissionalmente.

Mais de 25 mil estudantes aprenderam a meditar conosco presencialmente, e mais de 8 mil pessoas ao redor do mundo o fizeram por intermédio do zivaONLINE. Todos se formaram levando consigo, e para a vida, uma prática poderosa. A Técnica Ziva é um combo de meditação, mindfulness e manifestação. Também estamos fechando parcerias com alguns dos principais neurocientistas e criadores de tecnologia de rastreamento corporal, no intuito de fazer com que ferramentas ancestrais possam ser facilmente adotadas em nossa vida acelerada.

Entre os graduados da Ziva encontram-se vencedores de prêmios importantes como Oscar, Grammy, Emmy, Golden Globe e Tony, bem como CEOs, jogadores da NBA, componentes das forças especiais da Marinha norte-americana, veteranos militares e mamães em tempo integral. A Ziva tem sede em Nova York, onde podemos oferecer nosso treinamento presencial zivaLIVE uma vez por mês; em Los Angeles oferecemos cursos várias vezes por ano, e disponibilizamos também cursos corporativos e privados [todos esses cursos são ministrados em inglês]. Essa prática pode revolucionar o modo como você trabalha e como você relaxa.

Notas

Capítulo 2: Sondando a Fonte

1. J. David Creswell et al. Alterations in Resting-State Functional Connectivity Link Mindfulness Meditation with Reduced Interleukin-6: A Randomized Controlled Trial. *Biological Psychiatry Journal*, v. 80, n. 1, p. 53–61, jul. 2016.

2. David Gelles. At Aetna, a C.E.O.'s Management by Mantra. *New York Times*, 27 fev. 2015. Disponível em: <https://www.nytimes.com/2015/03/01/business/at-aetna-a-ceos-management-by-mantra.html>.

Capítulo 3: O Estresse Faz de Você Um Estúpido

1. David Yamada. Is Stress the 'Black Plague' of the 21st Century? *New Workplace Institute Blog*. Disponível em: <https://newworkplace.wordpress.com/2010/11/18/is-stress-the-blackplague-of-the-21st-century/>. Acesso em: 25 ago. 2017.

2. Eileen Luders et al. Bridging the Hemispheres in Meditation: Thicker Callosal Regions and Enhanced Fractional Anisotropy (FA) in Long Term Practitioners. *Neuroimage*, v. 61, n. 1, p. 181–87, 15 maio 2012. Disponível em: <https://www.ncbi.nlm.nih.gov/pubmed/22374478>.

3. Brigid Schulte. Harvard Neuroscientist: Meditation Not Only Reduces Stress, Here's How It Changes Your Brain. *Washington Post*, 26 maio 2015. Disponível em: <https://www.washingtonpost.com/news/inspired-life/wp/2015/05/26/harvard-neuroscientist-meditation-not-only-reduces-stress-it-literally-changes-yourbrain/?utm_term=.03139d47d453>.

4. Melanie Curtin. Want to Raise Your IQ by 23 Percent? Neuroscience Says Take Up This Simple Habit. *Inc*. Disponível em: <https://www.inc.com/melanie-curtin/

want-to-raise-your-iq-by-23-percent-neuroscience-says-to-take-up-this-simple-hab.html>. Acesso em: 12 nov. 2017.

Capítulo 4: Sem Dormir em Seattle – e em Qualquer Outro Lugar

1. Farrell Cahill. Sleep Deprivation: As Damaging to Brain Health as Binge Drinking? *Brain Health* (blog). Disponível em: <https://blog.medisys.ca/sleep-deprivation-as-damaging-to-brain-health-as-binge-drinking>. Acesso em: 3 out. 2017.

2. Helen Anderson. The Effects of Caffeine on Adenosine. *Livestrong.com*. Disponível em: <https://www.livestrong.com/article/481979-the-effects-of-caffeine-on-adenosine/>. Acesso em: 6 out. 2017.

Capítulo 5: Cansado de Ficar Doente

1. Damian H. Gilling et al. Antiviral Efficacy and Mechanisms of Action of Oregano Essential Oil and Its Primary Component Carvacrol Against Murine Norovirus. *Journal of Applied Microbiology*, v. 116, n. 5, p. 1149–63, maio 2014. Disponível em: <https://www.ncbi.nlm.nih.gov/pubmed/24779581>.

2. Fadel Zeidan et al. Mindfulness Meditation Trumps Placebo in Pain Reduction. *Wake Forest Baptist Health*. Disponível em: <http://www.wakehealth.edu/NewsReleases/2015/Mindfulness_Meditation_Trumps_Placebo_in_Pain_Reduction.htm>. Acesso em: 28 jan. 2018.

Capítulo 6: A (Legítima) Fonte da Juventude

1. Isha Sadhuru. Are There Choices about Death? *Isha* (blog). Disponível em: <http://isha.sadhguru.org/blog/yoga-meditation/demystifying-yoga/are-there-choices-about-death/>. Acesso em: 22 jan. 2018.

2. Anne E. Moyer et al. Stress-induced Cortisol Response and Fat Distribution in Women. *Obesity Research*, v. 2, n. 3, p. 255–62, maio 1994. Disponível em: <https://www.ncbi.nlm.nih.gov/pubmed/16353426>.

3. Britta Hölzel et al. Mindfulness Practice Leads to Increases in Regional Brain Gray Matter Density. *Psychiatry Research: Neuroimaging*, v. 191, n. 1, p. 36–43, 30 jan. 2011. Disponível em: <https://www.sciencedirect.com/science/article/pii/S092549271000288X>.

4. Elissa S. Epel et al. Accelerated Telomere Shortening in Response to Life Stress. *Proceedings of the National Academy of Sciences of the United States*, v. 101, n. 49,

p. 17312-15, 7 dez. 2004. Disponível em: <https://www.ncbi.nlm.nih.gov/pubmed/15574496>.

5. Elissa S. Epel et al. Can Meditation Slow Rate of Cellular Aging? Cognitive Stress, Mindfulness, and Telomeres. *Annals of the New York Academy of Sciences*, v. 1172, p. 34-53, ago. 2009. Disponível em: <https://www.ncbi.nlm.nih.gov/pubmed/19735238>.

6. Elizabeth A. Hoge et al. Loving-Kindness Meditation Practice Associated with Longer Telomeres in Women. *Brain, Behavior, and Immunity*, v. 32, p. 159-63, ago. 2013.

7. Eileen Luders, Nicolas Cherbuin e Florian Kuth. "Forever Young(er): Potential Age-Defying Effects of Long-Term Meditation on Gray Matter Atrophy". *Frontiers in Psychology*, v. 5, 21 jan. 2015. Disponível em: <https://doi.org/10.3389/fpsyg.2014.01551>.

Capítulo 7: A Síndrome do "Eu Serei Feliz Quando..."

1. Filipenses 4:7.

Capítulo 8: A Técnica Z

1. Alex Korb. *The Upward Spiral:* Using Neuroscience to Reverse the Course of Depression, One Small Change at a Time. Oakland, CA: New Harbinger Publications, 2015.

Capítulo 9: O Melhor Karma para Estacionar

1. David DeDesteno. The Kindness Cure. *The Atlantic*, 21 jul. 2015. Disponível em: <https://www.TheAtlantic.com/Health/Archive/E/2015/07/Mindfulness-Meditation-Empathy-Compassion/398867/>.

Capítulo 10: Sua Versão Mais Incrível

1. Tesla Memorial Society of New York. Nikola Tesla and Swami Vivekananda. Disponível em: <http://www.teslasociety.com/tesla_and_swami.htm>. Acesso em: 22 set. 2017.

2. Srini Pillay. *Tinker Dabble Doodle Try:* Unlock the Power of the Unfocused Mind. Nova York: Ballantine Books, 2017.

3. Creswell et al. Alterations in Resting-State Functional Connectivity.

4. Andrew C. Hafenbrack, Zoe Kinias e Sigal G. Barsade. Debiasing the Mind Through Meditation: Mindfulness and the SunkCost Bias. *Psychological Science*, v. 25, n. 2, p. 369–76, 1 fev. 2014.

Capítulo 11: Do Mantra ao Clímax!

1. Robin Caryn Rabin. Sleep: Study Finds Many Are Too Tired for Sex. *New York Times*, 8 mar. 2010. Disponível em: <http://www.nytimes.com/2010/03/09/health/research/09beha.html>.

2. Lisa Dawn Hamilton, Alessandra H. Rellini e Cindy M. Metson. Cortisol, Sexual Arousal, and Affect in Response to Sexual Stimuli. *Journal of Sexual Medicine*, v. 5, n. 9, p. 2111–18, set. 2008. Disponível em: <http://www.jsm.jsexmed.org/article/S17436095(15)321482/fulltext>.

3. Julie Marks. Erectile Dysfunction: Symptoms and Causes. *Everyday Health*. Disponível em: <https://www.everydayhealth.com/erectile-dysfunction/guide/#01>. Acesso em: 1 nov. 2017.

4. Troels W. Kjaer et al. Increased Dopamine Tone During Meditation-Induced Change of Consciousness. *Cognitive Brain Research*, v. 13, n. 2, p. 255–59, abr. 2002. Disponível em: <https://www.sciencedirect.com/journal/cognitive-brain-research>.

5. Vilayanur Ramachandran. Mirror Neurons and Initiation Learning as the Driving Force Behind the Great Leap Forward in Human Evolution. *Edge*. Disponível em: <https://www.edge.org/conversation/mirror-neurons-and-imitation-learning-as-the-driving-force-behind-the-great-leap-forward-in-human-evolution>. Acesso em: 15 nov. 2017.

Índice

Símbolos

3 Ms, 191, 206, 226

A

abundância, 162

ação árdua, 150

acidez, 80, 98

acuidade mental, 56

acupuntura, 5

adenosina, 70

altruísmo, 212

anseios viciantes, 121

ansiedade, 28, 61, 85, 190

apego, 122

atenção

plena, xiv

positiva, 77

audição, 129

autoajuda, 212

Ayurveda, 156

ayurvédica, 100

B

bem-aventurança, 112, 113, 193, 228

biohacking, 25

busca externa, 114

C

campo da bem-aventurança, 67, 145

catarse emocional, 56

cérebro, 10, 28, 42, 63, 76, 98, 121, 126, 157, 172, 194, 206, 222

lado direito, 45

lado esquerdo, 46

cinco sentidos, 130

clarear a mente, xxvii, 1, 28, 138, 189

coincidências, 154

consciência, 130, 155, 174

    expandida, 163

contemplação, 146

corpo, 28, 41, 56, 63, 76, 97, 115, 159, 170, 191, 206

córtex pré-frontal dorsomedial, 161

criatividade, 18, 30, 51

D

demanda, 204

demanda adicional, 83

depressão, 28, 85

desapego, 116

descanso, 68, 69

descontaminação física, 228

desejo

    intuitivos, 121

    sexual, 191

desempenho, 29, 56, 76, 153, 167, 190

    otimizado, 227

    profissional, 18

    sexual, 191

desenvelhecimento, 105

desintoxicação

    emocional, 54, 86, 181, 228

    física, 125

    mental, 125

devoção, 110

dharma, 154

diabetes, 31

dieta ayurvédica, 82

disciplina diári, 153

doença de Crohn, 31

domínio, 209

dopamina, 45

E

efeito cascata, 213

emoções desagradáveis, 54

empatia, 161

energia

    criativa, 163

    de adaptação, 35, 48, 83, 204

envelhecimento, 100

enxaquecas, 87

escolas de pensamento, 11

esforço, 181

esgotamento, 191

espaço mental, 175

Espiral da Vergonha da Meditação, 12

estado

    de consciência, 69, 113, 168

    de fluxo, 158, 223

    emocional, 89

    mental, 163

estafa mental, 85

estágios do sono, 63

    transcendência, 67

estresse, 18, 25, 30, 41, 47, 56, 65, 73, 76, 97, 121, 125, 163, 168, 191, 204, 221

    do momento, 42

    do passado, 42

    mental, 101

expansão da consciência, 174

F

fadiga

    crônica, 85

    do foco, 172

felicidade, 110, 162, 209

feng shui, 5

foco direcionado, 4

Fórum Econômico Mundial, 37

fusos do sono, 64

futuro, 130

G

generosidade, 162

gratidão, 136

H

hormese, 41

humor, 116

I

infertilidade, 86

insegurança, 54

insônia, 28, 61

ínsula, 161

interação, 170

intuição, 18, 30, 121, 131, 155, 175, 223

K

karma, 153, 154

Kundalini, 3

L

liberação do estresse, 56

linguagem corporal, 163

lúpus, 31

lutar ou fugir, 26, 33, 70, 85, 98, 193, 204

luxo, 227

M

Mal de parkinson, 88

manifestação, xx, 3, 9, 90, 117, 193, 222

mantra, 5, 17, 115, 130

mártir, 205

medicina aiurvédica, 5, 79

meditação, xvi, xx, 1, 5, 27, 36, 43, 54, 63, 68, 75, 100, 118, 189, 204, 221

    profunda, 140

    reparar lesões e doenças, 100

    superficial, 140

    Ziva, xxv, 32

mente, 1, 45, 64, 76, 115, 159, 170

mestre, 205

Michael Trainer, 27

migrâneas, 88

Mihály Csíkszentmihályi, 158

mindfulness, xx, 3, 7, 30, 89, 192, 222

mitocôndrias, 42

N

neurônio-espelho, 193

neuroplasticidade, 32, 103, 222

Neville Goddard, 10

nishkam karma yoga, 5

nível de consciência, 169

O

óleo de orégano, 81

olfato, 130

ondas

    alfa, 64

    teta, 64

o quarto estado, 67

P

padrões, 177

paladar, 129

pânico, 121, 126

passado, 130

pensamento, 115

    mágico, 9, 118, 132

poder

    de merecimento, 178

    merecedor, 118

prática da meditação, 44

privação, 116

produtividade, 25, 69

Q

qigong, 79

quarto estado de consciência, 145, 171

R

raiva, 54

realização interna, 114

relacionamentos, 18, 30, 170

rendição, 204

resiliência, 204

ressentimento, 54

S

satisfação, 157

saúde, 18, 31, 41, 62, 163, 222

sequelas da meditação interrompida, 134

serei feliz quando..., 194, 228

serendipidade, 155

serotonina, 45

sexo, 189

silêncio, 115

sincronicidade, 155

sistema

imunológico, 76, 77, 101, 222

nervoso, 43, 70, 76, 115, 130, 177, 192, 207, 227

sofrimento, 120

sonhos, 10, 55

sono, 10, 28, 68, 76, 159, 192, 222

cura, 76

polifásico, 171

regeneração, 76

REM, 64

Srini Pillay, 171

T

taco de beisebol, 148

tato, 129

técnica

mentais, 170

Técnica2x Breath, 39

Técnica Z, 82, 99, 116, 125, 153, 167, 190, 209, 221

telômeros, 101

temas, 176

termo guarda-chuva, 2

transcendência autoinduzida, 3

trauma, 213

sexual, 191

turiya, 67

U

up-leveling, 169

V

Vedas, 5, 114, 154, 171, 213

veículos da mente, 132

versão mais avançada, 169

vida sexual, 191

vigília, 147, 159

Vipassana, 3

visão, 129

vitimização, 209

W

Wayne Dyer, 38

Z

Zen, 3

Ziva, xiv, 26, 128, 167, 190

zivaONLINE, 88, 160, 201

CONHEÇA OUTROS LIVROS DA ALTA BOOKS

Negócios - Nacionais - Comunicação - Guias de Viagem - Interesse Geral - Informática - Idiomas

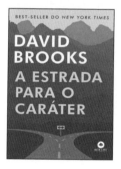
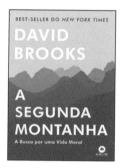

Todas as imagens são meramente ilustrativas.

SEJA AUTOR DA ALTA BOOKS!

Envie a sua proposta para: autoria@altabooks.com.br

Visite também nosso site e nossas redes sociais para conhecer lançamentos e futuras publicações!

www.altabooks.com.br

/altabooks ▪ /altabooks ▪ /alta_books

ALTA BOOKS
EDITORA